es 1608
edition suhrkamp
Neue Folge Band 608

Mit dem wachsenden Interesse an japanischer Literatur und der hierzulande steigenden Zahl verfügbarer Übersetzungen wächst auch das Bedürfnis, mehr über diese Literatur in ihrem traditionellen und aktuellen Umfeld zu erfahren. Wie etwa verhält es sich mit dem Einfluß westlicher Literatur, der das literarische Schaffen seit dem späten 19. Jahrhundert so nachhaltig geprägt haben soll? Welches sind charakteristische Stilfiguren und Traditionszusammenhänge, die die Literatur, aber auch das Reden über sie bestimmen? Und schließlich: Welchen Stellenwert hat die Kunstgattung Literatur in den Augen der japanischen Literaturkritik und Philologie? Der vorliegende Band behandelt exemplarische Ausschnitte aus diesem Themen- und Fragenkomplex. Der Einfluß des europäischen Naturalismus auf die Erzählliteratur im frühen 20. Jahrhundert, Mishima und Thomas Mann sowie Abe Kōbō und der Nouveau Roman werden abgehandelt. Erst wenn wir mehr wissen über die Entwicklungsgeschichte der modernen japanischen Literatur, über ihre traditionelle Prägung wie über ihre Erneuerungsversuche, werden wir ihre Fremdheit und ihre Universalität im Rahmen einer gegenwärtigen Weltliteratur recht zu würdigen wissen.

Irmela Hijiya-Kirschnereit ist o. Professorin für Japanologie an der Universität Trier. In der edition suhrkamp erschien ihr Band *Das Ende der Exotik*, 1988.

Irmela Hijiya-Kirschnereit

Was heißt: Japanische Literatur verstehen?

Zur modernen japanischen Literatur und Literaturkritik

Suhrkamp

edition suhrkamp 1608
Neue Folge Band 608
Erste Auflage 1990

Erstausgabe

Satz: Hümmer, Waldbüttelbrunn
Druck: Nomos Verlagsgesellschaft, Baden-Baden
Umschlagentwurf: Willy Fleckhaus
Printed in Germany

1 2 3 4 5 6 – 95 94 93 92 91 90

Inhalt

I. Einführung

Die geographische und kulturelle Ferne Japans ist unbestritten. Doch was bedeutet es da, wenn wir uns mit japanischer Literatur befassen? Welches sind die Implikationen einer solchen Aneignung von Fremdem? Wie weit vermögen wir überhaupt zu *verstehen*? Nicht von ungefähr ist der Titel des vorliegenden Bandes in Form einer Frage formuliert, und diese Frage steht als Kardinalthema hinter jedem einzelnen der hier versammelten Aufsätze.

Das Problem läßt sich anschaulich anhand einer hübschen Fabel illustrieren:

Als die Mücke zum ersten Male den Löwen brüllen hörte, da sprach sie zur Henne:

»Der summt aber komisch.«

»Summen ist gut«, fand die Henne.

»Sondern?« fragte die Mücke.

»Er gackert«, antwortete die Henne. »Aber *das* tut er allerdings komisch.«[1]

Könnte es sein, daß eine ähnliche Form von liebenswerter, aber doch deutlich eingeschränkter Kommunikation stattfindet, wenn wir japanische Literatur lesen? Daß wir demnach so gefangen sind in unserem Verstehenshorizont, daß wir nur das uns Bekannte, Vertraute wiedererkennen, es in das Werk hineinprojizieren, und es damit durch unseren Umgang mit ihm gänzlich verfälschen?

Daß wir japanische Literatur anders lesen als japanische Leser, dies zu vermuten, liegt jedenfalls nahe, denn wir sind mit dem Gegenstand nicht organisch verbunden durch einen gemeinsamen Traditionshintergrund und kulturellen Kontext. Andererseits ist unser Blick aber auch freier und unbefangener, denn er ist nicht durch die entsprechenden Konventionen verstellt. Wären wir dann womöglich sogar die besseren Leser, da uns ein unmittelbarer Zugang möglich ist?

Die Frage, wie ein Verstehen von Objektivationen dieser uns fremden Kultur möglich ist, bildet *einen* Fokus.[2] Daneben geht es natürlich auch um die Objekte selbst, die moderne japanische Literatur, die uns in Form einer kontinuierlich wachsenden Zahl an Übersetzungen, zumindest äußerlich gesehen, immer zugänglicher wird. Es ist eine Literatur, die für uns in Europa einen besonderen Reiz dadurch gewinnt, daß wir Reflexe unserer eigenen Tradition in ihr wiederfinden, denn so, wie sich die Geschichte des modernen Japan seit der Öffnung des Landes in der zweiten Hälfte des 19. Jahrhunderts auch als umfassende geistige wie materielle Auseinandersetzung mit dem abendländisch geprägten Westen verstehen läßt, so ist insbesondere die Literatur ein Spiegel dieses in den unterschiedlichsten Formen verlaufenden Dialogs mit der fremden – unserer eigenen – Kultur. Dies läßt sich in inhaltlich-thematischer Hinsicht, aber auch bis in die literarische Sprache hinein verfolgen, denn – wie der amerikanische Japanologe Donald Keene hervorhebt – die meisten der wichtigen japanischen Autoren dieses Jahrhunderts waren mit mindestens einer (europäischen) Fremdsprache so vertraut, daß sie ihre spezifischen Eigenheiten zu erfassen vermochten, und dies prägte wiederum ihr Verhältnis zur eigenen Sprache, indem sie die besonderen Möglichkeiten des Japanischen bewußter nutzten.[3]

Die Bezugnahme auf europäische Literatur kann, wie gesagt, die unterschiedlichsten Formen annehmen. Die bewußte Aneignung von Elementen des abendländischen Erbes stand häufig am Anfang literarischer Entwicklungsverläufe in der japanischen Moderne, die daraus eine besondere Legitimation bezog, und die auf diese Weise entstandenen west-östlichen Wahlverwandtschaften haben den gesamten Entwicklungsverlauf der Literaturgeschichte bis in unsere Tage mitgeprägt. An drei markanten Beispielen wird dies im folgenden beleuchtet: Der Einfluß des europäischen Naturalismus und seine Rolle bei der Geburt der modernen japanischen Literatur wird anhand jenes Werkes aus dem Jahre 1907 erkundet, das nach verbreiteter Ansicht einen wichtigen historischen Markstein, wenn nicht gar den wahren Beginn der literarischen Moderne darstellt. Tayama Katais Erzählung *Futon* gilt jedoch zugleich als Ausgangspunkt einer genuin japanischen Bekenntnisliteratur, die, obgleich sie ursprünglich auf Anregungen aus dem Westen zurückgeht, zunehmend – und zumeist unbewußt – auf die indigene kulturelle Tradition zurückgreift und damit einen innovativen Impetus, der von der fremden Literatur ausging, in eine Erneuerung des eigenen Erbes überführt.

Anders liegt der Fall bei Mishima Yukio. Er beginnt seine Schriftstellerkarriere zu einem Zeitpunkt, wo der Westen und mit ihm die abendländische Kulturtradition schon über mehrere Generationen hinweg einen integralen Bestandteil des geistigen Umfelds bildet. Die europäische Literatur der Jahrhundertwende und die griechische Klassik sind ihm so vertraut, daß er in seinen frühen Werken nicht nur vielgestaltig auf sie Bezug nimmt, sondern auch eine ihm gemäße Synthese zwischen den verschiedenen Traditionssträngen zu schaffen versucht, ein Unterfangen, das sich recht gut anhand eines seiner weniger bekannten und geschätzten Werke studieren läßt. In dem Roman *Kinjiki* nämlich spielt er einen breit angelegten Bildungsschatz dergestalt aus, daß ein europäischer Leser leicht den Eindruck gewinnen könnte, er befände sich in einem wahren Spiegelkabinett, so zahlreich sind die Anspielungen und Verweise.

Ein Labyrinth anderer Art tut sich uns mit Abe Kōbōs Literatur auf, denn dieser in Japan zur Avantgarde zählende Autor hat sich u. a. Techniken des Nouveau Roman zu eigen gemacht, die anhand seines Romans *Moetsukita chizu* untersucht werden. Das Beispiel zeigt auch, daß die japanische Gegenwartsliteratur durchaus im Kontext internationaler Strömungen steht, so daß es mitunter in die Irre führte, sie allzu starr auf ihre einheimischen Wurzeln hin abzusuchen.

Dennoch bleibt ihre Fremdheit für uns bestehen, ja, wir machen in der Begegnung mit ihr die Erfahrung, daß man nicht »grenzenlos« lesen kann.[4] Zum Vorwissen, dessen es bedarf, gehören etwa charakteristische Stilfiguren und kulturelle Verstehensmuster. Ihnen sind die Beiträge des zweiten Abschnitts gewidmet. Wenn wir uns etwa mit Fragen des bildlichen Sprechens in der Literatur wie im japanischen Alltag befassen, so ergeben sich daraus Einblicke in die Art der Umsetzung von Wahrnehmung in Sprache, zugleich streifen wir aber auch den Bereich der Stilistik und machen uns mit verbreiteten Topoi vertraut.

Der Traditionsbegriff, Gegenstand des zweiten Essays in diesem Abschnitt, erfüllt im Reden über japanische Literatur – wie übrigens auch in der allgemeinen Betrachtung Japans – eine zentrale Rolle als Kategorie, mit der man die Fremdheit in den Griff zu bekommen hofft. Als »traditionell japanisch« gilt all das, was sich unserem Zugriff als Exotisch-Anderes sperrt – Grund genug, einmal etwas genauer über die Implikationen dieser Klassifikation nachzudenken. Im dritten Essay schließlich wird ein breiter Ausschnitt aus dem literarischen Leben präsentiert, um anhand jener bereits im ersten Teil hinsichtlich ihrer Entstehung untersuchten autobiographischen Erzählliteratur den Kommunikationszusammenhang zu beschreiben, der Autoren und Leser verbindet. Wir beobachten den Produktionsvorgang, lernen die Lesererwartung kennen und registrieren auch jenen Rückkopplungsprozeß, der zwischen Autor und Leser stattfindet. Dabei stoßen wir auf affektive Schemata und kulturelle Handlungsmuster, die im japanischen Alltagsleben verankert sind und nur deren literarische Umsetzung darstellen.

Mit den einzelnen Beiträgen dieses Bandes, die übrigens über einen Zeitraum von mehr als zehn Jahren entstanden sind und verstreut publiziert wurden, kann das Terrain natürlich nur annähernd abgesteckt werden. Doch indem sie exemplarische Ausschnitte aus dem zuvor skizzierten Fragenkomplex behandeln, mögen zumindest seine Umrisse ausgeleuchtet werden. Nun mag man etwa einwenden, daß mit japanischer Literatur hier nur die Erzählprosa thematisiert wurde und daß folglich andere auch im Ausland bekannte Gattungen, etwa die Dichtung, gar nicht in Erscheinung treten. In der Tat wurde auch hier selektiv vorgegangen. Allerdings ist dabei zu bedenken, daß der Erzählprosa in diesem Jahrhundert ein Gewicht zugewachsen ist, das ihr in diesem Ausmaß wohl zu keinem Zeitpunkt in der bisherigen Geschichte Japans zukam. Sie ist mehr als alle anderen Gattungen zum Seismograph individuellen wie sozialen Befindens und Geschehens geworden, was unsere Konzentration auf diesen Bereich halbwegs rechtfertigen dürfte.

Daß europäische Begriffe wie »Roman« oder »Erzählung« hier im Zusammenhang mit der japanischen Literatur zumeist nur in apostrophierter Form erscheinen, soll den Blick dafür schärfen, daß es sich nicht um Identisches handelt. Zwar sind die in der Moderne neu gebildeten japanischen Termini für lange, mittellange und kurze Prosatexte in Anlehnung an die europäische Begrifflichkeit entstanden, doch eignen ihnen angesichts einer völlig anderen literarischen Tradition auch ganz andere generische Merkmale. Die Nennung eines europäischen Gattungsbegriffs, der uns ein vertrautes konventionelles Schema suggeriert, müßte daher unweigerlich Enttäuschung hervorrufen. Manche Verständnisschwierigkeiten mit Kawabata Yasunaris Werken haben hier ihren Ursprung. Es gibt allerdings auch Autoren, die ihre Absicht deutlich kundtun, Werke nach europäischem Muster zu verfassen. In diesem Falle, etwa bei Mishima, erscheint es durchaus angebracht, von einem Roman im westlichen Sinne zu reden.

Eine Eigenart der hier versammelten Beiträge ist es, daß sie häufig in theoretische Fragen münden. Doch die Absicht, die sich mit der Behandlung eines reizvollen und möglichst aussagekräftigen Detailproblems verbindet, liegt immer auch darin, Allgemeineres über den Umgang mit japanischer Literatur aus westlicher Perspektive zusammenzutragen. So bietet etwa eine komparatistische Skizze zu einem Werk Mishimas Gelegenheit, den Forschungsstand zu reflektieren und praktische Überlegungen darüber anzustellen, mit welchen Mitteln man der komplexen »Einflußfrage« zu Leibe rücken könnte. Der Aufsatz zum Traditionsbegriff wiederum ist von vornherein theoretisch angelegt und greift dabei Anregungen aus europäischen Philologien auf, um zu erkunden, unter welchen Bedingungen eine solche scheinbar *selbst-verständliche* Kategorie wirklich Erkenntnis zeitigen kann.

Zum notwendigen Vorwissen über japanische Literatur gehören auch Kenntnisse darüber, wie man in Japan selbst in der Literaturkritik und Philologie mit ihr umgeht. Auch hier haben wir es ja mit kulturell divergierenden Verstehensmustern zu tun. Verständlicherweise war dieser Bereich für westliche Leser bisher weitgehend verschlossen. Ihm sind daher die letzten drei Beiträge dieses Bandes gewidmet. Sie kontrastieren allesamt die japanische Annäherungsweise mit einer Perspektive, wie sie uns aus den hiesigen Philologien geläufig sind, um damit bedeutsame Unterschiede hervorzuheben. Nun könnte es schon angesichts der provokanten Titel der ersten beiden Aufsätze den Anschein haben, als ginge es in erster Linie darum, eine Mängelliste aufzustellen und der japanischen Literaturforschung ihre Defizite vorzuhalten. Es geht tatsächlich jedoch um etwas anderes, nämlich darum, über die Analyse der Verfahrensweise die Prämissen zu erschließen, die Textverstehen und Deutung in Japan bestimmen. So gelangen wir schließlich auch zu Einsichten in das Selbstverständnis der japanischen Humanwissenschaften insgesamt, wenn im letzten Beitrag anhand einer aktuellen Kontroverse in der japanischen Philologie die Position innerhalb des Wissenschaftsgebäudes beschrieben wird, die die Mehrzahl ihrer Vertreter für ihre Disziplin beansprucht und die sich zur Formel »Wissenschaft als Kunst« komprimieren läßt. (Dieser Titel entstand, mit Verlaub, vor Paul Feyerabends gleichnamigen Band in dieser Reihe!) Wenn aber Philologie oder Humanwissenschaften einen anderen Ort im Wissenschaftsspektrum einnehmen, so bedeutet dies nichts anderes, als daß der Wissenschaft selbst im Rahmen der japanischen Gesellschaft offenbar ein anderer Stellenwert zukommt.

Wir stehen, was unseren Zugang zur japanischen Literatur angeht, noch ganz am Anfang, und so dokumentiert dieser Band vor allem die Fragen, die sich uns aus unserer Perspektive stellen und die es zunächst zu ordnen und zu bündeln gilt. Immerhin, so denke ich, dürften sie aber auch über den Bereich der Literatur hinaus einen gewissen exemplarischen Wert besitzen. Indem wir nämlich über unsere Beschäftigung mit Literatur Kenntnisse zu den kulturspezifischen Voraussetzungen menschlichen Handelns und Verhaltens gewinnen, tragen wir Bausteine zu den Fragen transkulturellen Verstehens zusammen, die sich im Zeitalter wachsender internationaler Verflechtungen immer dringlicher stellen. – Doch zurück zur Literatur: erst wenn wir mehr wissen über die Entwicklungsgeschichte der modernen japanischen Literatur, über ihre traditionelle Prägung wie über ihre Erneuerungsversuche, werden wir ihre Fremdheit und ihre Universalität im Rahmen einer gegenwärtigen Weltliteratur recht zu würdigen wissen.

Trier, im November 1989 *Irmela Hijiya-Kirschnereit*

Anmerkungen

1 Günther Anders: *Der Löwe,* in ders.: *Der Blick vom Turm,* Fabeln. München 1984, S. 7.

2 Auf zwei Arbeiten, die sich mit Fragen des Verstehens im Hinblick auf die japanische Perspektive befassen, sei hier besonders hingewiesen: Eberhard Scheiffele: *Affinität und Wechseldurchdringung. Zum Problem der Voraussetzungen »interkulturellen« Verstehens,* in: *Doitsu bungaku kenkyū* (Kyōto) 28, 1982, S. 29–54 und Rainer Blesch: *Interkulturelle Hermeneutik und Fremdsprachenphilologie,* in: *Norden* (Sapporo) 19, 1982, S. 62–80.

3 Vgl. Donald Keene: *Confessions of a Japanologist,* Tōkyō 1981, S. 88.

4 Vgl. Dietrich Krusche: *Die Kategorie der Fremde. Eine Problemskizze,* in: Alois Wierlacher (Hg.): *Fremdsprache Deutsch,* Band 1, München 1980, S. 46–56.

II. Was heißt: Japanische Literatur verstehen?*

Wenn wir statt eines Romans von Peter Handke, Max Frisch oder Martin Walser die Übersetzung eines Werkes von Tanizaki Jun'ichirō, Kawabata Yasunari oder Mishima Yukio zur Hand nehmen, dann beweist dies, daß wir etwas anderes erwarten als eben Handke, Frisch oder Walser. Appetit auf Fremdes, Andersartiges ist im Spiel. Eine gewisse Neugier ist vorauszusetzen. Wir sind bereit, uns auf Neues einzulassen. Die Erfahrungen, die eine solche Begegnung für uns bereithält, sind so vielfältig wie die Literatur selbst. Wie sehen nun aber diese Erfahrungen aus?

Es lassen sich zunächst zwei Grundmuster herausschälen, die sich in jeder Auseinandersetzung mit Fremdem wiederfinden. Das eine Muster besteht darin, im Andersartigen bevorzugt das Vertraute zu entdecken. Der Reiz der Begegnung liegt dann in der Wiedersehensfreude mit Bekanntem und in der Genugtuung, das Fremde einordnen zu können. Diese Selbstverständlichkeit, mit der sich das Unbekannte unserem Zugriff fügt, besitzt – das ist nicht zu leugnen – etwas sehr Bestechendes. Sie strahlt Souveränität aus, denn sie wartet sozusagen mit einem geschlossenen System auf, indem es ihr gelingt, selbst das zunächst unzugänglich Erscheinende zu erschließen und in Vertrautes zu übersetzen. Doch der große Vorteil dieser Annäherungsweise ist zugleich ihr entscheidender Nachteil: Im Fremden nur das Vertraute auszumachen, bedeutet nämlich die Unterschlagung seines wesentlichsten Aspekts, eben jener Fremdheit, die den Ausgangspunkt für unser Interesse bildete.

Auf unseren Gegenstand, die moderne japanische Literatur, übertragen, läßt sich eine solche Haltung etwa an den westlichen Reaktionen auf die Literatur von Abe Kōbō ablesen. Bei Abe fühlt sich ein nichtjapanischer Leser sogleich an Franz Kafka erinnert und liest seine Werke folglich, als wären es verspätete europäische »Klassiker der Moderne«. Kein Wunder also, wenn immer wieder die »Internationalität« dieses Autors beschworen wird und er mitt-

* Eine erste Fassung erschien 1982 in Tōkyō in der Reihe OAG-Aktuell, hg. v. d. Deutschen Gesellschaft für Natur- und Völkerkunde Ostasiens, Tōkyō. Die gegenwärtige, leicht veränderte Fassung findet sich auch in: *Japans Gesellschaft und Kultur – Vortragsreihe* 1 –, hg. v. Japanischen Kulturinstitut, Köln 1984.

lerweile auch vom New York *Times Magazine* den Titel eines »japanischen Kafka« zuerkannt bekam. Aber ist es denn falsch, Abe Kōbō in diesem Lichte zu sehen? Gibt es nicht so viele Parallelen zu Kafkas Werken, daß sich diese Assoziation aufdrängen muß?

In der Tat weist schon die über Jahrzehnte hinweg nur wenig variierte Thematik seiner Erzählungen, Romane und Theaterstücke in diese Richtung. Es geht um Einsamkeit, Entfremdung, Absurdität, Verlust von Identität und Heimat. Diese Themen kleidet Abe in Parabeln und Allegorien. Er schildert die Verwandlung eines Menschen in einen Gegenstand, die oft vergebliche oder aufgegebene Suche oder Flucht, den Verlust des eigenen Gesichts oder des Namens oder eine Bedrohung durch Eindringlinge. Schon diese grobe Charakterisierung provoziert Aha-Erlebnisse. Die Assoziation mit Kafka ist keinesfalls willkürlich oder zufällig, denn die Bezugnahme ist so offensichtlich, daß sie intendiert sein muß und auch erkannt werden sollte. Abe stellt sich und seine Literatur damit in einen die Nationalliteratur sprengenden Rahmen. Er möchte sich als Vertreter der literarischen Moderne, wie sie sich in Europa entfaltete, verstanden wissen. Selbst die Prinzipien und Praktiken des Nouveau Roman werden in seinen Werken zitiert, und so liegt eine »europäische« Lektüre, welche das Werk mit unseren Kategorien mißt, nicht nur nahe, sondern sie erscheint geradezu zwingend.

Doch wenn wir wirklich konsequent vorgehen, werden wir neben dem Vertrauten auch das Fremde an Abes Literatur entdecken. So müssen wir uns fragen, weshalb dieser »japanische Kafka« denn mit fünfzigjähriger Verspätung erschien. Sollte man daraus etwa schlußfolgern, daß die intellektuelle und literarhistorische Entwicklung in Japan der unseren um ein halbes Jahrhundert nachhinkt? Bei diesem Gedanken ist uns nicht recht wohl, denn wir spüren instinktiv, daß wir in diesem Fall von Japan verlangen würden, die europäische Entwicklung nachzuvollziehen, so, als ob der hier beschrittene Weg der einzig mögliche wäre. In Wirklichkeit aber verläuft zumindest das kulturelle, soziale und geistige Leben in völlig anderen Bahnen; es herrschen andere Voraussetzungen und andere Mechanismen. Die zeitgenössische Literatur ist daher bei aller Bezugnahme auf Europa und Nordamerika immer auch vom japanischen Bewußtsein geprägt. Oder, um es am Beispiel des »japanischen Kafka« zu erläutern: Abe Kōbōs Literatur wurzelt mindestens ebenso tief in der japanischen Tradition, und dies erklärt uns, warum wir bei einer genaueren Lektüre bisweilen im wahrsten Sinne des Wortes »mit unserem Latein am Ende« sind. Der Grund ist, daß wir dabei unweigerlich auf Elemente jener japanischen Literatur- und Bewußtseinstradition stoßen, die uns durchaus nicht leicht zugänglich ist. Je »europäischer« ein Werk auf den ersten Blick erscheint, desto größer ist unser Erstaunen, wenn es sich in manchen Teilen unserem Verständnis widersetzt. Einige dieser Lese-Sperrigkeiten in der modernen japanischen Literatur möchte ich im folgenden darstellen, doch um wenigstens einen entfernten Eindruck von der Fülle und Vielfalt des literarischen Schaffens zu vermitteln, sollen nun andere Autoren als Exempel dienen.

Welche Eigenschaften der japanischen Literatur bereiten uns besondere Probleme? Da ist zum einen der sorglose Umgang japanischer Autoren mit Angaben, die sich auf die dargestellte Realität beziehen. Offensichtlich realistisch intendierte Werke enthalten nicht selten logische Widersprüche in der Handlungsführung, Verletzungen der realistischen Wahrscheinlichkeit oder – am beschriebenen Kontext gemessen – falsche Details, und diese »Stolpersteine« bei der Lektüre sind nicht etwa als Verfremdungen gedacht, sondern sie werden von japanischen Autoren wie Lesern womöglich gar nicht bemerkt, auf jeden Fall aber so wenig wichtig genommen, daß man sie, wo man es könnte, auch nicht ausräumt. Bekannt ist das Beispiel aus *Yukiguni* (Schneeland), dem wohl berühmtesten »Roman« des Nobelpreisträgers Kawabata Yasunari. Das Werk entstand über einen Zeitraum von mehr als 13 Jahren hinweg, und in den zuvor einzeln publizierten Teilen hätten einige Angaben in Übereinstimmung gebracht werden müssen. Kawabata versäumte offensichtlich an zwei Stellen, die innere Chronologie des fiktiven Geschehens zu vereinheitlichen, so daß zwei verschiedene Versionen im Werk nebeneinander existieren, und er sah sich auch nicht genötigt, nachträglich noch eine Korrektur vorzunehmen. Ein aufmerksamer Leser wird demnach für sich selbst entscheiden müssen, ob die Begegnungen von Shimamura, dem Helden des »Romans«, mit der Geisha Komako im Laufe von zwei oder etwa drei Jahren stattfinden.

Und noch ein weiteres Beispiel aus demselben Werk: Komako, die sich zu Shimamura hingezogen fühlt, wartet insgeheim darauf, daß er sie wieder besuchen möge. Als er dann, nach fast einem Jahr, zum drittenmal in den Badeort kommt, in dem sie arbeitet, ist sie gerade unterwegs, um eine ältere Geisha, Kikuyu, zu verabschieden, die in ihre Heimat zurückkehrt. Kikuyu hat Shimamura jedoch zuvor im Gasthof gesehen und erzählt ihrer Freundin Komako von seiner Ankunft. Als Komako dann aber in das Gasthaus zurückkommt, will sie sich gleich zurückziehen und weiß plötzlich nichts davon, daß Shimamura auf sie wartet. Auch als man sie verschmitzt lachend zu ihm schickt, ohne seinen Namen zu verraten, ist sie ahnungslos.

Anzunehmen, Komako würde ihre Ahnungslosigkeit nur vortäuschen, mißlänge schon aus Gründen der Psychologie, denn dies widerspräche ganz und gar dem von ihr gezeichneten Bild. Hinzu kommt, daß sie Shimamura wenig später selbst freimütig erzählt, daß Kikuyu sie informiert habe. Es liegt somit näher zu vermuten, daß dem Autor beim Schildern der Szene dieser Widerspruch entgangen ist.

Nun kann man mit Recht behaupten, einem Schriftsteller solche Rechenfehler vorzuhalten, sei nichts als Haarspalterei. So wäre es in der Tat, wenn es darum ginge, den Autor mit besserwisserischer Miene zurechtzuweisen oder wenn wir uns etwa einbildeten, aufgrund solcher Entdeckungen etwas über den künstlerischen Wert dieser Werke sagen zu können. Doch wenn wir Kawabata ernstnehmen und ihn auch nicht dümmer einschätzen als uns, so bedeutet unsere Beobachtung doch zunächst nur, daß für Kawabata und seine Leser die von uns erwartete Art von realistischer Genauigkeit nicht notwendig ist.

Allerdings dürfte es einem europäischen Leser im Falle von Kawabatas Literatur nicht schwerfallen, dies zu akzeptieren, denn er spürt sehr wohl, daß die nur skizzenhaft angedeutete Ebene der Diägese, d. h. der im Werk dargestellten Realität, oft weniger Gewicht hat als die Traumwelt der literarischen Figuren. Aber es ist nicht etwa so, als würden sich Entdeckungen dieser Art auf ästhetizistische Prosa beschränken. Solche Lese-Sperrigkeiten begegnen uns bei genauerem Hinsehen in jedem japanischen Werk. Auch in autobiographischen Stücken, die sich ja direkt auf erlebte Wirklichkeit berufen, finden wir unstimmige Datumsangaben oder widersprüchliche Schilderungen.[1] Ein europäischer Leser, von der Voraussetzung ausgehend, das Werk behandele den Stoff wahrheitsgemäß, so, wie er sich zugetragen habe, wird bei solchen Unstimmigkeiten Verdacht schöpfen, sich zumindest aber verwirrt fragen, wie weit er die vom Autor beteuerte absolute Wahrheitstreue und Aufrichtigkeit ernstnehmen darf. Hier wird die Diskrepanz zwischen unseren und den japanischen Lesegewohnheiten wieder deutlich. Wir gehen davon aus, daß sich Wahrheitsliebe zuallererst an den korrekt und stimmig dargebotenen Fakten beweist, während dem japanischen Autor diese Ebene der Realität so äußerlich und unwesentlich erscheint, daß ihn offensichtliche Widersprüche in seiner Darstellung nicht im mindesten beunruhigen.

Lassen Sie mich noch ein Beispiel für eine andere Art von Lese-Sperrigkeit anführen, die sich ebenfalls in zahlreichen zeitgenössischen japanischen Werken findet. Nehmen wir Tanizakis Roman *Sasame-yuki* (Der feine Schnee, deutsch *Die Schwestern Makioka*), ein breit angelegtes Familienepos, in dem die Suche nach einem Mann für eine der Töchter des Hauses den roten Faden bildet. Der Autor zeichnet die großbürgerliche Welt, in der das Buch spielt, bis ins kleinste Detail nach. Er enthält uns weder die Marke der verwendeten Zahnpasta vor, noch wie oft seine Figuren die Toilette aufsuchen, aber an keiner Stelle erfahren wir, wie die Heiratskandidatin auf die Suche reagiert, was sie von ihren verschiedenen Bewerbern hält, ja nicht einmal von dem Mann, den sie schließlich heiratet.[2] So bleibt die Innenwelt der Figuren uns gänzlich dunkel und unzugänglich. – Auch daß wir oft die Motive der Personen und die Hintergründe ihres Handelns nicht erfahren, kann Anlaß einer gewissen Ratlosigkeit bei der Lektüre werden. Im Mittelpunkt von Shiga Naoyas Erzählung *Wakai* (Die Versöhnung) etwa steht ein Konflikt mit dem Vater und seine Auflösung, doch der Grund für den Streit wird nie auch nur angedeutet.

Zum Schluß noch ein Beleg für die so häufigen falschen Details. Ich wähle ein aktuelles Beispiel aus dem »Roman« *Genshu no bōhan* (auf deutsch etwa: Die Verschwörung des Staatsoberhaupts) von Nakamura Masanori, der 1981 dafür den Naoki-Literaturpreis erhielt. Das Buch ist mittlerweile unter dem Titel *Operation Heimkehr* auch in einer deutschen Übersetzung erschienen. Mein Beispiel wird man in dieser Version allerdings nicht nachlesen können, da der Übersetzer die betreffende Stelle nicht korrekt wiedergibt. – Dieser Polit-Thriller spielt im Deutschland der achtziger Jahre, und es geht in ihm darum, einen von Moskau geplanten Krieg zwischen West- und Ostdeutschland zu verhindern. Gleich zu Beginn des Buches lesen wir, daß jemand in einem Porsche Baujahr 76 »mit ziemlicher Geschwindigkeit« über eine Kopfsteinpflasterstraße fährt und dabei nach einiger Zeit im Rückspiegel die Scheinwerfer von weit hinter ihm fahrenden Wagen sieht, die aber wegen der großen Entfernung immer wieder von den Bäumen am Straßenrand verdeckt werden. Trotzdem kann nun dieser rasende Porsche-Fahrer aus einem der weit hinter ihm liegenden Autos hören, daß die Insassen das Lied des Segelklubs der Hamburger Uni singen. Jeder deutsche Leser, der den enormen Geräuschpegel des luftgekühlten Porsche-Motors, dazu noch auf einer Kopfsteinpflasterstraße mit – wie es heißt – »ziemlicher Geschwindigkeit« kennt, wird diese Episode als absolut unwahrscheinlich abtun. Für den japanischen Leser dagegen stehen andere Elemente im Vordergrund, denn geschildert wird, daß die jungen Männer gerade ihren Studienabschluß gefeiert haben, und von der Atmosphäre her ist das Ganze aus japanischer Sicht durchaus glaubwürdig dargestellt.

Bisher war vorwiegend von Schwierigkeiten bei der Lektüre japanischer Literatur die Rede, von Situationen, in denen unsere Erwartung enttäuscht wird. Wir haben dabei unsere Lesegewohnheiten zum Maßstab gesetzt und nur die Abweichungen im japanischen Werk registriert. Das Ergebnis war eine Art Mängelliste – wir haben zwar in einigen uns wesentlichen Punkten beschrieben, was das Werk *nicht* ist, doch jeder wird sogleich erkennen, daß dies kein befriedigender Zugang sein kann. Wir messen das Fremde in diesem Fall ausschließlich in unseren eigenen Kategorien, doch können wir ihm damit gerecht werden?

Die zeitgenössische japanische Literatur besitzt mehr als eine Heimat. Sie lebt nicht nur – wie nicht anders zu erwarten war – auf dem Boden der japanischen Kultur und Gesellschaft, sondern sie ist daneben immer auch mit der abendländischen Geisteswelt verbunden. Die intensive Rezeption der westlichen Literatur über mittlerweile viele Generationen japanischer Autoren und Leser hinweg hat bewirkt, daß hier ein zweiter wichtiger Bezugsrahmen gegeben ist, und für mich macht diese Verwurzelung in zwei so verschiedenen Kulturkreisen den großen Reiz des literarischen Schaffens im heutigen Japan aus. Natürlich sind diese beiden Elemente in jedem einzelnen Werk in unterschiedlicher Konzentration zugegen, ja es mag bisweilen den Anschein haben, als schöpfe ein Autor ausschließlich aus einheimischen Quellen. Doch selbst in diesem Beispiel fiele der europäische Bezugsrahmen nicht einfach weg. Immer muß diesem Akt eine bewußte oder unbewußte Entscheidung vorausgegangen sein, etwa die Absicht, westliche

Beeinflussung zurückzuweisen, und diese Reaktion zeugt von der Anwesenheit dessen, das man abzuwehren versucht. – Wenn nun aber dieser zweite Bezugsrahmen der japanischen Literatur mit dem unseren im wesentlichen identisch ist, so kann es auch nicht von vornherein falsch sein, unsere Elle anzulegen. Nur sollten wir niemals vergesen, daß sie keine ausschließliche Gültigkeit haben kann, denn der Gegenstand bleibt gleichzeitig einer anderen Kultur verpflichtet.

Neben der Möglichkeit, ein japanisches Werk gleichsam wie ein europäisches Elaborat, ohne jedes Bewußtsein für seine Andersartigkeit, zu lesen, gibt es jedoch das nicht minder verbreitete andere Extrem, das hier ebenfalls Erwähnung verdient. Es besteht darin, das fremde Werk als etwas völlig Andersartiges abzustempeln und seinen Reiz damit auf das Exotische zu reduzieren. Nach dieser Auffassung gibt es für uns keinen wirklichen Zugang, keine gemeinsame Basis, die einen Vergleich mit dem Vertrauten gestattet. Eine solche Haltung ist tendenziell sichtbar in den westlichen Urteilen über die Romane Kawabatas, etwa in dem Kernbegriff »japanische Sensibilität«, der wie ein Leitmotiv in unzähligen Betrachtungen wiederkehrt. Das Problematische daran ist, daß man diese »Sensibilität« nicht anders erläutern kann als mit dem Hinweis auf eben jene Textstellen, in welchen sie sich angeblich manifestiert. Doch damit hat man das Argument lediglich kurzgeschlossen, ohne daß die exotische Eigenschaft »japanische Sensibilität« dem europäischen Leser nähergebracht werden konnte.

Wir können die beiden hier skizzierten Positionen noch abstrakter fassen, denn das Problem ist durchaus allgemeiner Natur und betrifft jede Art und Richtung der wissenschaftlichen Beschäftigung mit japanischen Gegenständen. Es ist das Verstricktsein in und zwischen den Positionen des Eurozentrismus und des Relativismus. Der Eurozentrismus in seiner extremen Form ist die Fortsetzung eines kulturellen Imperialismus und hat zur Folge, daß nur solche Phänomene zugelassen werden, die in unsere europäische Matrix passen. »Das Fremde gilt als *verstanden*, wenn es in die vertrauten Kategorien *übersetzt* ist.«[3] Um es etwas banal auszudrücken: Es ist ja allemal leichter, den Maler Sesshū einen japanischen Dürer, den Dramatiker Chikamatsu einen japanischen Shakespeare oder General Nogi einen japanischen Moltke zu nennen, als nach neuen Beschreibungskategorien zu suchen. Doch die Gefahr eines solchen Vorgehens liegt auf der Hand: Man übersieht wesentliche Eigenschaften, die nicht ins vorgegebene Raster passen, und allzu leicht erliegt man der Versuchung, völlig unterschiedliche Phänomene zu identifizieren; man sitzt Schein-Konvergenzen auf, die sachlich gar nicht stimmen können.

Falls es nicht gelingen sollte, die japanischen Phänomene in unser Begriffsgerüst zu pressen, lauert als ständige Gefahr das andere Extrem: der bequeme Relativismus, der Japan sich selbst überläßt und auf eine eigene Deutung verzichtet. Japan sei eben anders, so lautet das Argument, und deshalb dürften wir uns ihm nicht urteilend, sondern allenfalls neutral-beschreibend nähern. Dabei scheint man jedoch zu übersehen, daß es eine nicht-urteilende, neutral-beschreibende Darstellung gar nicht geben kann. Jede Beschreibung legt ja gewisse Maßstäbe zugrunde, und zwar unabhängig davon, ob man sich diese bewußt macht oder nicht. Was indessen mit neutraler Beschreibung gemeint ist, läuft auf die Übernahme der japanischen Sichtweise hinaus. Danach hat lediglich das Selbstbildnis der Japaner Gültigkeit. In diesem Fall würde die Beschäftigung mit Japan in eine reine Paraphrase japanischer Selbstdeutungen münden. Auch das erscheint wohl nicht unbedingt sinnvoll.

Doch wozu diese Gedankenspielerei? Sie hilft, uns über Bedingungen und Möglichkeiten des Zugangs zum Erkenntnisgegenstand Japan Klarheit zu verschaffen, und dies ist m. E. eine wichtige Grundlage für jede wissenschaftliche Teildisziplin innerhalb der Japanforschung. Es ist deutlich geworden, daß die ausschließliche Projektion unseres Verstehenshorizonts, unseres Begriffsrasters auf Japan nur ein verzerrtes, verfälschtes Bild ergeben kann, daß aber auch der scheinbare Liberalismus einer Position, die auf der Einzigartigkeit des Gegenstands und der prinzipiellen Nicht-Übersetzbarkeit des uns Fremden besteht, kein Verstehen bewirkt, zumal mir im Falle Japans die Stützung des dort selbst so verbreiteten Mythos von der Einzigartigkeit, die man an so diversen Aspekten wie der Sprache, der rassischen Identität oder an der gesamten historischen Entwicklung festmacht, auch in politischer Hinsicht besonders problematisch erscheint. – Wie also ist Verstehen möglich? Eine elegante, glatte wissenschaftsphilosophische Position, welche alle genannten Probleme vom Tisch räumt, scheint nicht in Sicht, wohl aber sind Verfahren denkbar, die sich als die realistischste Version unter dem Stichwort »gemäßigter Relativismus« zusammenfassen ließen, ein Mittelweg zwischen Eurozentrismus und Exotisierung, nicht als fauler Kompromiß, sondern auf dem Wissen um die fatalen Unzulänglichkeiten beider Extreme basierend.

Um nun wieder etwas konkreter zu werden, lassen Sie mich skizzieren, wie ein solches Verfahren am Beispiel der modernen japanischen Literatur aussehen könnte. Der eingangs beschriebene kritische Zugang, die bewußtgemachte Erfahrung der Fremdheit des Gegenstands, ist dazu zwar nicht unabdingbar, aber ein günstiger Ausgangspunkt. Sie weckt – ein grundsätzliches Interesse an der Sache vorausgesetzt – unsere Neugier und gibt uns Fragen vor, deren Beantwortung gar nicht erst die Gefahr entstehen läßt, daß unsere Beschäftigung mit der japanischen Literatur sich in faden Allerwelts-Würdigungen verliert. Werke, die uns unzugänglich erscheinen, um deren Beliebtheit in Japan wir aber wissen, regen wie selbstverständlich dazu an, der Frage nachzugehen, was ihren Reiz für Japaner ausmacht. Dazu ist es notwendig, die literarische Produktion, die Tradition, in der ein Werk steht oder von welcher es sich absetzt, und den Publikumsgeschmack genau zu kennen, ebenso aber auch die äußeren Bedingungen, unter denen sich diese Produktion vollzieht, das soziale, politische und intellektuelle Klima, in dem es entstand, kurz, ein ganzes Ensemble literarischer und außerliterarischer Kontexte, die nun keinesfalls nur den Hintergrund abgeben, vor dem sich die künstlerische Schöpfung artikuliert, sondern deren Einbeziehung eine wesentliche Voraussetzung zu einem angemessenen Verständnis des betreffenden Werks bildet. Das liegt daran, daß Kunstprodukte nicht von Zeit und Raum losgelöste individuelle Gespinste sind. Die so oft beschworene Freiheit des Künstlers ist eine scheinbare, denn »die Arbeit der ästhetischen Literatur ist abhängig von der gesellschaftlichen Realität, in der sie sich vollzieht«.[4] Wie diese gesellschaftliche Realität in einem Werk zutage tritt, sei kurz an einem Aspekt erläutert.

In Japan herrscht immer noch weitgehend die Vorstellung, ein dem Realismus verpflichteter Autor stelle die Wirklichkeit dar, »wie sie ist«. So glaubt etwa ein japanischer Leser eines autobiographischen sogenannten »Ich-Romans«, also eines Shishōsetsu, angesichts der hochgradig stilisierten und typisierten Situationen, der engbegrenzten Ausschnitte aus dem ausschließlich privaten Leben der Hauptfigur gleichwohl, es handele sich um eine mimetische Wiedergabe des Lebens in seiner ganzen Fülle. Dieser Eindruck kommt dadurch zustande, daß das Werk genau diejenigen Ausschnitte präsentiert, die in Japan im allgemeinen im Blickpunkt stehen, und dies auf eine Art tut, die der Sichtweise des »Durchschnittsjapaners« exakt entspricht. Es handelt sich also nicht bloß um literarische, sondern vielmehr um Wahrnehmungskonventionen. Jede Gesellschaft verfügt über Konventions- oder Erwartungssysteme, die weitgehend bestimmen, was von den objektiven Phänomenen in die Erfahrung des einzelnen dringt – was er »aus den Dingen macht«, wie er neue Erfahrungen in die Schemata einpaßt, die ihm seine Kultur vorgegeben hat. Der »unschuldige Blick«, die Vorstellung, man könne die Dinge wiedergeben, »einfach so, wie sie sind«, ist ein Mythos. Doch für Nicht-Japaner, in diesem Fall für europäische Japan-Forscher, ergibt sich aus der Distanz die Chance, das kulturell Unbewußte leichter zu durchschauen.

Für die Japaner etwa ist ihr Verhältnis zur Natur das »natürlichste« schlechthin, doch auf der Folie unseres europäischen Verständnisses entlarven sich seine Konventionen. So erkennen wir z. B. bestimmte Muster in der japanischen Art und Weise, die Natur wahrzunehmen, die wiederum in spezifische optische oder sprachlich-literarische Darstellungsformen umgesetzt werden. Das einfachste Beispiel dazu ist wohl die Kirschblüte, die als Frühlingssymbol schon seit Jahrhunderten einen so vorrangigen Signalwert besitzt, daß man alle anderen gleichzeitig blühenden Pflanzen als potentielle Frühlingskünder weitgehend ignoriert. Man schlage gegen Ende März nur einmal japanische Zeitschriften auf oder sehe sich die Fernsehnachrichten an, um diesem Stereotyp auf Schritt und Tritt zu begegnen.

Nehmen wir als ein komplexeres, literarisches Beispiel ein Werk aus der zweiten Hälfte der siebziger Jahre, an dem sich die Verwurzelung in den japanischen Gestaltungs- und Wahrnehmungstraditionen, aber auch die uns vertrauten Aspekte, die europäisch-westlichen Elemente, der andere wichtige Bezugsrahmen, von dem zuvor die Rede war, besonders deutlich ablesen lassen.

Im Jahre 1976 wurde das Erstlingswerk des damals vierundzwanzigjährigen Autors Murakami Ryū, der kurze »Roman« *Kagiri naku tōmei ni chikai burū* (etwa: Ein grenzenloses, fast durchsichtiges Blau) mit der renommiertesten literarischen Auszeichnung in Japan, dem Akutagawa-Preis, bedacht. Natürlich war das Buch ein großer Bestseller. Es war vor allem der Stoff, der

Aufsehen erregte, denn geschildert wird das scheinbar durch kein Tabu beeinträchtigte Leben einer gemischtrassigen Gruppe junger Leute im Umkreis einer amerikanischen Militärbasis. Der Ich-Erzähler, der den Namen des Autors trägt, berichtet ohne emotionales Engagement von wilden Parties unter Drogeneinfluß, doch die mit plastischen, aber auch drastischen Bildern angereicherten Szenen hinterlassen beim Leser – jedenfalls bei mir – nur den Eindruck von Überdruß, Ekel, Sinnlosigkeit und Bindungslosigkeit der zwar liebe- und schutzbedürftigen, aber allesamt ziemlich autistischen jungen Protagonisten. Manch einer wird darin das authentisch nachgezeichnete Lebensgefühl der jungen Generation, einer illusions- und traumlosen Jugend, und ein vorzeitiges Dokument der inzwischen in allen Medien popularisierten sogenannten »Kristall«-Generation (kurisutaru-zoku) sehen wollen. Doch hieße das nicht auch, daß man sich mit der platten Reproduktion des Vorgefundenen zufriedengibt?

Interessant ist in unserem Zusammenhang zu verfolgen, wie sich die verschiedenen Bezugssysteme, das japanische und das westliche, in diesem Werk manifestieren. Auf die europäische Literaturtradition verweist ganz eindeutig die leitmotivische Verwendung verschiedener Bilder, Handlungselemente und symbolisch fungierender Objekte, die diese Prosa strukturieren und seine einzelnen Teile miteinander verklammern, Assoziationen herstellen und eine Art Meta-Ebene schaffen. Da sind die Motivketten »verdorbenes Essen«, »Körpersäfte« und »Insekten«, das leitmotivisch wiederkehrende Einnehmen von meist zwei Nibrol-Pillen und das zentrale Bild des schwarzen Vogels, das den Ich-Erzähler bedroht. (Deutschsprachige Leser werden bei diesem letzten Motiv vielleicht an die Taschenbuch-Ausgabe eines hiesigen Kultbuchs, Fritz Zorns *Mars*, erinnert, dessen Umschlag von der Zeichnung eines Raben beherrscht wird, der im Werk selbst den verschlingenden Tod symbolisiert.) Doch die Insekten als »objektive Korrelate« bilden zugleich die Verbindung zu spezifisch japanischen Erlebnismustern und literarischen Gestaltungsformen, die weit vor den Kontakt mit Europa zurückreichen. Viele Jahrhunderte lang hat sich das japanische Idealbild einer reifen Persönlichkeit, das sich im gleichmütigen Annehmen der jeweiligen Lebenssituation, in der unbefragten Harmonie zwischen Ich und Welt zeigt, an bestimmten literarischen Motiven und einer feststehenden »Inszenierung« ablesen lassen. Besonders sensiblen, auserwählten Gestalten wird als Auszeichnung eine Art Erleuchtungserlebnis zuteil, und dieses wird fast immer durch die Begegnung mit unscheinbaren Details aus der unmittelbaren Umgebung, meist Pflanzen und kleinen Tieren, ausgelöst. Ein solches »satori«, in dem man zu einer mystischen Einheit mit der Natur gelangt, ist uns als Grunderfahrung nicht nur aus der Haiku-Dichtung geläufig, sondern es läßt sich auch als ein zentrales Motiv in zahlreichen Werken der japanischen Gegenwartsliteratur ausmachen, seien es nun Erzählungen von Shiga Naoya und Hayashi Fumiko, »Romane« von Mishima und Kawabata oder das hier behandelte Werk von Murakami Ryū. Darin nimmt der Protagonist gegen Ende einen Mottenflügel in den Mund und hat dabei ein zwar verfremdetes, aber gleichwohl deutlich identifizierbares Erleuchtungserlebnis nach vertrautem Muster. Bei aller jugendlichen Unbekümmertheit und trotz der üblichen, fast obligatorischen Import-Versatzstücke, hier in Form von Nennungen westlicher Filme, Musikstücke, Filmstars und Literaten, z. B. Mallarmé, bleibt dieses Werk tief in der einheimischen Tradition des Fühlens und des Erzählens verwurzelt.

Die Erfahrungen, die in der Literatur mitgeteilt werden, sind immer präformiert durch das kulturelle Paradigma, das jeweilige Konventions- oder Erwartungssystem. Es bedarf sehr präziser Analyse und Vertrautheit mit den japanischen Verhältnissen, um solche kulturellen Paradigmen und kollektiven Symbole zu erkennen und von individuellen Konnotationen zu unterscheiden, doch die Einsichten, die wir damit gewinnen, lassen sich weit über den Bereich der Interpretation künstlerischer Produkte hinaus nutzbar machen. Wenn z. B. der Nachweis gelingt, daß nicht nur in der Literatur, sondern auch im Journalismus, in politischer und kulturphilosophischer Essayistik und in Alltagsgesprächen die Tendenz vorherrscht, politisches Geschehen in Kategorien von Naturereignissen zu deuten (was sich besonders eindringlich an japanischen Beschreibungen und Kommentaren zum Zweiten Weltkrieg zeigen läßt), so hat man damit auf Denkmuster hingewiesen, die einen Platz im Rahmen einer umfassenderen Deutung Japans erhalten könnten.

Japanische Literatur verstehen – dazu bedarf es verschiedener Zugänge. Wir sind nicht etwa eurozentristisch, wenn wir die Anwendung westlicher Methoden in der Forschung erproben. Wir dürfen nicht vergessen, daß erst ein gewisses Maß an Vergleichbarkeit der Ergebnisse einen Dialog mit hiesigen Nachbardisziplinen ermöglicht. Eine wesentliche Bedingung ist aber auch, daß wir uns nicht blind stellen gegenüber der Erfahrung, daß die Erschließung indigener Kategorien ein wichtiger Bestandteil im Erkenntnisprozeß sein kann. Oder, um eine bekannte Formel zu bemühen: oft muß man den Verhältnissen ihre eigene Melodie vorsingen, um sie zum Tanzen zu bringen. Dabei ist der Gegenstand nicht einfach auf einen Nenner zu bringen. Die Melodie – um im Bild zu bleiben – ist chromatisch und oft gebrochen. Es kann sogar sein – ich selbst habe die Erfahrung oft gemacht –, daß uns aus Japan eben jener Eurozentrismus entgegenschlägt, vor dem wir uns in acht nehmen wollen. Doch die Vielfalt der Entdeckungen, die auf uns warten, ist Anreiz genug, sich mit dem Gegenstand »japanische Literatur« zu befassen.

Wenn wir uns nun, am Ende angekommen, noch einmal fragen, was die Begegnung mit der fremden Literatur unter dem Strich erbringen kann, so steht uns wieder die anfangs geschilderte Ausgangssituation vor Augen. Von der Erfahrung der Andersartigkeit und Fremdheit war dort die Rede, welche nie ganz aufzuheben ist, solange wir uns selbst und die andere Seite sich treu bleibt. Doch das Fremde ist immer auch ein Reservoir zur Bereicherung und Korrektur beschränkter eigener Vorstellungen, und indem wir uns in ihm spiegeln, lernen wir uns selbst, unsere angelernten Wahrnehmungsweisen und unsere Möglichkeiten zum erstenmal wirklich kennen. Niemand hat dies treffender formuliert als Goethe, der zur Erläuterung seiner Idee einer Weltliteratur von der Notwendigkeit der Nationen sprach, sich gegenseitig zu begreifen, damit, wenn schon keine wechselseitige Zuneigung daraus entstünde, sie doch einander wenigstens dulden lernten.

> Denn daraus nur kann endlich die allgemeine Weltliteratur entspringen, daß die Nationen die Verhältnisse aller gegen alle kennen lernen und so wird es nicht fehlen, daß jede in der andern etwas Annehmliches und etwas Widerwärtiges, etwas Nachahmenswertes und etwas zu Meidendes antreffen wird.[5]

Den Lohn einer solchen Offenheit für das Fremde sieht Goethe in der unschätzbaren Bereicherung durch – wie er es ausdrückt – den »Freihandel der Begriffe und Gefühle«.

Anmerkungen

1 Belege hierfür finden sich in meiner Untersuchung: *Selbstentblößungsrituale – Zur Theorie und Geschichte der autobiographischen Gattung »Shishōsetsu« in der modernen japanischen Literatur,* Wiesbaden 1981. Man ziehe etwa die Diskussion des Werks *Ko wo tsurete* (Mit den Kindern) von Kasai Zenzō heran, vgl. ebd. S. 165 ff.

2 Dieses Beispiel stammt von Donald Keene aus einem seiner frühen Bücher, denen man die Betroffenheit angesichts der Andersartigkeit japanischer Gegenstände noch deutlich anspürt, vgl. ders.: *Japanische Literatur: Eine Einführung für westliche Leser,* Zürich 1962, S. 11 f. und 126 (Originalausgabe: London 1953). Seine wachsende Vertrautheit im Umgang mit dem Fremden führt dazu, daß diese Erlebnisse später in den Hintergrund treten.

3 Hans Peter Duerr: *Traumzeit – Über die Grenze zwischen Wildnis und Zivilisation,* Frankfurt/M. 1978, S. 152. Hervorhebungen im Original.

4 Hans Dieter Zimmermann: *Vom Nutzen der Literatur – Vorbereitende Bemerkungen zu einer Theorie der literarischen Kommunikation,* Frankfurt/M. 1977, S. 133.

5 Aus einem Entwurf für die Einleitung zu Carlyles *Leben Schillers* von 1830. Die Goethe-Zitate sind Hans Joachim Schrimpfs Essay: *Goethes Begriff der Weltliteratur,* Stuttgart 1968, entnommen.

West-östliche Wahlverwandtschaften

III. Innovation als Renovation
Zur literarhistorischen Bedeutung von Tayama Katais Erzählung *Futon**

Dieser Beitrag befaßt sich mit einem vieldiskutierten Werk des japanischen Naturalismus[1] und untersucht einige seiner vielfältigen historischen Bedingungen. Nicht um eine isolierte Analyse des Textkorpus geht es also, sondern um den Versuch, Literaturproduktion und Rezeption in einem bestimmten »historischen Augenblick« darzustellen und in ihrer Bedeutung zu erfassen. Besondere Aufmerksamkeit wird dabei den bisher nur unbefriedigend beantworteten Fragen, vor allem nach dem Einfluß des europäischen Naturalismus, zuteil.

Japanische Literarhistoriker sind sich darin einig, daß Tayama Katais »Erzählung« (tanpen shōsetsu) *Futon* nicht nur zu den wichtigsten Werken des japanischen Naturalismus gezählt werden kann, sondern daß es in seiner Bedeutung sogar noch Shimazaki Tōsons »Roman« (chōhen shōsetsu) *Hakai* übertrifft, der dem Naturalismus ein Jahr zuvor zum endgültigen Durchbruch verholfen hatte. *Futon* habe wie kein anderes Werk Einfluß auf die nachfolgende literarische Entwicklung genommen, meint Nakamura Mitsuo in seinem erstmals 1950 erschienenen Werk *Fūzoku shōsetsu-ron*[2], indem es die Weichen stellte für eine Entwicklung, in der man das selbstauferlegte Gebot zur Offenlegung der Geheimnisse des menschlichen Lebens, ja auch der Einflüsterungen des Teufels – von Katai 1901 im Vorwort seines Romans *No-no hana* gefordert[3] – und die Maxime der »unverblümten Beschreibung« der Realität – so der Titel seines programmatischen Essays *Rokotsu-naru byōsha*[4] – umdeutete zu der Forderung, das eigene Leben schonungslos vor dem Leser auszubreiten. Kurzum, man sieht seit Masamune Hakuchō, der diese Auffassung schon 1937 äußerte[5] und ausführlich in seinem 1948 erschienenen *Shizenshugi-bungaku seisuiki*[6] darlegt, in *Futon* den »Ursprung des shishōsetsu«, der »eigenständig japanischen«[8] autobiographischen Romanliteratur, »a genre that has remained highly important in Japanese literature down to the present day«.[9]

* Zuerst erschienen in: *Bochumer Jahrbuch zur Ostasienforschung (BJOAF)*, Band 1 (1978), S. 348–373.

Angesichts dieser großen Bedeutung, die dem Werk seit seinem Erscheinen zugemessen wird, nimmt es nicht wunder, daß wir einer schier unüberschaubaren Zahl von Abhandlungen gegenüberstehen, die sich mit verschiedensten Aspekten von *Futon* befassen. So entbrannte etwa eine Diskussion über den jeweiligen Anteil an fiktiven und autobiographischen Elementen im Werk, an der sich vor allem Hirano Ken[10], Yoshida Seiichi[11] und Iwanaga Yutaka[12] beteiligten. Andere Autoren wie Nakamura Mitsuo[13] oder Ogasawara Masaru[14] richteten ihr Augenmerk auf die literarhistorische Dimension des Werks, während die umfangreichen Studien von Iwanaga Yutaka[15], Yanagida Izumi[16] und Kobayashi Ichirō[17] zum Werdegang des Autors Katai den biographischen Hintergrund beleuchteten.

Einige Hinweise zum Werk sollen im Hinblick auf die Fülle des zur Verfügung stehenden Materials genügen, um uns in die hier zur Debatte stehende Problematik einzuführen.

Mit seiner im September 1907 in der Zeitschrift Shinshōsetsu erschienenen »Erzählung« *Futon* (Das Bettzeug) gelang Tayama Katai (1871–1930) der endgültige Durchbruch als Schriftsteller, und fortan galt er als einer der wichtigsten Vertreter des Naturalismus in Japan.[18] Zwar war er schon seit 1891 mit Veröffentlichungen hervorgetreten, und ein Werk wie der 1902 erschienene »Roman« *Jūemon-no saigo* (Jūemons Ende) gilt als Beispiel für seine schon lange vor *Futon* einsetzenden Versuche, eine naturalistische Methode anzuwenden.[19] Doch blieb ihm, wie es schien, die rechte Anerkennung versagt, und während Schriftstellerkollegen wie Shimazaki Tōson oder Kunikida Doppo mit ihren Veröffentlichungen das Publikumsinteresse auf sich zogen – Tōsons im März 1906 erschienener »Roman« *Hakai* wurde als Meisterwerk des Naturalismus gefeiert, und auch die *Doppo-Sammlung*[20] wurde gut aufgenommen –, fand sich Katai ohne nennenswerte Veröffentlichungen in der letzten Zeit immer mehr an den Rand der literarischen Bühne gedrängt. Mit dem erklärten Willen, etwas ganz Neuartiges zu schreiben, beschließt er, in der von der Zeitschrift in Auftrag gegebenen Erzählung eigene Erlebnisse offen zu schildern. Er verarbeitet Begebenheiten aus der Zeit von Februar 1904 bis zum Januar 1906, als Okada Michiyo, eine literaturbeflissene Schülerin aus der Hiroshima-Präfektur, in seinem Hause in Tōkyō weilte, um neben dem Besuch der Tsudajuku-Mädchenschule von ihm Literaturunterricht zu erhalten. Die Parallelen zwischen Autorbiographie und Werk sind offensichtlich, sollen uns hier aber nicht weiter beschäftigen.[21] Vergegenwärtigen wir uns kurz den Inhalt des Werks:

Ein mit sich und seinem eintönigen Leben unzufriedener Schriftsteller, Mitte dreißig, Takenaka Tokio, nimmt eine literaturbegeisterte Schülerin namens Yoshiko in sein Haus auf. Das Mädchen erscheint in seinen Augen als Verkörperung aller neuen Ideale; ihre Wißbegier, Selbständigkeit und natürlich ihre Jugend machen sie zum Objekt von Tokios geheimen Wünschen, und er bedauert fortgesetzt, nicht dem öden Leben mit seiner Frau und seinen drei Kindern entfliehen zu können. Immerhin genießt er den ständigen Kontakt mit Yoshiko, wahrt dabei jedoch stets seine korrekte Haltung als Lehrer. Als er eines Tages erfährt, daß Yoshiko sich heimlich mit einem jungen Mann – er heißt Tanaka Hideo – angefreundet hat und daß dieser ihretwegen nach Tōkyō gezogen ist, bricht der Konflikt in seinem Inneren endgültig auf. Soll er nun seinen Gefühlen folgen und ihr offen sein Verlangen gestehen oder soll er um Yoshikos willen als »wohlwollender Beschützer ihrer beider Liebe« seine eigenen Wünsche zurückstellen? Unentschlossenheit, die Hoffnung, den Lauf der Dinge doch noch günstiger beeinflussen zu können und die Befürchtung, Yoshikos Eltern würden, falls sie von der Angelegenheit erführen, ihre Tochter wieder aufs Land zurückholen, lassen Tokio zunächst abwartend seine Rolle als verständnisvoller Erzieher weiterspielen. Als sich die Angelegenheit aber weiter zuspitzt und als Tokio schließlich erfährt, daß Yoshikos Liebe nicht, wie er bisher immer geglaubt hatte, nur eine platonische Verbindung war, gibt er seine »Beschützerrolle« auf und schickt sie von sich aus nach Hause zurück. Nachdem sie mit ihrem Vater abgereist ist, hält ihn noch lange die schmerzliche Erinnerung an Yoshiko gefangen. In ihrem Zimmer breitet er ihr Bettzeug (futon) aus. »Wo er in dem Samtkragen der Decke ganz augenscheinlich ihre Spuren fand, drückte er sein Gesicht hinein, um sich an dem Duft der geliebten Frau zu berauschen. Sehnsucht, Verlangen, Trauer bedrängten ihn bis zur Verzweiflung.«[22]

Dies ist in groben Zügen der Inhalt des Werks, dem die mit dem Textzitat ausführlicher wiedergegebene Schlußszene den Titel gab.[23]

Der heutige Leser von *Futon* ahnt kaum noch etwas von der ungeheuren Wirkung, die das Werk seinerzeit gehabt haben muß. Erst recht mag man stutzig werden, wenn man an die Bedeutung für die gesamte literarische Entwicklung denkt, die ihm in den eingangs zitierten Urteilen der Kritiker zugeschrieben wird. Was, so fragt man sich, war an diesem Werk denn so aufsehenerregend und neu, daß es die Zeitgenossen und die nachfolgende Generation von Schriftstellern und Kritikern derart fesseln konnte?

Versucht man dieser Frage nachzugehen, so stößt man sehr bald auf die Frage nach dem Einfluß europäischer Literatur, denn ihre innovatorischen Impulse bezog die japanische Literatur seit der Meiji-Zeit ja durchweg aus Europa – dies gilt für die das neue Zeitalter einleitenden Werke, Tsubouchi Shōyōs romantheoretische Schrift *Shōsetsu shinzui* (Das Wesen des Romans, 1885–86) und Japans »ersten modernen Roman«[24], Futabatei Shimeis *Ukigumo* (Ziehende Wolken, 1887–89) ebenso wie für die Werke des Shizenshugi, des japanischen Naturalismus, dessen frühe Periode von der Jahrhundertwende bis zu Tōsons *Hakai* oder auch Katais *Futon* oft als Zolaismus bezeichnet wird.[25] Mehr noch als durch diesen allgemeinen Hintergrund wird die Frage jedoch dadurch provoziert, daß sie gar keine mehr zu sein scheint, denn im Falle von Katais *Futon* gilt der Einfluß von Gerhart Hauptmanns Drama *Einsame Menschen* (1891) als erwiesen. Zu lösen wäre also nur noch das Problem, worin genau das Innovatorische dieses vom europäischen Naturalismus beeinflußten Werks liege. Doch ganz so einfach kommen wir der Sache natürlich nicht bei, denn wie meist ist man sich zwar über den Begriff, nicht aber darin, was denn mit Einfluß gemeint sei, einig. Das Spektrum der Ansichten reicht von Yoshitake Yoshinori, der in *Futon* nichts als eine »Übertragung« (yakuan) des Hauptmannschen Dramas sehen will[26], über zahlreiche Autoren, die verschiedengradige Abhängigkeiten oder auch »Mißverständnisse« in der Hauptmann-Rezeption Katais[27] konstatieren, bis zu Richard Lane, der das, was andere Autoren als Reaktion auf den europäischen Naturalismus verstehen, der Wirkung Saikakus zuschreibt, so »the sharp factual view of daily reality; and the attitude of protest and criticism«.[28]

Angesichts dieses breiten Meinungsspektrums werden wir um einen kurzgefaßten Vergleich der beiden Werke nicht herumkommen, denn die wenigen Hinweise der o. g. Autoren können keine der vorgebrachten Hypothesen stützen. Yoshitakes »Übertragungs«-Theorie läßt sich am leichtesten widerlegen, denn für eine freie Übersetzung – so die Definition des Begriffs im Vorwort des Buches[29] – unterscheiden sich beide Werke schon hinsichtlich ihrer

Handlung zu stark. Yoshitake führt als Parallelen die Figuren – Tokio = Johannes, seine Frau = Käthe, Yoshiko = Anna Mahr – und die Verhinderung des Liebesverhältnisses an.[30] Natürlich genügt dies nicht zum Beweis der Abhängigkeit des japanischen Textes von dem deutschen. Die oberflächlich parallele Personenkonstellation läßt im Gegenteil die Unterschiede um so deutlicher hervortreten:

Der Privatgelehrte Johannes Vockerat, ein Verehrer Darwins und Haeckels, der sich aus der Enge seiner pietistisch geprägten Familie zu befreien sucht, kann durchaus als typisches Beispiel eines bürgerlichen Intellektuellen seiner Zeit gelten. Der weltanschauliche Konflikt wird in Hauptmanns Stück durchgehend thematisiert, und dies schon in Details wie der Bühnendekoration:

Bildnisse – Photographie und Holzschnitt – moderner Gelehrter (auch Theologen), unter ihnen Darwin und Haeckel. Über dem Pianino Ölbild: ein Pastor im Ornat. Sonst an der Wand mehrere biblische Bilder nach Schnorr von Carolsfeld.[31]

Die damit ständig im Hintergrund symbolisch sichtbare Problematik wird im Geschehen selbst anhand der Taufe und der sie betreffenden Gespräche, in den Diskussionen zwischen Johannes, seinem Malerfreund Braun und Anna Mahr wie auch in den Reaktionen Käthes und des Ehepaares Vockerat deutlich. Die bei Hauptmann im Mittelpunkt stehenden Fragen suchen wir bei Katai vergebens. In *Futon* geht es nicht um den tiefgreifenden Konflikt zwischen Altem und Neuem, Religion und Wissenschaft, bürgerlichen Konventionen und dem Traum von einer neuen, freien Humanität. Es werden auch keine allgemeinen Fragen wie z. B. nach den Möglichkeiten einer gesellschaftsverändernden Kraft der Kunst gestellt. Bei Katai begegnen wir nur der einen Gestalt des unzufriedenen Künstlers – alle anderen Figuren bleiben blaß im Hintergrund – und werden Zeugen seiner rein privaten, kaum verallgemeinerbaren Leiden.

Eine Ähnlichkeit mit Hauptmanns Figur liegt zweifellos im Kompromißlertum.[32] Johannes, der »Genie-Poseur«, »der durch ständige Unentschiedenheit sein eigenes Glück und das seiner Familie zerstört«[33], wirkt in seiner Ratlosigkeit nicht überzeugender auf uns als Tokio, aber die durch ihn verkörperte Problematik, derer Johannes sich selbst bis zu einem gewissen Grade auch bewußt ist, weist trotz aller Mängel, die man Hauptmanns Stück ankreiden könnte, über die Einzelfigur hinaus. Dieser Versuch, im Protagonisten Exemplarisches darzustellen – vorausgesetzt, man versteht darunter mehr als bloß »das Leben, wie es ist« –, fehlt bei Katai. Der intellektuelle Hintergrund wird bis auf einige literarische Anspielungen, auf die wir später noch zurückkommen, kaum angedeutet. Auseinandersetzungen mit Freunden finden nicht statt:

Es interessierte ihn nicht, mit Freunden zusammen zu sein, ausländische Novellen waren ihm schal geworden, er fand keine Befriedigung mehr darin, sie zu lesen ... ja sogar das Leben der Natur hatte für ihn ein allzu gewöhnliches Gesicht bekommen, und er empfand die Reizlosigkeit seines eigenen Lebens um so schmerzlicher. Er fühlte sich so einsam, daß er glaubte, es gäbe für ihn keinen Platz mehr auf der Welt.[34]

Worauf führt Katais Protagonist nun aber seine Krise zurück?

Mitte der Dreißig kommt diese leidvolle Bedrängnis wohl für jeden einmal, und es ist schließlich nur eine Art, ihr zu entfliehen, wenn Männer in dieser Zeit mit billigen Frauen zu spielen beginnen.[35]

Wäre es nicht so abgeschmackt – man könnte diesen Lebensüberdruß als typische Midlife Crisis bezeichnen, der der Held mit ebenfalls nicht untypischem Verhalten, der Flucht in Liebschaften, zu begegnen sucht. Da ihm der Mut zu eigener Initiative fehlt, begnügt er sich zunächst mit erotischen Phantasien und wünscht sich den Tod der eigenen Frau. Als sich dann aber Yoshiko mit der Bitte um Aufnahme in sein Haus an ihn wendet, scheinen sich seine Träume ohne viel Zutuns zu erfüllen. Er genießt die Abwechslung, die die Anwesenheit des jungen Mädchens in seinen grauen Alltag bringt, und verliebt sich in sie wie schon zuvor in die hübsche Lehrerin, der er täglich auf dem Weg ins Geschäft – denn er verdient seinen Lebensunterhalt in einem geographischen Verlag – begegnet.[36]

Vergleichen wir Takenaka Tokios Motive und Erwartungen mit denen von Johannes, so wird der Gegensatz deutlich: Während Johannes an Anna Mahr vor allem ihr »Wissen, die Selbständigkeit im Urteil«[37] schätzt und erkennt: »Das passiert mir ja das erstemal im Leben, daß jemand für meine Arbeit, für das, was ich zu leisten imstande bin, ein sachliches Interesse hat. Das macht mich ja wieder frisch«[38], sucht und findet Tokio in Yoshiko nicht so sehr eine intellektuell ebenbürtige Partnerin, sondern ein junges Mädchen, das seine Phantasie beflügelt. Und während Johannes glaubt: »Ich stehe vor keiner Entscheidung. Was mich mit Anna verbindet, ist nicht das, was mich mit Käthe verbindet. Keins braucht das andere tangieren. Es ist Freundschaft ...«[39], wünscht sich Tokio nichts sehnlicher, als Yoshiko heiraten zu können. Hier wird die Widersprüchlichkeit seiner Vorstellungen greifbar. Es ist nämlich nicht Yoshikos freie Erziehung und Selbständigkeit, die ihn faszinieren. Allenfalls spielt Eitelkeit mit in dem Wunsch, eine moderne Frau zu haben:

Wenn er auf der Straße Männer zärtlich-einträchtig mit ihren jungen modernen Ehefrauen spazierengehen sah, (...) – wenn er diese Frauen der eigenen gegenüberstellte, (...) die noch die Marumagefrisur trug, ungeschickt, gleich einer Ente einherwatschelte, und keinerlei Vorzüge besaß außer ihrer Gutmütigkeit und Treue. (...) konnte er sich kaum enthalten, seine Not laut herauszuschreien.[40]

Kein Wunder, daß er glücklich über Yoshikos Anwesenheit ist, denn sie befriedigt diese Eitelkeit:

Wer hätte sich auch der Freude verschließen können, von einem jungen, begeisternd schönen Geschöpf »Meister, Meister!« gerufen zu hören, genau so, als wenn man eine Berühmtheit wäre?[41]

Der Egoismus des weltfremden Johannes, dem seine Arbeit über alles geht – »sie kommt zuerst und zuzweit und zudritt«[42] –, der sich in der Begegnung mit Anna Mahr zum erstenmal verstanden und bestätigt fühlt und der seinem Leben ein Ende setzt, als ihn mit Anna die Hoffnung auf einen »neuen, freien Zustand«[43] verläßt, ist ein anderer als der Egoismus Tokios, der sich vor Eifersucht betrinkt, Yoshiko nach Hause schickt, als er von intimen Beziehungen zwischen ihr und ihrem Geliebten erfährt und sich nach ihrer Abreise in erotischem Verlangen nach ihr verzehrt.

Das Bild des Mannes, der zwischen zwei Frauen steht, stimmt also nur auf den ersten Blick in beiden Werken überein, und auch die Frauen selber ähneln sich nur oberflächlich. Zunächst einmal kommt den nur skizzenhaft angedeuteten Figuren bei Katai eine viel geringere Bedeutung im Werk zu als den lebendig gezeichneten Charakteren bei Hauptmann. Tokios Frau, von der wir nicht einmal den Namen kennen und deren Rolle im Werk darauf beschränkt wird, als geduldige Haushälterin die Launen ihres Mannes zu ertragen, ist kein Gegenstück zur jungen kränklichen Käthe, die es schmerzt, daß sie ihrem Mann geistig nicht gewachsen ist, und die verzweifelt Anläufe unternimmt, aus ihrer von ihr selbst gering geschätzten Rolle auszubrechen – einmal, indem sie die Initiative ergreifen will, durch Heimarbeit die Familie finanziell zu sichern[44] und dann, als sie die Problematik ihrer Ehe zutiefst erkennt, in dem Wunsch, Mann und Kind zu verlassen.[45]

Futon ist nicht wie *Einsame Menschen* ein Ehedrama. Weder die Persönlichkeit der Ehefrau selbst noch die Beziehung zwischen den Ehepartnern oder gar die Institution Ehe wird hier zum Thema. Für Tokio scheint es ganz natürlich zu sein, daß die Beziehung zwischen Ehegatten mit der Zeit abkühlt; er sieht darin den Lauf der Dinge und kann sich offenbar keine Alternative vorstellen. Daher ist für ihn auch Yoshikos Schicksal schon vorgezeichnet, obwohl er zugeben muß, daß das junge, modern denkende Paar sich eigentlich sehr von seiner Generation unterscheidet.

Und dann dachte er an Yoshikos eigene Zukunft und an ihr bisheriges Leben. Er sah, durch seine eigenen Erfahrungen geschärft, die Kälte, die Ermüdung und den Überdruß voraus, der beide nach einem Zusammenleben von einiger Dauer befallen würde. Er dachte an das bedauernswerte Los jeder Frau, die sich einmal dem Manne gegeben hatte.[46]

Keinesfalls liegt sein Eheüberdruß an der Person seiner Frau, in die er früher genauso heftig verliebt war wie jetzt in Yoshiko.

Damals hatte er daran gedacht, – wenn er jene Frau nicht bekommen könne –, sich den wandernden Arbeitern irgendeiner Südseekolonie anzuschließen (...) So leidenschaftlich war seine Liebe zu ihr gewesen.[47]

Ein Ehedrama wie *Einsame Menschen,* in dem die Partner erkennen: »Wir passen wirklich nicht zusammen!«[48] ist *Futon* also nicht.

Wäre das Werk also korrekter als Liebesgeschichte zu beschreiben etwa in dem Sinne, in dem auch *Einsame Menschen* ein Liebesdrama ist? Auch dies kann nicht bejaht werden, denn im Vergleich zu Hauptmanns Stück, in dem sowohl Johannes als auch Anna eine aktive Rolle in der Entwicklung ihrer Beziehung spielen, in der die Zuneigung von beiden Seiten kommt und auch noch der Verzicht Annas auf die Fortführung ihrer engen Freundschaft bewußtem eigenverantwortlichen Handeln entspringt, beruht die Liebe zwischen Tokio und seiner Schülerin auf wenig mehr als auf seinen Wunschvorstellungen. An keiner Stelle wird seine heimliche Zuneigung erwidert; es ist nur Tokio selbst, der in ihrem zuweilen koketten Verhalten mehr als das Vertrauensverhältnis einer »modernen« Schülerin zu ihrem Lehrer sehen will, der sie eigens zur Selbständigkeit ermuntert hat. Der Konflikt

Anna Mahrs, der klugen, erwachsenen Frau, die sich der Problematik ihrer Person als Vorbild einer »Emanzipierten« für Käthe[49] und als Katalysator in der Beziehung der Ehegatten bewußt ist, findet kein Echo in *Futon*. Für die junge Yoshiko liegt ihre Bewunderung für den Lehrer und ihre Liebe zu dem Studenten Tanaka auf verschiedenen Ebenen. Ein Konflikt bleibt aus, denn beides berührt sich nicht. Nur deshalb kann sie so offen mit Tokio über ihre Liebe zu Tanaka sprechen und ihn um Beistand bitten. Ein Schuldbewußtsein entwickelt sie gegenüber Tokio nur als »schlechte Schülerin«, die seiner Unterweisung nicht folgte, als »moderne« Frau keusch zu bleiben.

Futon handelt also nicht vom Entstehen und Scheitern einer Liebesbeziehung, sondern von den unerfüllten Wünschen und Sehnsüchten eines frustrierten Schriftstellers, der sich zwischen den Forderungen seines »privaten« und seines »öffentlichen« Ich[50], d. h. zwischen seinem geheimen Wunsch, Yoshiko zu seiner Geliebten zu machen, und seiner Rolle als Lehrer des Mädchens hin und hergerissen fühlt, ohne jedoch den Mut aufzubringen, seine Wunschträume in die Wirklichkeit umzusetzen. Wie Hauptmanns Johannes scheitert Tokio nicht an der Übermacht der Konventionen, sondern weil er zu schwach ist, sich durchzusetzen. Im Unterschied zu Johannes hat er aber noch nicht einmal eine Vorstellung davon, was er will. Ihn trägt kein Wunsch nach einem »neuen, höheren Zustand der Gemeinschaft zwischen Mann und Frau«, sondern er sucht lediglich das erotische Abenteuer als Abwechslung vom grauen Alltag.

Es dürfte deutlich geworden sein, daß die verglichenen Werke bis auf das Grundmuster – ein in seiner Ehe unzufriedener Intellektueller verliebt sich in eine »moderne« Frau – und einige übereinstimmende Charakterzüge des Helden – Ich-Bezogenheit, Egoismus, Schwäche – kaum Gemeinsamkeiten aufweisen. Verallgemeinerungen wie im Falle von *Einsame Menschen*, das als Ehedrama, Liebesdrama und »Drama aktueller politischer und weltanschaulicher Auseinandersetzungen« deutbar ist[51], läßt *Futon* nicht zu. Das japanische Werk ist dagegen in erster Linie die Schilderung des Innenlebens eines Mannes, der nur sehr begrenzten Einblick in die Ursache seiner seelischen Nöte hat und vorwiegend im Stadium wirklichkeitsferner pubertärer Wunschträume verweilt.

Wie, so müssen wir nun aber fragen, kam es dazu, daß man

dieses Werk mit dem Drama *Einsame Menschen* in Verbindung brachte? Gibt es überhaupt einen Nachweis, daß die hier angeführten Übereinstimmungen nicht rein zufälliger Natur sind? Erst ein solcher Nachweis berechtigt ja dazu, überhaupt von »Einfluß« zu reden. Tatsächlich wird gleich zu Beginn der Erzählung auf das Hauptmannsche Stück angespielt:

Plötzlich fiel ihm Hauptmanns Drama »Einsame Menschen« ein, und er erinnerte sich, daß er dieses Werk für sie als Lernaufgabe ausersehen hatte, ehe es damals zur Katastrophe kam. Den Seelenzustand und den Schmerz des Johannes Volkrath (= Vockerat, I. H.-K.) hatte er ihr erklären wollen. Er selbst hatte das Stück vor mehr als drei Jahren gelesen, zu einer Zeit, wo er nicht im Traum daran gedacht hätte, daß je eine solche Frau in sein Leben treten könne. Er war zwar damals schon ein einsamer Mensch. Freilich hatte er sich nicht gerade mit diesem Johannes verglichen, aber er empfand trotzdem ein tiefes und inniges Mitgefühl mit ihm, und er hatte zuletzt gut begreifen können, wie angesichts einer Frau wie Anna Verderb und Verhängnis unvermeidlich gewesen waren. Jetzt allerdings dachte er nicht einmal mehr daran, sich mit dem Johannes zu vergleichen. Er seufzte nur.[52]

Diese vor lauter Schmerz scheinbar aufgegebene Selbstidentifikation der Protagonisten mit Johannes wird jedoch wenig später noch verstärkt, als wieder von dem Drama die Rede ist:

Genau so wie der Johannes in »Einsame Menschen« rebellierte er gegen den Stumpfsinn, mit einer bloßen »Hausfrau« verheiratet zu sein. Diese Einsamkeit nun wurde durch Yoshikos Eintritt in sein Leben aufgehoben.[53]

Kein Zweifel, es war die Absicht des Autors, uns in Tokio einen japanischen Johannes zu präsentieren. Daß man jedoch bis auf die explizite Parallelsetzung kaum einen »Einfluß« Hauptmanns spürt, liegt daran, daß die Thematik und die Zielsetzung beider Werke wie geschildert wenig Gemeinsamkeiten aufweisen. Man spürt Katais Bezugnahme auf die Hauptmannsche Problematik allenfalls in dem Versuch, einen Gegensatz zwischen dem idealisierten Typ der modernen Frau und dem für ihn reizlosen überkommenen Frauentyp aufzubauen, aber er scheitert notgedrungen daran, daß der Protagonist nur scheinbar von Yoshikos »Modernität«, in Wirklichkeit aber von ihrem jugendlichen Reiz als Frau angezogen wird, ohne diesen Widerspruch selbst zu erkennen. Als ein typisches Beispiel sei die folgende Szene zitiert, in der deutlich wird, daß es kaum um intellektuellen Austausch geht.

Statt Yoshiko könnte dem schwärmerischen Schriftsteller auch ein anderes, ungebildetes, aber hübsches Mädchen gegenübersitzen.

Ihre sanften Augen erglänzten in tiefinnerstem Verständnis, die Lichtstrahlen fielen auf ihr modisch aufgestecktes Haar, in dem der Kamm und ein farbiges Band schimmerten, sie leuchteten auf ihrem Körper, und, wenn sie ihr Gesicht dem Buche näherte, sog er den Duft ihres Parfums, den Duft ihres Fleisches, den Duft des Weibes ein.[54]

Angesichts dieses profanen Verlangens erscheint die Selbstidentifikation mit Johannes etwas gezwungen. Dasselbe gilt auch für die zahlreichen Anspielungen auf europäische Literatur, die den Text durchziehen, z. B. auf Turgeniew[55], Maupassant[56], Sudermann[57] und Ibsen.[58] Sie erscheinen nicht wirklich motiviert, sondern lassen lediglich das Bedürfnis des Protagonisten durchblicken, sich mit der Bezugnahme auf europäische Vorbilder zu legitimieren.

Gerade dies aber ist symptomatisch für das intellektuelle Leben jener Zeit, und hier erkennen wir auch das für heutige, insbesondere für nichtjapanische Leser Bedeutsame an *Futon*: Es führt uns eindringlich die Psyche und die geistige Welt eines typischen japanischen Intellektuellen der Zeit nach dem Russisch-japanischen Krieg vor Augen. Die Interpretation hat hierzu allerdings auf einer Metaebene anzusetzen, d. h., sie muß sich freimachen von der dem Text impliziten und auch von der sich mit dem Autor identifizierenden Wertung, um nicht etwa bei der Bemitleidung des armen unverstandenen Helden stehenzubleiben, wie es einige japanische Kritiker tun.[59] Erst dann erkennen wir auch, daß die Auseinandersetzung mit dem Westen im Werk auf einer nur recht oberflächlichen Ebene stattfindet. Beobachtungen wie die folgenden sind nämlich, so sehr dies auch den Anschein haben mag, kein Anlaß zum Nachdenken über die Bedeutung und den Sinn des »Fortschritts« oder etwa zu Wertungen – wenn man auch grundsätzlich von einer positiven Bewertung alles Neuen in *Futon* ausgehen kann.

Jeden Tag machte die menschliche Gesellschaft neue Fortschritte. Die Einrichtung der Straßenbahnen hatte in ganz kurzer Zeit das Gesicht der Stadt Tōkyō verändert. Die Schülerinnen traten energischer auf, und, selbst wenn man sie suchte, fand man doch keine Mädchen alten Stils mehr wie zu der Zeit, in der er gefreit hatte. Auch die männliche Jugend war selbständiger geworden, schien jünger und weniger geistig zu sein, als er es in jenem Alter gewesen. Wenn man sich mit ihr über Literatur, Politik oder Liebe unterhielt, war ihre veränderte Haltung unverkennbar, und man mußte sich gestehen, daß man wenig oder keine Berührungspunkte mehr mit ihr hatte.[60]

Hier vermutet man Ansätze zu einer überindividuellen Betrachtungsweise, den Versuch, das geistige Klima der Zeit und einen Generationenkonflikt zu beschreiben. Doch Feststellungen allgemeiner Art wie diese, selten, wie sie sind, stehen ebenso unvermittelt im Raum wie die Einsicht des Protagonisten, seinem in der Theorie idealisierten modernen Frauenbild, dem »Geist moderner Schülerinnen«, in der Praxis nicht gewachsen zu sein:

Selbstverständlich fand Tokio diesen Geist nach seinem Prinzip und Geschmack, und er begrüßte ihn mit Freude. Eine altertümliche Erziehung taugte nicht mehr für die Frauen der Männer der Meijizeit. Daß man die Mädchen in diesem Sinne erziehen müsse, um die Kraft des Willens in ihnen zu stärken, wie oft hatte er nicht Yoshiko diesen Lieblingsgedanken vorgetragen! Wenn er sich allerdings diese elegante Verkörperung seines Gedankens ansah, konnte er nicht umhin, bedenklich die Stirn in Falten zu legen.[61]

Weder der Protagonist noch der Autor des Werks sind sich dieser Widersprüche bewußt. Der Konflikt zwischen Tradition und modernem Leben, Ost und West, zwischen dem überkommenen Ideal der Selbstaufgabe und den neuentdeckten Ansprüchen des Individuums auf Selbstverwirklichung wird in *Futon* nur wie zufällig berührt. In der Tat verteidigt das Überkommene im Werk durchweg seine Stellung, ohne überhaupt ernsthaft in Frage gestellt zu werden. Dies widerspricht nicht etwa der Beobachtung, daß das Neue im Werk durchweg mit positiven Konnotationen versehen ist, denn wie wir am Beispiel des Frauenbildes gesehen haben, verhindert die Idealisierung des Modernen nicht, daß sich schließlich doch konventionelle Denk- und Verhaltensschemata durchsetzen. Daß beide Wertsetzungen nebeneinander weiterbestehen, wo die eine die andere weitgehend aufheben müßte, erschwert es dem Leser des Werks, auf den ersten Blick eine »stärkere« auszumachen (was natürlich nicht gegen das Werk spricht), und so könnte die Behauptung leicht überspitzt klingen, zumal sie in diesem Rahmen nicht ausführlich genug nachgewiesen werden kann. Wesentlich gestützt wird sie jedoch durch das, was bisher zur konventionell geprägten Haltung Tokios gegenüber Frauen festgestellt wurde, denn dies steht nicht nur in engem Zusammenhang mit der zentralen Thematik des Werks, sondern es ist zugleich der Punkt, in dem der Protagonist seine »Modernität« –

als Forderung nach geistig ebenbürtigen, selbständigen Partnerinnen – besonders stark herausstellt.

Es geht hier wohlgemerkt nicht etwa darum, Katai vorzuwerfen, er habe seinen Helden »progressiver« handeln lassen sollen. Das wäre zweifellos eine Mißachtung des historischen Kontextes, der solches kaum zugelassen hätte. Nein, vielmehr sollte darauf hingewiesen werden, daß Protagonist und Autor die Diskrepanz offensichtlich kaum erkannten und sich allzu gedankenlos vertrauten Denkschemata überließen, während sie gleichzeitig – und ohne dies als Widerspruch wahrzunehmen - sich als fin-de-siècle-Literaten gerierten. Hierin repräsentiert *Futon* durchaus den Reflexionsstand der überwiegenden Mehrzahl der Intellektuellen jener Zeit, obgleich es auch Beispiele für ein geschärfteres Bewußtsein in solchen Fragen unter den Literaten gab, man denke etwa an Sōsekis Werke und seine Kritik an den Naturalisten, so daß wir nicht etwa ungerecht (weil ohne Blick für die damaligen Möglichkeiten) sind, wenn wir *Futon* in dieser Hinsicht auch kritisch betrachten. Im übrigen gleichen sich in diesem Punkt Tokio und sein Autor Katai, der in dem Kapitel »Watakushi-no Anna Māru« (Meine Anna Mahr) seines Buches *Tōkyō-no sanjūnen* (Dreißig Jahre Tōkyō) die Entstehung von *Futon* zugleich als autobiographisch motiviert und als auf die Lektüre von Hauptmanns *Einsame Menschen* zurückgehend beschreibt. Zur Bedeutung Hauptmanns erfahren wir:

> Was mich gerade zu jener Zeit (als er von der Zeitschrift Shinshōsetsu um einen Beitrag gebeten wurde. I. H.-K.) sehr beschäftigte, war Gerhart Hauptmanns (Drama) »Einsame Menschen«. Ich hatte das Gefühl, daß Vockerats Einsamkeit (auch) meine Einsamkeit war. Außerdem mußte ich gegenüber meiner Familie und auch gegenüber meiner Arbeit die bisherige Form zerstören und neue Wege auftun. Glücklicherweise hatte ich mir die neuen Ideenströmungen aus dem Ausland, besonders aus Europa, durch umfangreiche Lektüre angeeignet. Tolstoi, Ibsen, Strindberg und Nietzsche – auch in den Ideen dieser Personen schien sich die Form der Leiden des fin de siècle zu zeigen. Ich wollte auch einen schweren Weg gehen. Ich wollte nicht nur gegen die Gesellschaft (seken), sondern auch gegen mich selbst mutig kämpfen. Was ich bisher verborgen und unterdrückt hatte und was, wenn ich es eröffnete, meinen Geist zerstören könnte, solches gedachte ich aufzudecken.[62]

Dieses Zitat, auf das sich alle Katai-Forscher, die den »Einfluß« Hauptmanns vermerkten, beziehen, läßt nicht nur die sentimentale Identifikation des Autors mit Hauptmanns Protagonist und mit seiner eigenen literarischen Figur erkennen, sondern wichtiger noch, es zeigt uns, wie auch für Katai selbst die Bezugnahme auf europäisches Gedankengut keiner echten Notwendigkeit entspringt. Es ist angeeignetes Wissen, kein Element in eigenen intellektuellen Auseinandersetzungen, abrufbar, um bestimmte Werke anders als nur persönlich-autobiographisch zu motivieren. Warum er sich mit seinem Bestreben nach absoluter Offenheit auf Hauptmanns Drama berufen muß, bleibt unerfindlich. Der Wunsch, einen schweren Weg zu gehen, ist zudem schon wieder von jener leicht masochistisch klingenden, Mitleid heischenden Sentimentalität gefärbt, die uns auch in *Futon* entgegenschlägt. Darin ist er außerdem ein anschauliches Beispiel dafür, wie das europäische Gedankengut rezipiert wird: nicht so sehr intellektuell, sondern emotional mit dem Bestreben, über die spontane Selbstidentifikation sozusagen automatisch zum Kreis »moderner Intellektueller« zu gehören – ein auch Katais Zeitgenossen durchaus erstrebenswert scheinendes Ziel, das es zugleich erlaubt, private Schwierigkeiten unter Berufung auf die allgemeine Künstler- und Intellektuellenproblematik zur Legitimation der eigenen Ausnahmeexistenz hochzustilisieren, ein auch in der darauf folgenden Shishōsetsu-Literatur häufig anzutreffendes Verfahren. Dies ist es vor allem, was *Futon* und dem Autor Katai ihre Repräsentativität verleiht.

Betrachtet man den Hintergrund der Entstehung von *Futon,* so wäre jedoch noch ein weiterer, persönlicherer Grund für den Hinweis auf *Einsame Menschen* denkbar. Mit der Bezugnahme auf das Hauptmannsche Stück versucht Katai, die zwar zugegebene, aber sicher nicht in ihrer vollen Bedeutung dargestellte private Motivation bei der Abfassung von *Futon* im nachhinein durch eine »literarische« zu überspielen. Der Hinweis auf die autobiographischen Bezüge dient in *Tōkyō-no sanjūnen* nämlich vor allem dazu, den heroischen Verzicht des Autors für seine Kunst herauszustellen, der er sogar private Beziehungen opfert, denn angeblich mußte er mit dem Abbruch der Verbindung zu Okada Michiyo und ihrer Familie rechnen, was jedoch nicht eintraf.[63] Natürlich ahnte Katai, während er an *Futon* schrieb, nicht, welche Berühmtheit das Werk ihm einbringen würde, und es ist psychologisch durchaus einleuchtend, daß er zehn Jahre später rückblickend seinen Erfolg lieber mit der bewußten Adaption eines naturalistischen Werkes aus Europa erklären will, als daß er ihn dem glücklichen Zufallszusammentreffen von persönlicher Problematik und Zeitgeschmack zuschreibt. Wenn Katai in *Tōkyō-no sanjūnen* nämlich vermerkt: »Was mich gerade zu jener Zeit sehr beschäftigte, war Gerhart Hauptmanns (Drama) ›Einsame Menschen‹«, so erweckt dies leicht den Eindruck, als sei der Autor dem Stück just zu jenem Zeitpunkt erstmals begegnet und habe unter seinem nachhaltigen Einfluß sein Werk verfaßt. Die erste Begegnung mit *Einsame Menschen* fand jedoch Jahre vor der Abfassung von *Futon* statt. In der Erzählung selbst, die sich auf die Jahre 1904 bis 1906 seines eigenen Lebens bezieht, heißt es: »Er selbst hatte das Stück vor mehr als drei Jahren gelesen...«, und tatsächlich gibt es einen Hinweis darauf, daß er eine englische Übersetzung des Werks mit dem Titel *Lonely Life*[64] schon zu jener frühen Zeit gekannt haben muß. In einem Brief vom 26. 10. 1901 dankt ihm nämlich Shimazaki Tōson für die Übersendung jener englischen Übersetzung[65], woraus sich schließen läßt, daß Katai das Buch zuvor erworben und gelesen haben muß. Offenbar waren beide von dem Schauspiel sehr beeindruckt, denn Katai berichtet später von einem durch die Lektüre des Stücks angeregten Gespräch mit Tōson, in dem sie beide ihr Los eines von der Familie unverstandenen Literaten mit dem von Johannes verglichen.[66] Fest steht, daß Katai schon vom Jahre 1890 an Ibsen[67], Sudermann und Hauptmann[68] von einzelnen Übersetzungen her kannte.[69] Spuren der Hauptmann-Lektüre müßte man daher schon früher orten können, und in der Tat finden wir ein Werk, das weit deutlichere Bezüge zu den *Einsamen Menschen* aufweist, da es bereits im Jahre 1903 unter dem offensichtlich noch viel frischeren Eindruck Hauptmanns geschrieben wurde. Es ist die Erzählung *Onna kyōshi* (Die Lehrerin).[70] Eine Inhaltsangabe in Verbindung mit einer kurzen Gegenüberstellung mit dem deutschen Drama und Hinweisen auf die Textstellen soll den Grad der Anlehnung Katais an Hauptmann verdeutlichen.

Schon der Schauplatz mit dem Hause des Schriftstellers an einem See erinnert an *Einsame Menschen*.[71] Die Geschichte wird von dem Schriftsteller-Protagonisten Hirose rückblickend einem guten Freund berichtet. Die Hauptfigur haben wir uns ähnlich wie in *Futon* vorzustellen: er beklagt sein »einsames Leben«, weil seine Frau kein Interesse und kein Verständnis für Literatur aufbringt. In diesen wiederholten Seufzern »lonely life«[72] finden wir den unüberhörbaren Hinweis auf die englische Übersetzung des

Hauptmannschen Werks, die uns zugleich Katais Interpretation des Dramas verständlich macht. Für ihn gab es nur einen einsamen Menschen, nämlich Johannes, mit dem er sich identifizierte. Schon in dem durch die Übersetzung begünstigten Mißverständnis[73] des Titels läßt sich also seine Tendenz zur Personifizierung und Sentimentalisierung erkennen.

Hiroses Frau, die gerade ihr zweites Kind erwartet, könnte man durchaus eine japanische Käthe nennen, so sehr gleichen sich die Figuren in wesentlichen Zügen. Die kränkelnden jungen Frauen[74] sind sich dessen bewußt, daß sie ihren Männern in intellektueller Hinsicht nicht gewachsen sind, was natürlich an ihrer traditionellen Erziehung liegt. So sehr sie sich auch bemühen, ihre Männer zufriedenzustellen – Hiroses Frau müht sich mit Büchern ab, die sie eigentlich überhaupt nicht interessieren[75] –, es gelingt ihnen nicht. Voller Schuldgefühle bezichtigen sie sich selber vor ihren Männern: »... ich fühl's ja doch selbst: Dir kann ich nichts sein, denn deine Arbeit versteh' ich nicht«[76], klagt Käthe und sieht ihre Zweifel bestätigt, die sie schon vor der Hochzeit plagten: »Was soll denn nur ein so geistreicher, gelehrter Mann mit dir anfangen? Was kann er denn an dir haben?«[77] Hiroses Frau drückt die gleichen Befürchtungen vor ihrem Mann aus[78] und bedauert ihn in masochistischer Selbsterniedrigung zutiefst darum, eine Ehe mit einer so uninteressanten Frau führen zu müssen.[79] Den beschwichtigenden, ablenkenden Worten der Männer – Hirose etwa meint, er habe sie ja nicht der Literatur wegen geheiratet[80] – mißtrauen beide Frauen zu Recht, denn sie sehen nur zu deutlich, daß ihre Männer sich immer mehr zu den jungen intellektuellen Frauen hingezogen fühlen. Anna Mahr wird wie Watanabe Kuniko, die junge Lehrerin, durch einen Freund beim Protagonisten eingeführt. Bald entwickelt sich ein intensiver geistiger Austausch, über den sich anfangs auch Käthe und Hiroses Frau um ihrer Gatten willen freuen.[81] Kuniko und Anna haben »Schlimmes durchgemacht im Leben«.[82] Um so kostbarer ist ihnen daher die innige geistige Gemeinschaft mit dem Mann, der seinerseits um dieser Freundschaft willen seine Ehe opfern würde.[83]

Die Lage spitzt sich in beiden Werken zu, so daß derselbe Freund, der die jungen Frauen mit dem Protagonisten bekannt gemacht hat, diesen nun zur Rede stellt und ihn auffordert, an seine Verpflichtungen gegenüber der Familie zu denken.[84] Auch in dieser Situation reagieren die Protagonisten parallel. Sie bestreiten, daß die Beziehung zu den anderen Frauen ihre Familie überhaupt berührt.[85] Aber nun fassen Anna Mahr und Watanabe Kuniko selbst den Entschluß zur Trennung, denn beide haben gesehen, daß eine Fortsetzung ihrer Freundschaft nicht nur die Familie zerstören, sondern daß sich auch ihre Beziehung selbst wandeln würde. Anna drückt es so aus: »In mir... in uns ist etwas, was den geläuterten Beziehungen, die uns dämmern, feindlich ist, auf die Dauer auch überlegen (...).«[86] Kuniko meint dasselbe, als sie beklagt, daß es keine einfache Freundschaft zwischen Frauen und Männern geben könne[87] und daß sie sich eine »reine, heilige, geschwisterliche«[88] Beziehung gewünscht hatte. Vergeblich versuchen die Protagonisten die Abreise der Frauen zu verhindern. Mit dem Pfiff des Zuges »entschied sich das Schicksal« Hiroses[89] wie auch das von Johannes.[90]

Bis zu dieser Szene könnte man *Onna kyōshi* als japanische Version von *Einsame Menschen* betrachten, wobei auch der Wechsel des Genres vom Schauspiel zu einer Art Rahmenerzählung charakteristisch ist. Mit dem letzten Teil löst sich Katai jedoch von seiner Vorlage, wenngleich er auch hier noch vereinzelt Anklänge an das naturalistische Drama einarbeitet.[91] In der japanischen Erzählung beschließt der Protagonist, dem Zug mit der Geliebten nachschauend, ihr am nächsten Tag nach Tōkyō nachzureisen. Doch auf dem Heimweg erfährt er, daß seine Frau, mit der er kurz zuvor über Kunikos Abschiedsbrief gestritten hatte, in den Wehen liegt. Durch den Anblick ihrer Leiden fühlt er sich für seine Gedanken bestraft, und als seine Frau schließlich bei der Geburt stirbt, beweint er sie, die ihm kurz zuvor noch als Last erschienen war, als die ideale, geliebte treue Frau. Die folgenden Jahre lebt er einsam nur dem Wohl seiner kleinen Tochter. An eine zweite Heirat ist nicht zu denken, denn immer verfolgt ihn das Bild seiner geliebten ersten Frau. Sechs Jahre nach ihrem Tod unternimmt er eine Reise ans Meer und trifft dort zufällig Kuniko in Begleitung einer Freundin. Sie ist immer noch schön und immer noch unverheiratet, und wieder fühlt sich Hirose stark zu ihr hingezogen, doch er spürt deutlich, daß er ganz unter dem Bann seiner toten Frau steht. Und so trennen sich beide zum zweitenmal. Kuniko reist als Lehrerin nach Taiwan, und der Protagonist lebt weiter wie bisher.

Die Darstellung hat das Ausmaß der Anlehnung Katais an Hauptmann deutlich werden lassen. Hier also, in dieser Vorform von *Futon*, ist der »Einfluß« von *Einsame Menschen* greifbar, womit hier deutliche Anspielungen, Parallelen in der Handlungsführung und der Charakteristik der Personen sowie eine partielle Übereinstimmung in der Thematik – besonders die Ehe- und die Liebesproblematik betreffend – gemeint sind. Will man dagegen noch eine Beziehung zwischen dem Hauptmannschen Drama und *Futon* herstellen, so muß man m. E. von dieser Brechung durch *Onna kyōshi* ausgehen, die sehr viel von dem naturalistischen Stück »verschluckt«, wie der eingangs vorgeführte Vergleich zeigte.[92]

Richten wir unseren Blick nun kurz auf die Zeitspanne zwischen *Onna kyōshi* und *Futon* und versuchen wir zunächst eine Einordnung in die Werkchronologie. *Onna kyōshi* gehört zu der Reihe von Werken Katais, die Idealgestalten schöner junger Frauen und Mädchen zum Gegenstand haben. Diese »Werkreihe der Sehnsucht nach schönen Mädchen«[93] stieß mit der Zeit auf immer weniger Interesse beim Publikum, und der Autor mußte gar leisen Kollegenspott fürchten.

Doch ein Wandel von romantisierender, stark sentimental gefärbter Fiktion zu sachlich gehaltener Literatur im Stil einer Berichterstattung[94] bahnt sich auch dadurch an, daß Katai die isolierte kleine Welt seiner Familie, mit der er oft in Streitigkeiten verwickelt ist, und seiner Schriftstellerkollegen verläßt, als Redakteur der Bildberichterstattung im März 1904 in das Heer eintritt und ein halbes Jahr in der Mandschurei verbringt. In dieser Zeit entwickelt er seine Auffassung vom Künstler als unbeteiligtem Beobachter.[95] Der zentrale Gedanke des japanischen Naturalismus, daß »in der Erfassung der Tatsachen (jijitsu) die allgemeine Wahrheit« liege[96], gewinnt in der Folgezeit für Katai an Bedeutung. Nach der Rückkehr in die Heimat veröffentlicht er eine Reihe von Erzählungen, die den Krieg und das Schicksal einzelner Soldaten thematisieren.[97] Diese aus der unmittelbaren Anschauung vorgefundener Wirklichkeit entwickelte, bemüht emotionsarme Literatur steht in einem seltsamen Kontrast zu den romantischen Geschichten mit hübschen Mädchen, denen er weiterhin in gewohnter Manier huldigt. Dennoch findet auch hier eine Entwicklung statt. In der im Mai 1907, also vier Monate vor *Futon* erschienenen kurzen »Erzählung« *Shōjobyō*[98] klingt erstmals Ironie bei der Behandlung des Themas an.

Der Protagonist ist wie in *Onna kyōshi* und *Futon* ein verheirateter Schriftsteller, der mit seiner Ehe und mit seiner bisherigen Karriere unzufrieden ist. Um sich und seine Familie zu ernähren, arbeitet er in einem Verlag in Tōkyō. Während der Bahnfahrt zwischen seinem Wohnort am Rande Tōkyōs und der Firma überkommt ihn regelmäßig seine »schlechte Angewohnheit, sich in junge Mädchen zu verlieben«.[99] Hübsche Schülerinnen, denen er täglich im Zug begegnet, regen seine Phantasie an. Er träumt davon, daß sie aus reichen oder gar adligen Familien stammen. Auch seine Literatur handelt nur von solchen Wunschwesen, und bei den Kollegen in der Firma spottet man bereits über sein »Mädchen-Fieber« (shōjobyō). Eines Tages, als er sich im Gedränge auf dem Heimweg nur mühsam einen Platz auf dem Trittbrett des Zuges gesichert hat, erblickte er am Fenster des Wagens ein außergewöhnlich schönes Mädchen. Tief getroffen von diesem Anblick kann er sich plötzlich nicht mehr am Zug halten und stürzt auf die Schienen. In diesem Moment wird er von einem entgegenkommenden Zug erfaßt und getötet.

Selbstironie und Selbstkritik sind in diesem Melodram unüberhörbar. Nach Ogata Akiko versucht Katai hiermit, sein literarisches »Mädchen-Fieber« zu objektivieren, und nimmt Abschied von seiner romantischen Phase.[100] Ist *Shōjobyō* aber wirklich auch, wie Ogata meint, unmittelbarer Vorläufer von *Futon* in seiner selbstkritischen, ironischen Haltung? Hier wird man wohl kaum zustimmen können, denn die eingangs angestellten Betrachtungen haben gezeigt, daß in *Futon* nicht auf sentimentale Töne und Selbstmitleid verzichtet wird. Die Entwicklung liegt m. E. vielmehr in einer Verlagerung der Betrachtungsweise: Bei gleichbleibender Personenkonstellation und Grundthematik rückt in *Futon* das Innenleben des Protagonisten in den Mittelpunkt, während das Geschehen selbst im Vergleich zu den beiden vorangegangenen Werken an den Rand gedrängt wird. Sogar die in *Onna kyōshi* noch bedeutsame Ehe- und Liebesproblematik, mit der zugleich das Hauptmannsche Drama anklang, wird kaum berührt, denn es geht hier nur noch um die möglichst genaue, direkte Beschreibung von Seelenzuständen eines Individuums.

In dieser neuen Intention also haben wir die außerordentliche Wirkung von *Futon* und seinen innovatorischen Impuls zu sehen. Neu war weder die Thematik der Liebe eines verheirateten Mannes zu einem jungen Mädchen, oder allgemeiner, außerehelicher Liebesverhältnisse[101], noch hatte die Berufung auf den europäischen Naturalismus irgendeine Bedeutung, denn in beiden Fällen hätten wir die literarische Sensation ja schon Jahre früher erwarten müssen. Sie ergab sich vielmehr daraus, daß Katai das mehrfach verarbeitete und verinnerlichte Muster, mit dem er ursprünglich Anregungen aus *Einsame Menschen* aufgriff und dem zweifellos auch wegen der Verbindungen zu seinem eigenen Leben besondere Bedeutung zukam, auf eine als neuartig empfundene Weise einsetzte. Dies belegt die zeitgenössische Rezeption, die vor allem die Echtheit und Aufrichtigkeit des Geständnisses bewunderte. Nicht die Handlung, sondern die Haltung des Autors wurde begutachtet.

Wenn aber etwa Oguri Fūyō oder Chikamatsu (Tokuda) Shūkō in ihren Rezensionen[102] den »Mut des Autors« zu dieser Offenheit loben, so wird deutlich, daß man von Anfang an den Protagonisten mit dem Autor identifizierte. Man las *Futon* als »kühne Beichte eines entblößten Menschen«[103], und dieser war natürlich Katai selbst. Hier erkennen wir einen weiteren »epochemachenden« Aspekt des Werks: Während Tōsons »Roman« *Hakai* trotz seiner sozialkritischen Thematik noch ganz in Kategorien »künstlerischen Niveaus«[104], d.h. mit herkömmlichen literaturspezifischen Kriterien gemessen wird[105], interessiert an dem knapp eineinhalb Jahre später erschienenen Werk Katais etwas völlig anderes, nämlich die Einstellung des Autors. Das neuartige Werk erzeugt so eine neue Rezeptionsweise, und in beiden begegnet uns erstmals das neue Genre des Shishōsetsu.

Wesentliche Merkmale dieser Gattung, deren systematische Beschreibung noch aussteht, zeichnen sich ab. Hierzu gehören vor allem die Beschränkung auf einen Lebensabschnitt eines Individuums, der aus der Sicht desselben geschildert wird, die Identifikation Protagonist – Autor und die lyrisch-sentimentale Einfärbung, die im Fall des hier betrachteten Werks der von Katai selbst geforderten »unverblümten Beschreibung« entgegensteht. An diesem Aspekt läßt sich nicht nur die Verwurzelung Katais im Romantizismus des »Bungakukai«-Kreises zeigen, der seinerseits mit seiner introspektiven Tendenz[106] als Wegbereiter des Shishōsetsu gelten kann, sondern er lenkt unseren Blick auch auf traditionalistische Elemente, die in *Futon* eine wichtigere Rolle spielen als in den vorangegangenen Werken. In dem Maße nämlich, in dem das reflektierende, vor allem aber das fühlende Subjekt in das Zentrum des Werks rückt, greift auch eine betont subjektiv-lyrische Schilderung Raum, die sich der Muster bedient, wie sie sich in Jahrhunderten japanischer Tagebuch- und Miszellenliteratur ausprägten.

Immer wieder klingt in *Futon* ein mystischer Fatalismus durch, der in seltsamem Gegensatz zu dem Bild des aufgeklärten naturalistischen Autors zu stehen scheint. Das Schauern vor der »dunklen Kraft, der alles Leben unterworfen ist«[107], Gefühle, die die Menschen »wie eine Naturgewalt niederdrücken«[108] oder eine »abwehrende Kraft« in seinem Charakter, die den Protagonist seiner Spontaneität beraubt[109], beherrschen die Menschen in *Futon.*

Dies hat nur noch entfernt mit naturalistischem Determinismus zu tun, und auch die folgenden Gedanken Tokios sollten vielleicht eher als Beispiel für eine »vegetative-passive Oriental resignation«[110] gelten denn als Illustration der »Unfähigkeit, Naturgewalt und menschliches Handeln auseinanderzuhalten«[111], wie sie den europäischen Naturalismus kennzeichnet.

Wie war es nur gekommen, daß er nun einer neuen Liebe verfallen war? Tokio fühlte schneidend in seiner Brust die furchtbare Macht, die der eilenden Zeit innewohnt. ...

»Mag es auch ein Widerspruch sein, es ist nun einmal nichts daran zu ändern. Dieser Widerspruch, diese Untreue, sie sind eben Tatsachen, und Tatsachen bleiben bestehen, da kann man nichts machen.« So dachte Tokio in seinem Herzen.[112]

Mit diesem weitgehend unbewußten Rückgriff auf vormoderne literarische Konventionen und Auffassungen, der hier nur angedeutet werden konnte, erzielte Katai die Wirkung, die dem Werk das Etikett »epochemachend« eintrug.[113] Die Zeitgenossen wiederum, die auf diesen traditionsorientierten Aspekt ansprachen, waren sich dessen natürlich ebensowenig bewußt. Nicht als Repristination, sondern als naturalistische Innovation wurde *Futon* rezipiert. Die Gründe hierfür sind wie immer vielschichtig und miteinander verwoben.

Zum einen spielte die explizite Bezugnahme der japanischen Naturalisten auf die europäische Literatur eine große Rolle. Katai etwa gehörte zu den vielbelesenen Autoren jener Zeit, die sich recht gut in der abendländischen Literatur, vor allem der Jahrhundertwende, auskannten und sich selbst in diesen Rahmen einordneten. In seinem Essay *Meiji-no shōsetsu* etwa, einer Geschichte des Realismus und Naturalismus aus seiner Sicht, ordnet er auch die japanische Literatur nach dem Russisch-japanischen Krieg der

Geistesströmung zu, die er mit den folgenden Stichworten beschreibt: »Dekadenz, Individualismus, Übermensch, Genie in Verbindung mit der Verherrlichung des einfachen Alltagslebens, einer an satanische Gefräßigkeit grenzenden Sinnlichkeit und der Verherrlichung der Subjektivität und des Ich.«[114] Nur allzu leicht erliegt man angesichts solcher Bekenntnisse zur europäischen Geistesgeschichte der Gefahr, die Intention mit dem Ergebnis zu identifizieren. Doch zu behaupten, daß Katai »seine Wurzeln in der europäischen Literatur fand«[115], ist, wie wir sahen, mehr als problematisch.

Es konnte in diesem Rahmen nicht näher auf den soziokulturellen Kontext eingegangen werden, der die Bedingungen für eine literarische Entwicklung abgab, wie sie sich in *Futon* manifestiert. Der seit der Öffnung des Landes für westliches Gedankengut in verschiedenen Formen propagierte Individualismus[116], die mit der Jahrhundertwende verstärkt einsetzende Nietzsche-Rezeption oder auch die doppelte Herkunft des japanischen Naturalismus aus romantisch-idealistischen Geistesströmungen[117] sowie, als modernistisches Phänomen, aus der Opposition gegen das Überkommene, sind wesentliche Grundlagen für die Entstehung von *Futon.* Eine ebensolche Bedeutung hat die politische Entwicklung, vor allem der Russisch-japanische Krieg[118], der sich verstärkende Traditionalismus, Nationalismus und Militarismus[119], die damit einhergehende politische Abstinenz der Intellektuellen, ihr Skeptizismus und der schon mit der sogenannten Romantik begonnene »Weg nach innen«.[120] Die unmittelbare literarische Tradition, der *Futon* zuzuordnen wäre, setzt bereits mit Futabatei Shimeis Roman *Ukigumo* ein, in dem wir dem japanischen Prototyp des »überflüssigen Menschen« begegnen, wie Futabatei ihn im Anschluß an Turgeniew entwickelte.[121] Auf dem Gebiet der Literaturtheorie schließlich verband sich die Forderung der Naturalisten nach Wirklichkeitstreue und Wahrhaftigkeit mit dem traditionellen Gebot des »makoto«.[122] Vor allem auch in der Verschmelzung dieser Konzeptionen, die man in einer genauen Analyse als Renovation im Sinne einer Wieder-Inkraftsetzung von jahrhundertelang gültigen literarischen Gestaltungsprinzipien zu beschreiben hätte, lag die als Innovation empfundene Wirkung des Werks.

So verschlungen sind also westliche und östliche Konzepte, literarische und außerliterarische Komponenten in der Herausbildung der neuen Gattung, die sich mit *Futon* ankündigt, daß die Frage nach dem Einfluß oder auch der Rolle einer einzelnen dieser Komponenten schwer zu beantworten ist. Aufgabe dieser Studie konnte daher auch nur sein, das Zusammenwirken einiger dieser Komponenten zu veranschaulichen.

Die literarhistorische Bedeutung der Erzählung *Futon* zeigt sich unmittelbar im Erscheinen einer Reihe von Imitationen und Nachbildungen anderer Autoren, wozu man etwa Futabateis »Roman« *Heibon* (1907), Tōsons *Haru* (1908)[123] oder Oguri Fūyōs *Koizame* (1907)[124] u. a. m. zählt. Auch Katai selbst greift in nachfolgenden Werken, vor allem in *Sei* (1908), *Tsuma* (1908) und *En* (1910) die in *Futon* dargestellte autobiographische Thematik wieder auf. Über die Epoche hinaus aber bis in die heutige Zeit wirkt der Impakt des Werks fort in den zahllosen Shishōsetsu, deren Prototyp *Futon* ist.

Anmerkungen

1 Einen Überblick über den japanischen Naturalismus geben Oscar Benl: *Naturalism im Japanese Literature,* in: *MN* 9 (1953), S. 1–33; und William Sibley: *Naturalism in Japanese Literature,* in: *HJAS* 28 (1968), S. 157–169. Als weitere Einführung bietet sich Ruth Linhart: *Some Analogies and Differences of Japanese and German Naturalism,* in: *Studies on Japanese Culture,* Bd. 1, published by the Japan P. E. N. Club, Tokyo: The Japan P. E. N. Club 1973, S. 301–307, an, auch wenn die darin enthaltenen Verallgemeinerungen z. T. zu pauschal geraten. – Zur Problematik der Bezeichnung Naturalismus in Japan äußert sich neben Sibley auch Jürgen Berndt: *Einiges zur Problematik bei Betrachtungen der modernen japanischen Literatur,* in: *25th International Congress of Orientalists,* Moscow 1960, Moskva 1963, Bd. 5, S. 390–398.

2 Tōkyō: *Shinchōsha* [14]1970 (Shinchō bunko 1095). Ebenso auch in Nakamura Mitsuo: *Nihon-no kindai shōsetsu,* Tōkyō [23]1969 (Iwanami shinsho 177), S. 126.

3 Nachdruck in: *Gendai bungakuron taikei,* Bd. 2, Tōkyō [5]1955, S. 10–11.

4 Erschienen in *Taiyō,* Februar 1904. Nachdruck in: *Gendai bungakuron taikei* (s. Anm. 3), S. 12–15.

5 Masamune Hakuchō: *Bundan jimbutsu hyōron,* Tōkyō 1937.

6 Tōkyō: *Rokkyō shuppan* 1948.
7 Ōkubo Tsuneo: *Shizenshugi-to shishōsetsu: »Futon«-wo megutte*, in: *Kokubungaku* 3/1966, S. 20–25, hier S. 21.
8 *Waga kuni dokuji-no*, Hirano Ken, zit. nach: Ariyama Yukihiro u. a. (Hg.): *Meiji bungaku-kara Shōwa bungaku made: Kindai Nihon bungakushi*, Tōkyō: *Monshō-no kai* 1966, S. 118.
9 Hisamatsu Sen'ichi: *Biographical Dictionary of Japanese Literature*, Tōkyō: Kōdansha International 1976, S. 340.
10 *Geijutsu-to jisseikatsu*, Tōkyō [14]1959. Shinchōsha 1976 (Shinchō bunko 1631).
11 *Shizenshugi-no kenkyū*, Bd. 2, Tōkyō [3]1959.
12 *Shizenshugi bungaku-ni-okeru kyokō-no kanōsei*, Tōkyō 1968.
13 *Fūzoku shōsetsuron*, s. Anm. 2.
14 *Shishōsetsu-no seiritsu-to henken: chūshakuteki oboegaki*, in: *Kaishaku-to kanshō* 12/1962, S. 34–42.
15 *Tayama Katai kenkyū*, Tōkyō 1956.
16 *Tayama Katai-no bungaku*, Bd. 1: *Katai bungaku-no botai*, Bd. 2: Shōnen Katai-no bungaku, Tōkyō 1957 u. 1958.
17 *Tayama Katai*, Tōkyō 1963; und *Tayama Katai kenkyū: Tatebayashi jidai*, Tōkyō 1976.
18 »Es kam sogar dazu, daß ›Futon‹ mit ›Naturalismus‹ gleichgesetzt wurde«, schreibt Yoshida Seiichi in: *Tayama Katai shū, Meiji bungaku zenshū*, Bd. 67, Tōkyō 1968, Kaidai, S. 383–393, hier S. 389.
19 Frederick Richter unterscheidet in seiner Dissertation (*A thematic analysis of representative works by Tayama Katai*, Bloomington 1972) zwischen verschiedenen naturalistischen Stilen und beschreibt den Übergang vom mythischen in *Jūemon-no saigo* zum impressionistischen »narrativen Modus« in Katais *Inakas kyōshi* (Der Landlehrer, 1909).
20 *Doppo-shū*, erschienen im Juli 1905.
21 Zu den Parallelen zwischen Werk und Wirklichkeit gehört etwa der Umstand, daß das Mädchen im März 1904 zur Schwägerin Katais zog, im September 1905 von Katai aber wegen der Anwesenheit ihres Liebhabers in Tōkyō in sein Haus zurückgeholt wurde. Eine wichtige Quelle hierzu ist der erstmals im Juli 1939 unter dem Titel *Katai ›Futon‹-no moderu-wo meguru shukan* von Chūō kōron veröffentlichte Briefwechsel zwischen Katai und Okada Michiyos Familie. Abbildungen einiger Briefe enthält Yokota Masatomo: *Tayama Katai. Nihon bungaku arubamu*, Bd. 24, Tōkyō [2]1964, S. 24ff. Nagashiro, geb. Okada Michiyo, selber hat sich zu diesem Thema 1958 in dem Artikel *Katai-no ›Futon‹-to watakushi* zu Wort gemeldet (Nachdruck in: *Nihon bungaku kenkyū shiryō kankōkai* (Hg.): *Shizenshugi bungaku*, Tōkyō 1975, S. 202–216).
22 Zitiert nach der deutschen Übersetzung von Oscar Benl: *Futon*, in

ders.: *Flüchtiges Leben: Moderne japanische Erzählungen,* Berlin-Schöneberg 1942, S. 185–283, hier S. 283. Als japanische Ausgabe wurde der durch zahlreiche Anmerkungen gut erschlossene Text in: *Tayama Katai shū, Nihon kindai bungaku taikei,* Bd. 19, Tōkyō 1972, S. 124–194, benutzt.

23 Die Schlußszene, die einigen japanischen Kritikern, vor allem Hirano Ken, unrealistisch und »unnatürlich« erschien (vgl. *Geijutsu-to jissei-katsu,* s. Anm. 10, S. 89 u. 103) ist von der Werkstruktur her durchaus motiviert. Die Szene etwa, in der der Einzug Yoshikos in ihr Zimmer im Hause des Schriftstellers geschildert wird, ist deutlich parallel zur Schlußszene gestaltet, indem dieselben Gegenstände aufgezählt werden, die der Protagonist später wehmütig betrachtet. Eine unüberhörbare Anspielung auf das Kommende enthalten die letzten Sätze der »Einzugsszene«: »... die Bettdecken und das Nachtzeug aus bedrucktem Kattun, alles (wurde) zusammen in die anderen Ecken (gestellt). Bei dieser Gelegenheit stieg vorübergehend ihr Duft Tokio entgegen, und es wurde ihm seltsam zu Mute.« (*Futon,* S. 229) Eine weitere motivische Verknüpfung ergibt sich durch das Haarband in Verbindung mit dem olfaktorischen Reiz, der auch in der eben zitierten Szene wesentlich ist. Zunächst die Schlußszene: »Tokio öffnete versuchsweise eine Schublade des Tisches. Ein altes, mit Öl durchtränktes Band lag dort vergessen. Er nahm es hervor und sog seinen Duft ein« (ebd., S. 282), und in der ersten Beschreibung Yoshikos erfahren wir von einem »farbigen Band« in ihrem Haar, »und, wenn sie ihr Gesicht dem Buche näherte, sog er den Duft ihres Parfums, den Duft ihres Fleisches, den Duft des Weibes ein.« (Ebd., S. 192)

24 Vgl. Marleigh G. Ryan: *Japan's First Modern Novel: Ukigumo of Futabatei Shimei* (Translation and Critical Commentary), New York, London 1967.

25 Vgl. etwa Yoshida Seiichi: *Shizenshugi-no kenkyū,* Bd. 1, Tōkyō [5]1961, S. 192ff.

26 Yoshitake Yoshinori: *Kindai bungaku-no naka-no seiō,* Tōkyō 1974, S. 281.

27 So *Nakamura Mitsuo* in *Fūzoku shōsetsuron* (s. Anm. 2), S. 38 und 42.

28 Richard Lane: *Saikaku and the Modern Japanese Novel,* in: Edmund Skrzypczak (Hg.): *Japan's Modern Century,* Tōkyō, Rutland 1968, S. 115–132, hier S. 126.

29 Die Übertragung als freie Übersetzung »überwindet die Unstimmigkeiten«, die eine direkte Übersetzung europäischer Literatur in den völlig anderen soziokulturellen Kontext Japans verursachen würde, erklärt Doi Kōchi im ersten Vorwort von Yoshitakes Buch, S. 1.

30 Yoshitake Yoshinori, S. 287ff.

31 Gerhart Hauptmann: *Einsame Menschen,* in: *Das Gesammelte Werk,*

Erste Abt., Erster Band, Berlin 1943, S. 473–588, hier S. 474 (künftig: *EM*).

32 Dies wird Johannes im Drama selbst von seinem Freund Braun vorgeworfen: »Du bist eben 'n Kompromißler.« – »... wenn wir andern mit unseren Gedanken rücksichtslos vordrangen, da hast du für das Alte und Überlebte in jeder Form gegen uns das Wort geführt.« (Ebd., S. 517)

33 Eberhard Hilscher: *Gerhart Hauptmann,* Berlin 1969, S. 117.

34 *Futon,* S. 192f.

35 Ebd., S. 193.

36 Ebd.

37 *EM*, S. 503.

38 Ebd., S. 521.

39 Ebd., S. 551.

40 *Futon*, S. 198.

41 Ebd., S. 199.

42 *EM*, S. 525.

43 Ebd., S. 582.

44 Ebd., S. 534f.

45 Ebd., S. 544.

46 *Futon,* S. 253f.

47 Ebd., S. 220.

48 *EM*, S. 524.

49 Auf Käthes Bitte, ihr einen Rat zu geben, antwortet sie: »Ich kann dir nicht raten. Ich fürchte mich, dir zu raten.« Ebd., S. 540.

50 Ōkubo Tsuneo: *»Futon« Tayama Katai: Bungakuteki ichizuke,* in: *Kokubungaku* 7/1968, S. 125–129, hier S. 127ff.

51 Vgl. Norbert Oellers: *Spuren Ibsens in Gerhart Hauptmanns frühen Dramen,* in: *Teilnahme und Spiegelung: Festschrift für Horst Rüdiger, in Zusammenarbeit mit Dieter Gutzen* hg. v. Beda Allemann und Erwin Koppen, Berlin, New York 1975, S. 397–414, hier S. 410.

52 *Futon,* S. 191; die Fehlschreibung »Volkrath« geht auf das Konto des Übersetzers.

53 Ebd., S. 198f.

54 Ebd., S. 192.

55 Ebd., S. 191, 203, 209, 232, 280.

56 Ebd., S. 244, 270.

57 Ebd., S. 202.

58 Ebd., S. 203.

59 Ein typisches Beispiel hierfür ist Yoshitake Yoshinori (s. Anm. 26), dessen Kommentar Mitgefühl mit dem Schriftsteller Tokio impliziert, da dieser noch nicht einmal wie Johannes Selbstmord begehen darf (offensichtlich sieht er also den Selbstmord in *Einsame Menschen* als

heroischen Akt, nicht als Zusammenbruch – eine japanischer Tradition entsprechende Sichtweise). S. ebd., S. 290.

60 Ebd., S. 190.

61 Ebd., S. 230.

62 *Tayama Katai zenshū,* Bd. 15, Tōkyō 1974, S. 601.

63 Die Entwicklung der Beziehung zwischen Katai und Okada Michiyo und ihrer Familie beschreibt Ogata Akiko: *»Futon« shiron,* in: *Kokubungaku kenkyū* (Waseda daigaku) 10/1976, S. 41–53, hier S. 45 ff.

64 Die japanische Sekundärliteratur zitiert durchweg diesen Titel (ohne nähere Angaben). Ich konnte nur die Pluralform verifizieren: *Lonely Lives*, London 1898 – die erste Übersetzung ins Englische von Mary Morison.

65 *Kobayashi: Tayama Katai kenkyū* (s. Anm. 17), S. 168.

66 Ebd., S. 185.

67 Zu Katais Ibsen-Rezeption s. Egashira Hikozō: *Katai-no Ipusen-geki juyō,* in: Kōchi Kiyoshi (Hg.): *Shizenshugi bungaku: Kakkoku-ni-okeru tenkai,* Tōkyō 1962, S. 335–374.

68 Zur damaligen Hauptmann-Rezeption in Japan vgl. auch *Ōkubo* Kanji: *Geruharuto Hauputoman,* in: Fukuda Mitsuharu u. a. (Hg.): *Ōbei sakka-to Nihon kindai bungaku,* Band 4: *Doitsu hen,* Tōkyō 1975, S. 187–211.

69 Kobayashi: *Tayama Katai kenkyū*, S. 153.

70 *Tayama Katai zenshū*, Band 14, Tōkyō 1974, S. 465–545, künftig *OK.*

71 Und darüber hinaus an Ibsens Drama *Rosmersholm,* unter dessen Eindruck Hauptmann sein Stück schrieb. Egashira Hikozō (s. Anm. 67), S. 342, zieht daher auch eine direkte Linie von *Rosmersholm* über *Einsame Menschen* zu *Futon.*

72 *OK,* S. 475, 476, 498.

73 Hierauf weist auch Ogata Akiko (s. Anm. 63), S. 53, Anm. 11, hin.

74 Bei Käthe ist es allgemeine körperliche Schwäche nach der Geburt des Sohnes, und bei ihrem japanischen Pendant handelt es sich um Schwangerschaftsbeschwerden, vgl. z. B. *OK*, S. 506.

75 Ebd., S. 473.

76 *EM,* S. 528.

77 Ebd., S. 586.

78 *OK*, S. 472 ff.

79 Ebd., S. 473.

80 Ebd., S. 474.

81 *EM*, S. 510, *OK*, S. 485.

82 *EM*, S. 568, *OK*, S. 488 ff.

83 Johannes möchte nach Zürich ziehen, wo Anna wohnt; vgl. *EM*, S. 537. Hirose wünscht sich den Tod seiner Frau; vgl. *OK*, S. 488, 525.

84 *EM*, S. 551; *OK*, S. 516.

85 Ebd.,

86 *EM*, S. 564.

87 *OK*, S. 518.

88 Ebd., S. 519.

89 Ebd., S. 532.

90 Mit dem Pfiff des Zuges »bricht er auf einem Stuhl zusammen«, *EM*, S. 583.

91 Vgl. etwa den Liebesselbstmord im See (*OK*, S. 530) oder den stillen Herbsttag am Meer, an dem sich die Liebenden wiedersehen (ebd., S. 538).

92 Hashimoto Yoshi: *»Futon«-ni kansuru memo*, in: *Nihon bungaku kenkyū shiryō kankōkai* (Hg.): *Shizenshugi bungaku*, Tōkyō 1975, S. 148–155, vergleicht *Onna kyōshi* und *Futon*, wobei er auf fünf übereinstimmende Szenen bzw. detaillierte Beschreibungen näher eingeht (s. S. 149ff.). Außer den dort aufgezählten lassen sich weitere, z. T. noch direktere Übernahmen in das späte Werk anführen, z. B. die bis in die Diktion beibehaltene Szene, als er nachts nach Hause kommt und »seine Frau, häßlich anzusehen, bei den Kindern eingeschlafen« vorfindet; vgl. *Futon*, S. 199; und *OK*, S. 506.

93 Ogata Akiko: *Futon zen'ya: Onna kyōshi-kara Shōjobyō-made*, in: *Bungei-to hihyō*, Bd. 4, Nr. 6 (1976), S. 43–51, hier S. 43. Zu dieser Werkreihe gehören etwa *Nabari shōjo* (1905) und das Märchen *Makoku* (1906).

94 Eine Beschreibung des Übergangs von der romantischen zur realistischen Phase in Katais Literatur bietet Maeda Akira: *Tayama Katairon*, in: *Tayama Katai shū, Gendai Nihon bungaku zenshū*, Bd. 9, Tōkyō 1955, S. 403–414, hier S. 406ff.; eine noch gerafftere Darstellung in: Kōno Toshirō u. a. (Hg.): *Meiji-no bungaku* (Kindai bungakushi, Bd. 1), Tōkyō 1972, S. 192f.

95 Vgl. hierzu das bei Ogata: *Futon zen'ya*, S. 48, wiedergegebene Katai-Zitat.

96 Ebd.

97 Als erstes Dokument für seinen neuen Stil gilt sein Kriegstagebuch, *Dainigun jūsei nikki* (1905); zu den Werken mit Kriegsschauplatz zählen z. B. *Ippeisotsu* und *Shikabane* (1908), *Kihei shikan* (1909), *Shō-no gunpuku* (1912) u. a. m.

98 *Tayama Katai zenshū*, Bd. 1, Tōkyō: *Bunsendō shoten* 1973, S. 667–687.

99 *Shōjobyō* (s. Anm. 98), S. 676.

100 Ogata: *Futon zen'ya*, S. 50f.

101 Zu den zahlreichen Werken mit dieser Thematik gehören etwa *Hayariuta* (1901) und *Kobushi* (1906–08) von Kosugi Tengai, *Kyūshujin* (1902) von Shimazaki Tōson und *Seishun* (1905) von Oguri Fūyō.

102 Die auch heute noch oft zitierten, repräsentativen Rezensionen sind diejenigen von acht Autoren, darunter Oguri Fūyō und Tokuda Shūkō, die im Oktober 1907 in der Zeitschrift *Waseda bungaku* erschienen. Nachdruck in: *Kindai bungaku hyōron taikei,* Bd. 3 (Meiji-ki, III), hg. v. Yoshida Seiichi und Wada Kingo, Tōkyō 1972, S. 417–432.

103 Shimamura Hōgetsu in *Waseda bungaku*, Nachdruck s. Anm. 102, S. 413. Einen Überblick über die kritischen Meinungen zu *Futon* gibt Ōkubo Tsuneo: *Futon Tayama Katai: Bungakuteki ichizuke* (s. Anm. 50), S. 125 ff.

104 Ogata: *»Futon« shiron* (s. Anm. 63), S. 43.

105 Auch die repräsentativen Rezensionen zu *Hakai* sind in *Kindai bungaku hyōron taikei,* Bd. 3 (s. Anm. 102) nachgedruckt, s. *»Hakai«-wo hyōsu,* S. 406–417.

106 Kōsaka Masaaki (Hg.): *Japanese Thought in the Meiji Era,* Tōkyō, Nachdruck 1969, S. 266 f.

107 *Futon,* S. 254.

108 Ebd., S. 188 und 221.

109 Ebd., S. 210.

110 »Vegitative« im Original; vgl. *Japanese Thought in the Meiji Era* (s. Anm. 106), S. 421.

111 Klaus Müller-Salget: *Dramaturgie der Parteilosigkeit: Zum Naturalismus Gerhart Hauptmanns,* in: *Naturalismus: Bürgerliche Dichtung und soziales Engagement,* hg. v. Helmut Scheuer, Stuttgart, Berlin, Köln, Mainz 1974, S. 64.

112 *Futon,* S. 220.

113 *Epokkumēkingu,* Ogata: *»Futon« shiron,* S. 42.

114 *Meiji-no sōsetsu: Shizenshugi-to shajitsushugi,* in: *Nihon bungaku kōza,* Bd. 8, Tōkyō o. J., eigene Seitenzählung, S. 1–42, hier S. 33.

115 Iwanaga Hiroshi in: Kimata Osamu, Kawazoe Kunimoto u. Hasegawa Izumi (Hg.): *Hito-to sakuhin: Gendai bungaku kōza,* Bd. 4 Meiji-hen, Tōkyō: 1961, S. 57.

116 Vgl. Kenneth B. Pyle: *The New Generation in Meiji Japan: Problems of Cultural Identity,* 1885–1895, Stanford 1969, S. 14.

117 Vgl. Nakamura: *Nihon-no kindai shōsetsu* (s. Anm. 2), S. 122.

118 Vgl. hierzu etwa Kap. 13 und 15 in: Hane Mikiso: *Japan: A Historical Survey,* New York 1972.

119 Vgl. *Japanese Thought in the Meiji Era,* S. 364 und 422 f.

120 Wolfgang Schamoni: *Nachwort,* in: ders.: *Mori Ōgai: Wellenschaum: Eine japanische Erzählung aus dem München Ludwigs II.*, München: Schriftenreihe der Deutsch-japanischen Gesellschaft in Bayern 1976, S. 65.

121 Vgl. Marleigh G. Ryan (s. Anm. 24), S. 178–190.

122 Wolfgang Schamoni: *Die Entwicklung der Romantheorie in der japa-*

nischen Aufklärungsperiode, in: *NOAG* 118 (1975), S. 9–39, hier S. 13 f.

123 Vgl. Okazaki Yoshie, (Komp. u. Hg.): *Japanese Literature in the Meiji Era,* Tōkyō 1955, S. 242.

124 *Japanese Literature in the Meiji Era,* S. 221.

IV. Thomas Manns Novelle *Der Tod in Venedig* und Mishima Yukios Roman *Kinjiki* – Ein Vergleich*

Mishima Yukio gilt seit jeher als Autor, der sich in besonderem Maße mit der europäischen Literaturtradition auseinandergesetzt hat. Oft hat er selbst in Kommentaren zu seinen Werken darauf hingewiesen, daß ihnen westliche Vorbilder zugrunde liegen. Seine Erzählung *Shishi* (Die Löwin, 1948) wird schon im Titel von ihm als Prosaversion der *Medea* von Euripides ausgewiesen.[1] Und um in seiner frühen Schaffensperiode zu bleiben – in einem Essay mit dem Titel *Jiko kaizō no kokoromi* (Versuch einer Selbstverbesserung) aus dem Jahre 1956 listet er neun Phasen seiner stilistischen Entwicklung auf, beginnend mit der in seiner Schulzeitschrift publizierten Erzählung *Damie garasu* (Das bunte Glasfenster) von 1940, deren Stilgebaren er sogleich spezifiziert: Es gehe, so schreibt er, u. a. auf das Vorbild des japanischen Neoperzeptionismus (Shinkankakuha), auf Paul Morand sowie auf Raymond Radiguets *Denise* zurück. Bei den weiteren acht Werken, die er auf diese Weise als Stufen im Wandlungsprozeß seines Stils anführt – er selbst will nicht von »Entwicklung« sprechen –, tauchen ebenso viele europäische wie japanische Namen von Werken, Autoren und literarischen Strömungen auf, besonders häufig Mori Ōgai[2] auf der japanischen und Stendhal auf der westlichen Seite. Scharfsinnig und selbstbewußt analysiert er die verschiedenen Mischungsverhältnisse und die Wirkung der unterschiedlichen Einflüsse auf seinen Stil, der im übrigen nicht das Sein, sondern das Sollen des Autors zeige. In ihm drücke sich daher sein Wille aus, sein Verlangen, ja, der Stil als solcher stelle einen »Selbstverbesserungsversuch« dar, wenngleich auch dies nicht das letzte Stadium sei, denn, so Mishima, ein reifer Schriftsteller wie Goethe umfängt darin die ganze Welt.[3]

* Dieser Beitrag ist die deutschsprachige, stark veränderte und erweiterte Fassung des folgenden englischsprachigen Beitrags: *Thomas Mann's Short Novel »Der Tod in Venedig« and Mishima Yukio's Novel »Kinjiki« – A Comparison*, in: *European Studies on Japan*, ed. by Ian Nish and Charles Dunn, Tenterden 1979, S. 312–317 sowie 346f.

Als überaus planvoller und zielstrebiger Autor prägt Mishima durch seine essayistischen Selbstaussagen sein Bild in der japanischen Öffentlichkeit mit. Die Kritik greift die Hinweise bereitwillig – und im allgemeinen kritiklos – auf, und so werden Behauptungen wie jene, der Erfolgsroman *Ai no kawaki* (Durst nach Liebe, 1950) sei unter dem zeitweiligen Einfluß von Mauriac verfaßt worden – so Mishima in dem zitierten Essay –, zum allgemeinen Wissensgut von Kritikern wie Lesern. Als feststehendes Faktum werden sie nicht mehr befragt, sondern bestenfalls zum Ausgangspunkt von Vergleichen, deren Ergebnis etwa lauten mag, daß Mishimas Werk »unvergleichlich klassischer« gebaut sei.[4]

Der Rahmen ist also von Mishima selbst vorgegeben, und die Kritik bewegt sich, ob sie will oder nicht, bewußt oder nicht einmal wissend, in den von Mishima vorgezeichneten Bahnen. Er ist, wie es der Literarhistoriker Saeki Shōichi in seiner biographischen Studie über Mishima 1978 formulierte, der große »Vorwegnehmer« (sakidori suru sakka).[5] Doch dies heißt nicht nur, daß wir Mishima durch seine eigene Brille zu sehen gezwungen werden sollen, es hat auch zur Folge, daß es scheinbar kaum noch etwas zu entdecken gibt. Was er macht und wie er es macht, sagt er uns im Notfall selbst, der Kritiker dagegen braucht bei diesem Verfahren nur noch seine Assoziationen zu benennen – Aha, Radiguet! Klare Sache – Thomas Mann! Selbstverständlich Racine! Mehr als die Nennung von Werktiteln oder aperçuhaften Impressionen braucht nicht mehr zu erfolgen, denn in diesen Namen ist schon das ganze vom Autor selbst angelegte Netz von Wissen enthalten, das sich mit einem unsichtbaren Mechanismus selbsttätig entfaltet. Oder besser, es scheint sich zu entfalten, denn es täuscht in Wirklichkeit über einen sehr paradoxen Zustand hinweg: Vor lauter Kenntnissen scheint sich ein genaueres Kennenlernen der Werke zu erübrigen. Wir kennen viel und wissen in Wahrheit noch erstaunlich wenig.

Das scheint in besonderem Maße für zwei umfangreiche und ambitionierte Werke des Autors zu gelten, die beide allgemein als mißlungen eingestuft werden, die jeweils in zwei Teilen erschienenen Romane *Kinjiki* (Tabuisierte Farben, 1951–53) und *Kyōko no ie* (Kyōkos Haus 1959). Mit Sicherheit scheint der schlechte Ruf, in dem beide Werke stehen, dazu beigetragen zu haben, daß die Literaturkritik wie die akademische Philologie sich kaum näher mit ihnen befaßten. Doch einmal abgesehen davon, wie unser eigenes Urteil über diese Werke lauten mag, es steht doch außer Zweifel, daß wir sehr viel über den Autor, seine literarischen Absichten und seine Verfahrensweisen lernen könnten, wenn wir uns auf die Texte einließen, ohne sie vorschnell beiseite zu schieben.

Dies ist im Fall von *Kyōko no ie* bereits geschehen[6] und soll hier deshalb für das andere Werk in einem bescheidenen Umfang versucht werden. Es geht, wie gesagt, um den Roman *Kinjiki*, der zur Zeit seines Erscheinens zwar große Beachtung fand, vor allem wohl wegen seiner Homosexuellen-Thematik und der mit Sarkasmus gewürzten Schilderungen von westlichen Ausländern. Der Literaturwissenschaft jedoch erschien er einer ernsthaften Auseinandersetzung nicht würdig. Er sei, so lautet noch 1974 Miyoshi Masaos Verdikt, eins der »grellsten und inhaltsleersten Werke, die Mishima je verfaßt hat«[7], und Donald Keene stellt in seiner monumentalen modernen Literaturgeschichte fest, das Werk sei trotz einiger gelungenen Szenen und Passagen »überzeichnet« und auf unangenehme Weise künstlich.[8] Schon 1956 hatte Yoshimura Teiji festgestellt, *Kinjiki* sei, wie übrigens auch *Kamen no kokuhaku* (Geständnis einer Maske, 1949), in formaler Hinsicht kläglich gescheitert.[9] All diese Beobachtungen regen nicht gerade zur Beschäftigung mit dem besagten Werke an, es sei denn, diese massive Kritik entfachte unseren Widerspruchsgeist.

Doch noch ein weiteres dürfte Neugier wecken. Wie gewohnt entfaltet die Kritik auch im Falle von *Kinjiki,* sofern sie von ihm Notiz nimmt, ein wahres Feuerwerk an Assoziationen, das sich nachgerade wie ein Spaziergang durch die europäische Literaturgeschichte ausnimmt: Jinzai Kiyoshi nennt Montherlants *Les jeunes filles,* aber auch *Lady Chatterley's Lover* von D. H. Lawrence und *L'Eve future* von Villiers-de L'Isle-Adam[10], Sasaki Kiichi fühlt sich an Stendhals *Armance* ... und an Čechov erinnert[11], Noguchi Takehiko verweist auf den *Grafen von Monte Christo* und die *Liaisons dangéreuses*[12], Hanada Kiyoteru sogar auf den *Faust.*[13] Doch sowenig, wie diese Hinweise näher belegt werden, bleibt auch die Assoziation an ein weiteres Werk, nämlich Thomas Manns Novelle *Der Tod in Venedig*, wie sie etwa Ōi Hirosuke, Noguchi Takehiko oder Miyoshi Masao äußern, dahingestellt, ohne daß ihr weiter nachgegangen wird.[14] Spielt die Mannsche Novelle in Mishimas Werk wirklich eine Rolle? In welcher Form tritt sie in Erscheinung? Wie nimmt Mishima auf sie Bezug? Indem wir versuchen, diese Fragen zu beantworten, erschließt sich uns nicht nur ein wichtiger Aspekt dieses wenig erforschten Werks, sondern wir erfahren auch Allgemeines über die Literatur dieses Autors und über sein Verhältnis zur abendländischen Kultur.

Schälen wir zunächst einige parallele Elemente heraus: Der Protagonist ist in beiden Werken ein angesehener Autor, der die fünfzig weit überschritten hat und nun kurz vor seiner Vollendung steht. Thomas Mann beschreibt seine Figur, den Schriftsteller Aschenbach, als einen nach außen hin asketisch wirkenden Menschen, dessen Künstlertum jedoch vom dekadenten Ästhetizismus bestimmt ist, einer »Verwöhntheit, Überfeinerung, Müdigkeit und Neugier der Nerven, wie ein Leben voll ausschweifender Leidenschaften und Genüsse sie kaum hervorzubringen vermag«.[15] Bis hin zu einzelnen Details stimmt die Erscheinung dieses Künstlers, dessen »physiognomische Durchbildung die Kunst übernommen hatte« mit der des Protagonisten Hinoki Shunsuke in Mishimas Roman überein.[16] Auch seine Vorliebe gilt der Dekadenz, und dies, obgleich er wie Aschenbach der Öffentlichkeit als Vorbild an Würde und maßvoller Zucht erscheint.[17] Diese Vorliebe wird nicht nur in der Beschreibung seiner Werke deutlich[18], sondern sie offenbart sich auch direkt in den Werken, die er ins Japanische übersetzt hat: Rodenbachs *Bruges-la-morte* und Huysmans Romane *La Cathédrale, Là-bas* und *En route* (MYCZ I, S. 476f.). Beide Künstler verlassen die Stätte ihres Schaffens, den Ort zuchtvollen Ringens, und begeben sich in einer Zeit sommerlicher Hitze ans Meer. Dort erscheint ihnen ein über alle Maßen schöner Jüngling an der Grenze zwischen Land und Meer. In Thomas Manns Novelle ist es der polnische Knabe Tadzio, dem bei Mishima der junge Minami Yūichi entspricht. Sogleich läßt der Anblick des Knaben Tadzio für den Dichter Aschenbach eine mythische Assoziation erstehen:

> ... zu sehen, wie die lebendige Gestalt, vormännlich hold und herb, mit triefenden Locken und schön wie ein zarter Gott, herkommend aus den Tiefen von Himmel und Meer, dem Elemente entstieg und entrann: dieser Anblick gab mythische Vorstellungen ein, er war wie Dichterkunde von anfänglichen Zeiten, vom Ursprung der Form und von der Geburt der Götter. (*TiV*, S. 478)

In auffallender Übereinstimmung hiermit steht Mishimas Beschreibung der ersten Begegnung Shunsukes mit Yūichi. Dem ungleich größeren Gesamtumfang des Werks entsprechend nimmt diese Szene jedoch so viel Raum ein, daß sie nur in Ausschnitten zitiert werden kann. Shunsuke, am Strand stehend, entdeckt den jungen Mann weit draußen im Meer. Er erhebt sich mitten aus einer schaumgekrönten Welle, die sich auf den Strand hinbewegt, und als er dann schließlich, zu voller Größe aufgerichtet, ans Ufer steigt, spielt er, gleich Tadzio, im Gehen mit den flachen Wellen. Bereits in dieser Beschreibung gewinnt die Gestalt Yūichis etwas geheimnisvoll über sich Hinausweisendes, ein Eindruck, den die sich daran anschließende außerordentlich wortreiche Beschreibung seines »staunenswert schönen« Körpers noch verstärkt, denn sogleich wird »eine griechische Plastik der klassischen Periode, nein, eine Apoll-Bronzeskulptur aus den Händen eines Meisters der peloponnesischen Schule« beschworen (*MYCZ* I, S. 484). Am Rande des Wassers hält der Jüngling inne, wendet den Oberkörper und beugt den Kopf über den linken Ellenbogen. Auch diese statuenhafte Pose ruft Assoziationen mit griechischen Standbildern hervor und verweist zugleich auf Thomas Manns Novelle, in der sich Aschenbach beim Anblick des Knaben Tadzio an den Dornauszieher erinnert fühlt.

Die mythische Bedeutungsdimension, die durch den Beschreibungsmodus, die überdeutlichen Parallelen zum *Tod in Venedig* und die expliziten Verweise auf Griechenland in dieser Szene der ersten Begegnung angelegt wird[19], hebt der Autor auch im weiteren Verlauf des Werks hervor, etwa im vorletzten Kapitel, als Yūichi rückverweisend als der »den Wellen entstiegene Jüngling« bezeichnet und als Idealgestalt sowie als Schönheit an sich verklärt wird (*MYCZ* I, S. 799). Doch folgen wir zunächst dem Gang der Geschichte.

Mit der ersten Begegnung beginnt für die Künstler in beiden Werken ein Prozeß, in dem sie immer mehr in den Bann des schönen jungen Mannes gezogen werden und ihnen die Selbstkontrolle entgleitet. Nach außen hin wird diese Verfallenheit darin sichtbar, daß beide Dichter den Jünglingen durch die Straßen folgen. Bei Mann spielt diese Szene im letzten Kapitel, Mishima setzt sie an den Anfang. Shunsuke folgt Yūichi, nachdem er ihn am Strand zum erstenmal gesehen hat.

In beiden Werken erscheint der Jüngling den Dichterprotagonisten als Verkörperung der Schönheit selbst[20], und in solchen Gedanken wie auch in einer Reihe von Gesprächen über Kunst, Geist und Schönheit erkennt man deutliche Anklänge an die Platonischen Dialoge. Diese Hinweise werden noch direkter gestaltet, indem beide Dichter sich in der Rolle des Sokrates sehen: Mishima bringt an mehreren über das ganze Werk verteilten Stellen Vergleiche mit Platons »Symposion« an. Yūichi wird dabei dem schönen Alkibiades gleichgesetzt, Shunsuke dagegen zu Sokrates, dem Philosophen, der beständig nach dem Schönen strebt und dessen innere Schönheit den Jüngling anzieht (*MYCZ* I, S. 699). Schließlich wird auch auf den *Phaidros* verwiesen (*MYCZ* I, S. 674, 699).

Bei Thomas Mann wird die bukolische Eingangsszene des *Phaidros* mit dem klassischen Repertoire des locus amoenus (Platane, Schatten, Zikaden, Rasen, Quelle, sanfter Wind) nachgestaltet[21], und Mishima führt gar in mehreren Episoden und Bildern auf die von ihm analog zum *Phaidros* und damit auch zum *Tod in Venedig* angelegte Szene zu, die in *Kinjiki* den Höhepunkt und Abschluß bildet. Das gesamte Werk wird durchzogen von Motivgruppen, die Yūichi mit Gestalten schöner Jünglinge aus der griechischen Mythologie verbinden, so dem Hippolytos[22], dem Adonis[23] und dem Endymion.[24] Auch seine wiederholt betonte Vorliebe für Leichtathletik und Mathematik wird ausdrücklich als griechisch bezeichnet.[25] In einer Szene wird der Verweis auf die eben beschriebenen Zusammenhänge überdeutlich:

Yūichi sitzt auf der Wiese am Rande des Sportplatzes und betrachtet junge Männer, seine Kommilitonen, beim Sport. Obwohl die Szene in Japan spielt, verzichtet Mishima nicht auf die Requisiten des antiken locus amoenus, er paßt sie geschickt den Verhältnissen eines Universitätscampus in Tōkyō an: Schatten, Wiese und den Wind kann er unverändert übernehmen, die plätschernde Quelle wird zum Teich, nur die Platane und die Zikaden werden zugunsten einer realistischen Darstellung unterschlagen. Die Anspielung wird jedoch noch weitergeführt, nicht nur, indem der wieder an eine Statue erinnernde Körper eines jungen Athleten im Gegenlicht erscheint, sondern vor allem, als ein Mitstudent Yūichi das Euripides-Drama *Hippolytos* auf griechisch rezitiert und ihm seinen Inhalt darlegt (*MYCZ* I, S. 674).

Schon an mehreren Stellen zuvor war Yūichi mit Hippolyt verglichen worden.[26] Hier wird nun die *Hippolytos*-Motivkette mit der Kette der *Phaidros*-Anspielungen verknüpft, und indem Mishima in seinen Beschreibungen der *Phaidros*-Szene jedesmal explizit auf die äußeren Umstände hinweist, macht er deutlich, daß er den Sportplatz sehr bewußt als locus amoenus im klassischen

Sinne konzipiert hat. Die Schwierigkeiten, die in dem Versuch gründen, mit den Anspielungen auf das klassische Griechenland[27] nicht die realistische Ebene des Romans zu verletzen, löst er auch sehr geschickt in der letzten Szene, die auf den *Phaidros* Bezug nimmt. Yūichi, der sich inzwischen ganz aus dem Einfluß Shunsukes gelöst hat, entschließt sich eines Abends, diesen ein letztes Mal zu besuchen, um ihm das Geld, mit dem sich Shunsuke seine Macht über ihn erkauft hat, zurückzugeben. Es gelingt Mishima in dieser Szene, den ganzen Reichtum der hergestellten Assoziationen in eindrucksvoller Konzentration auszuspielen, so daß diese letzte Begegnung sich zu einer vielfach symbolisch überhöhten Klimax des Werks steigert. Beschränken wir uns zunächst auf die erste der *Phaidros*-Anspielungen in dieser Szene:

Es war eine stille Nacht. Nichts war zu hören außer den Stimmen der Insekten. Klar klang das Glucksen des Weißweins, wie er mit der sanften Schwere von Perlen aus der Flasche gegossen wurde. Die geschliffenen Gläser leuchteten.

»Nun trink«, sagte Shunsuke. »Ein Abend im Herbst mit dir und mit dem Wein, was gäbe es noch zu wünschen?« – Sokrates hörte die Zikaden, und am Ufer des Bachs sprach er am Morgen mit dem schönen Jüngling Phaidros. Sokrates frug, und er antwortete selbst. (*MYCZ* I, S. 806)[28]

Hatte sich Mishima mit dem zuvor zitierten Beispiel, der Szene auf dem Universitätscampus, noch eng an das klassische locus-amoenus-Repertoire gehalten, so nimmt er hier eine Transformation vor: Dem noch einmal in seinen Einzelheiten wachgerufenen griechischen Bild wird nun ein sozusagen japanischer locus amoenus gegenübergestellt. Als direktes Bindeglied bleibt das Detail der Zikadenlaute erhalten. Ansonsten wird die Szene jedoch als Atmosphäre ungetrübten Wohlbefindens in den Frühherbst verlegt. Shunsuke weist mit den Worten »Was gäbe es zu wünschen?« auf das Exemplarische und damit zugleich auf die Entsprechung zur Vollkommenheit des antiken locus amoenus hin. (Natürlich liegt auch in dem Umstand, daß die Männer Weißwein und nicht etwa Sake trinken, ein deutlicher Hinweis auf Europa.) Und wie in dem antiken Werk findet auch in *Kinjiki* nicht eigentlich ein Dialog statt, sondern Shunsuke beantwortet seine Fragen wie Sokrates selbst.

Der Vergleich mit dem *Phaidros* wird im folgenden noch weiter geführt, indem Shunsuke die Gedanken des Sokrates beschreibt, die unmerklich in seine eigenen übergehen, und so spiegelt diese ganze Szene in Mishimas Roman, in der Shunsuke in gehobenem Ton – auch dies ein Hinweis auf Mishimas symbolisierende Absicht – über Geist und Schönheit im Anblick des schönen Jünglings nachdenkt, den Dialog in dem antiken Werk, auf das verwiesen wurde.

André von Gronicka und im Anschluß an ihn Herbert Lehnert haben im *Tod in Venedig* zwei Strukturlinien namhaft gemacht, und zwar eine mythische, die »steigende Strukturlinie, die Züge und Motive der Entwürdigung, der Krankheit und des Verfalls enthält«[29] und eine fallende Strukturlinie, die der realen Erfahrungswelt des Lesers, deren Allgemeingültigkeit von der mythischen allmählich außer Kraft gesetzt wird.

Am Schluß der Novelle sieht der Leser Tadzio naturalistisch als polnischen Jungen und unter der fallenden Strukturlinie als Gegenstand der Begierde Aschenbachs, unter der mythischen aber als Hermes Psychagogos, der »vorm Nebelhaft Grenzenlosen« steht und sich über die Schulter umsieht, »als ob er... hinausdeute, voranschwebe ins Verheißungsvoll-Ungeheure«.[30]

Analog hierzu vollzieht sich auch in *Kinjiki* ein Prozeß auf zwei Ebenen: Während Yūichi, zu Beginn noch verträumt und unbewußt, sein Geschick immer mehr in die eigenen Hände nimmt und den Weg eines aussichtsreichen Geschäftsmannes einschlägt, dessen Bild dem Leser realistisch genug vor Augen geführt wird, setzt parallel hierzu seine Mythisierung ein, die ihren Höhepunkt im letzten Kapitel erreicht. So wie der Knabe Tadzio dem Dichter Aschenbach vor seinem Tod als Hermes Psychagogos erscheint, so verwandelt sich auch Yūichi in der letzten, zuvor bereits zitierten Szene direkt vor Shunsukes Tod endgültig in eine mythische Gestalt. Yūichi wird plötzlich bewußt, daß Shunsuke seine philosophischen Gedanken nicht ihm, sondern einem zweiten Yūichi, der hinter ihm steht, mitteilt.

Yūichi sah ihn deutlich, diesen zweiten Yūichi, die Natur selbst, die Skulptur eines unsichtbaren schönen Jünglings, der an Vollkommenheit den griechischen Skulpturen nicht nachstand. (*MYCZ* I, S. 807)

Brechen wir hier die Nachzeichnung der Parallelen zwischen den beiden Werken ab. Es dürfte deutlich geworden sein, daß die Übereinstimmung nicht nur punktuell in einigen Szenen vorhanden ist, mit denen sich Mishima überdeutlich auf den *Tod in Venedig* bezieht, sondern daß die gesamte Anlage des Werks sowohl hinsichtlich der Konstruktion wie auch der wiederholt thematisierten Problematik von Kunst, Geist und Sittlichkeit, die im übrigen ganz und gar unjapanisch ist, auf Thomas Manns Werk verweist. Die Identität der beiden Schriftsteller-Protagonisten reicht so weit, daß ihnen beiden ein Essay über diese Thematik zugesprochen wird – Aschenbachs Werk ist eine »Abhandlung über Geist und Kunst«, Shunsukes dagegen eine »Abhandlung über das Schöne« (Bi ni tsuite). Parallel ist auch, daß diese Essays in beiden Fällen Werke des Autors selbst darstellen. Thomas Mann hat den Essay gleichen Titels, an dem er bis zum *Tod in Venedig* gearbeitet hatte, nicht vollendet. Von Mishima liegt dagegen ein Essay aus dem Jahre 1949 mit eben diesem in *Kinjiki* genannten Titel vor, der sich bezeichnenderweise mit europäischem und japanischem Ästhetizismus, dem Hellenismus und auch mit Thomas Manns *Tod in Venedig* befaßt.[31]

Besonders eindrucksvoll gestaltet sich die Parallelität des Romans *Kinjiki* zum *Tod in Venedig* jedoch darin, daß die Bildungsreminiszenzen – gemeint sind die Anklänge an die griechische Klassik, vor allem die Platonischen Dialoge – die dazu dienen, Aschenbachs »homoerotische Passion ins Geistige zu sublimieren« (Berger 1971, S. 61), auch für den japanischen Schriftsteller Shunsuke identischen Inhalt und eine identische Funktion haben. Mehr noch, Mishima breitet den ganzen Bezugsrahmen, in den er Aschenbach und seinen Autor Thomas Mann gestellt sieht, vor seinen japanischen Lesern aus: Er zitiert griechische und römische Klassiker[32] und spannt einen Bogen über die Renaissance[33], die französischen Klassiker und Hölderlin und Novalis bis zu den europäischen Literaten des Fin de siècle[34]. Auf Oscar Wildes *The Picture of Dorian Gray* (1890) und Walter Paters *Marius The Epicurean* (1885) spielt Mishima außerdem in besonderem Maße an, und man wird in *Kinjiki* folglich auch von diesen Werken deutliche thematische und inhaltliche Spuren ausmachen können.

Je eingehender wir uns mit dem Roman befassen, desto mehr Bezüge gibt er preis. Ganze Kaskaden von Symbolen und untereinander vernetzten Motiven leiten bei der Lektüre durch ein geschickt und äußerst planvoll angelegtes erzählerisches Terrain, das von der bisherigen Forschung jedoch nicht einmal ansatzweise erschlossen wurde, obgleich zumindest die intellektuelle Ambition in der Thematik kaum zu übersehen ist. Auch hier ist nur ein kleiner Ausschnitt – die Bezüge zu der Thomas Mannschen Novelle – in skizzenhafter Form dargelegt worden. Das allgemeine Urteil jedoch scheint festzustehen, auch wenn es bereits nach diesen kurzen und oberflächlichen Erkundungen unserem Eindruck schmerzlich zu widersprechen scheint. *Kinjiki* ist eben nicht, wie es auch Marguerite Yourcenar sieht, ein leichtfertig hingepfuschtes, marktorientiertes Machwerk, das an die Sensationslust der potentiellen Leserschaft appelliert[35], sondern ein durchaus vielschichtiges Gebilde, das in der dokumentierten Rezeption offenbar um die meisten Dimensionen verkürzt wurde, bis nur noch eine halbwegs realistische Geschichte von einem jungen Homosexuellen und seinen Gönnern übrigblieb. Fast will es scheinen, als sähen jene professionellen Leser den Wald vor lauter Bäumen nicht, denn wenn es etwas zu kritisieren gäbe, so wären es wohl weder Oberflächlichkeit noch Mängel in der Konstruktion als vielmehr ein Übermaß an Symbolismen und Anspielungen, die Überfrachtung mit Sinn und die allzu gewollt wirkende architektonische Perfektion. All dies jedoch vermag sich erst bei genauerem Lesen und beim Auflösen der vielfältigen Bezüge zu erschließen. Mit der bloßen Nennung von irgendwie verwandten oder vergleichbaren Werktiteln und Autoren ist, wie wir sahen, wenig gewonnen, zumal, wenn diesen ein alternativer Katalog von im Werk selbst zitierten Titeln gegenübersteht.

Doch hier soll es weniger um eine Auseinandersetzung mit der einseitigen *Kinjiki*-Rezeption gehen und auch nicht um eine Verteidigung dieses Werks, dessen Gesamtwirkung wir anhand der bisherigen Erkundungen ohnehin noch kaum einzuschätzen vermögen. Immerhin wäre an dieser Stelle aber festzuhalten, daß *Kinjiki* bereits den Versuch erkennen läßt, auch die japanische literarische Tradition und Kulturgeschichte in den vorgezeichneten Rahmen einzuholen.[36] Selbst wenn auch wir den Roman letztlich für gescheitert erklären müßten, so stellt sich doch die Frage nach dem, was man gemeinhin recht schnell als »westlichen Einfluß« hervorzuheben, aber nicht näher zu bestimmen pflegt. *Kinjiki* bietet überreiches Material, um dieser Frage nachzugehen. Doch auch in diesem Punkt werden wir uns vorerst mit einigen allgemeinen Überlegungen zufriedengeben müssen.

Kinjiki kann uns als Spiegel des historisch breiten, doch konsequent angelegten Spektrums der europäisch-abendländischen Literatur dienen, die von Mishima rezipiert und verarbeitet wurde. Weitere Hinweise steuert er in seinen oft fast gleichzeitig publizierten essayistischen Selbstaussagen bei. So erfahren wir im August 1953, einen Monat vor der Publikation des zweiten Romanteils, auch bereits in einem kurzen Artikel mit dem Titel *Dōdō meguri no hōrō* (Im Kreis herum wandern), daß er diesen als eine Art Schlußstrich, als »Generalabrechnung« in seiner Entwicklung als Autor begreift, die seit seiner Kindheit unter dem Bann der Literatur eines Wilde und Tanizaki gestanden habe. Statt seinem Kindheitstraum folgend ein Leben wie die Helden dieser Werke zu führen, sei er nur ein Schriftsteller geworden, der Helden jener Art schreibend erschafft. Und wieder ist auch hier von dem ausgleichenden, zügelnden Einfluß Ōgais als einer »geistigen Hygiene« die Rede, mit dessen Hilfe er seine überbordende Phantasie und dekadente Rezeptivität kontrolliere.[37]

Feststellungen dieser Art ließen sich nun weiter mit jenen Aussagen in Verbindung bringen, in welchen er Ōgai und die deutschen Autoren Goethe und Thomas Mann in einem Atemzug als stilistische Remedien aufzählt, die seinem Stil Schwere, Feierlichkeit, Strenge und Pracht verliehen hätten.[38] So weit Mishima. Selbst an seinen eher journalistischen Produkten aus jener Zeit läßt sich noch recht genau ablesen, wie sehr ihn die Mannsche Künstler-Bürger-Thematik zumindest theoretisch umtrieb.[39] Auch hier fehlt übrigens nicht der Hinweis auf das klassische Griechenland mit Platon und Sokrates!

Wenn wir indessen tiefer greifen wollen, gilt es, über die genauere Analyse der literarischen und essayistischen Werke hinaus unabhängig von den Vorgaben des Autors den Hintergründen nachzuspüren. Konkret gefragt: wie bildete der Autor sein Wissen zur europäischen Literatur? Trotz zahlreicher bibliographischer Hilfsmittel, etwa einem 1972 erschienen Verzeichnis der Bücher in Mishimas Bibliothek (Shimazaki Hiroshi/Mishima Yōko 1972), einem über 600 Seiten dicken Mishima-Lexikon (Hasegawa Izumi/Takeda Katsuhiko 1976) und einem minuziösen Tabellenwerk, das auf fast 400 Seiten in chronologischer Reihenfolge jede japanische Publikation von und über Mishima und jede halbwegs belegte Begebenheit auflistet (Andō Takeshi 1988), tappen wir weiterhin im Dunkeln. Das erstgenannte Verzeichnis nämlich verschweigt z. B. sämtliche Werke in europäischen Sprachen sowie alle Handbücher und Lehrbücher.[40] Der Grund dafür wird nicht genannt.[41] Das Mishima-Lexikon erweist sich als außerordentlich unergiebig, und das zuletzt genannte Tabellenwerk mit dem kuriosen englischsprachigen Untertitel »Research Chronological table of Mishima Yukio« stützt sich im wesentlichen auf die publizierten autobiographischen Schriften Mishimas und auf den unvollständigen Bibliothekskatalog. Noch immer also bewegen wir uns auf den vom Autor selbst gelegten Spuren. Immerhin erlaubt eine vorsichtige Auswertung des Bibliothekskatalogs den Schluß, daß Mishima sich vor und während der Abfassung von *Kinjiki* intensiv mit der griechischen Klassik beschäftigt hat. Dies legt die große Anzahl an Übersetzungen aus der antiken Literatur, aber auch von Studien über das klassische Altertum in seinem Besitz nahe, darunter auch solche von Europäern verfaßte und ihrerseits schon wieder zu Klassikern gewordene wie die Griechische Kulturgeschichte von Jakob Burckhardt[42], von denen die überwiegende Mehrzahl im Zeitraum zwischen 1943 und 1953 erschienen ist. Vorauszusetzen ist dabei jedoch, daß Mishima diese Bücher kurz nach ihrem Erscheinen erworben und gelesen hat.[43]

Wodurch Mishima dazu kam, sich so intensiv mit der griechischen Klassik zu beschäftigen, auch diese Frage muß noch offen bleiben. Eine Verbindung ergibt sich durch die europäische Literatur der Jahrhundertwende, mit der Mishima schon während seiner Schulzeit in Berührung kam[44], und – nicht zu vergessen – durch Nietzsche, dessen Werk *Die Geburt der Tragödie* ihn bis zu seinem Tode gefesselt hat und dem er selbst den größten Einfluß auf sich zuschreibt.[45] Wer möchte, mag auch hierin eine Parallele zu Thomas Mann sehen.[46]

Sei es nun, daß Mishimas Griechenland-Begeisterung, die er selbst vor allem in seinen Essays *Apollo no sakazuki* (*Der Kelch des Apoll*, 1952) und *Watakushi no henreki jidai* (*Meine Wanderjahre*, 1963) in überschwänglichen Tönen ausmalt, sich parallel zu seiner Rezeption neuerer europäischer Literatur entwickelt hat oder sei es, daß sein Griechenland-Fieber sich erst an dieser entzündete – ein Schluß, der gegenwärtig näher zu liegen scheint[47] –, es ist jedenfalls stets ein wichtiges Element seines reichen Bildungsschatzes genuin europäischer Prägung gewesen, so, wie er sich auch Zeit seines Lebens zu Nietzsche bekannt hat.

Verfolgt man die Metamorphosen dieser Thematik in seinem Denken, so wird man zugleich Zeuge seines ständigen Ringens um eine Synthese dieses europäischen Bildungsguts mit der japanischen Tradition, eines Ringens, das wohl keinem japanischen Intellektuellen seit der Meiji-Zeit fremd ist.

1 Vgl. den Zusatz *Nach der Tragödie »Medea« des Euripides* in *MYTZ* (Gesammelte Erzählungen), S. 320.
2 Militärarzt und Schriftsteller (1862–1922), eine der Vaterfiguren der literarischen Moderne Japans mit Deutschlanderfahrung (1884–1888).
3 Vgl. *MYHZ* (Gesammelte Essays), S. 418–422.
4 So Yoshimura Teiji in seinem erstmals 1956 publizierten Aufsatz über *Griechenland bei Mishima* (1971, S. 99).
5 Vgl. Saeki 1978, S. 206.
6 Vgl. Hijiya-Kirschnereit 1976.
7 »... one of the gaudiest and emptiest Mishima ever wrote«, Miyoshi 1974, S. 158.
8 »... overwritten« und »unpleasantly contrived«, Keene 1984, S. 1193.
9 Yoshimura 1971 (1956), S. 99.
10 Jinzai 1971 (1952), S. 35, 36, 37.
11 Sasaki 1951, S. 124.
12 Noguchi 1968, S. 138.
13 Zitiert bei Noguchi 1968, S. 138.
14 Vgl. Ōi 1954, S. 135, Noguchi 1968, S. 140 und Miyoshi 1974, S. 158.
15 Die Textverweise beziehen sich auf den Band Erzählungen der Gesammelten Werke in zwölf Bänden. Frankfurt/M. 1960, S. 444–525, hier S. 457 (künftig: *TiV*).
16 Der Text wird zitiert aus der Gesamtausgabe *Mishima Yukio chōhen zenshū* (Gesammelte Romane), Band I, S. 467–812 (künftig *MYCZ* I).
17 Vgl. *TiV* S. 450, 452 und *MYCZ* I, S. 470f.
18 Vgl. vor allem *MYCZ* I, S. 471f. und S. 792–801.
19 Selbst ein Vergleich mit Walter Paters *Amis und Amile* wird in dieser Szene untergebracht, vgl. *MYCZ* I, S. 485.
20 *TiV* S. 490–493, *MYCZ* I, S. 560, 799.
21 Vgl. Berger 1971, S. 62, *TiV* S. 491f.
22 *MYCZ* I 669, 670, 674, 726.
23 *MYCZ* I 758. Die Metaphorisierung geschieht indirekt über eine Parallelsetzung mit Minoru, dem jungen schönen Homosexuellen, der nur eine Spiegelung von Yūichi ist.
24 *MYCZ* I 777, 803.
25 *MYCZ* I 489, 655, 674.
26 Vgl. Anm. 22.
27 Wie auch Thomas Mann bezieht sich Mishima nur recht allgemein auf Griechenland, er beschränkt sich nicht etwa auf eine bestimmte Epoche.

28 Meine Übersetzung ist selbstverständlich keine literarisierte Fassung, da es in diesem Zusammenhang zunächst nur um die möglichst wortgetreue Übertragung des japanischen Wortlauts geht.

29 Lehnert 1965, S. 109.

30 Ebda., S. 110.

31 Die Zitate aus dem in *Kinjiki* genannten Werk des Schriftstellers Shunsuke stammen allerdings nicht aus diesem Aufsatz Mishimas, könnten aber durchaus als dessen Erweiterung angesehen werden.

32 *MYCZ* I, S. 669, 674, 797, 803.

33 *MYCZ* I, S. 485.

34 *MYCZ* I, S. 796.

35 Vgl. Yourcenar 1985, S. 27.

36 Ablesbar ist dies etwa an der Chūta-Motivkette, die schließlich mit der Kette der Hippolytos-Motive verknüpft wird.

37 Vgl. *MYHZ*, S. 406–408.

38 Vgl. *Jiko kaizō no kokoromi, MYHZ*, S. 421.

39 Vgl. *Bokushingu to shōsetsu* (Boxen und Roman, Jan. 1957), *MYHZ* I, S. 422–424, hier S. 423.

40 Der Wert dieses Katalogs wird auch dadurch beeinträchtigt, daß die Schriften nur nach dem Jahr ihres Erscheinens ohne einen Vermerk über den Zeitpunkt ihres Erwerbs durch Mishima angeführt sind. Dies läßt billigerweise nur den Schluß zu, daß sie in dieser Form Mishima vor ihrem Erscheinen wahrscheinlich nicht bekannt gewesen sind.

41 Die Spekulation, Mishimas Frau Yōko, die Mitherausgeberin, handle damit auf sein Geheiß, drängt sich auf, wenngleich auch banalere Gründe denkbar sind.

42 In der japanischen Ausgabe von 1948 *(Girisha bunkashi).*

43 Für diese Annahme spricht der Umstand, daß man in Japan im allgemeinen von häufigen Neuauflagen ausgehen kann, so daß das Erscheinungsdatum der in den Bücherverzeichnissen angegebenen Auflage durchaus Rückschlüsse dieser Art zulassen dürfte.

44 Auf diese Verbindung hat er im übrigen selbst immer wieder hingewiesen, vgl. etwa den oben erwähnten Aufsatz *Bi ni tsuite, MYHZ*, S. 285–288.

45 So in dem Interview mit Miyoshi Yukio in der Mishima-Sondernummer der Zeitschrift *Kokubungaku* vom Mai 1970.

46 Zu Thomas Mann vgl. etwa Peter Pütz 1971.

47 Auch Yoshimura Teiji 1971, der Mishimas Griechenland-Fieber von Radiguet und Racine herleitet, legt letzteren Schluß nah.

Quellen

Thomas Mann: *Erzählungen* (Gesammelte Werke in zwölf Bänden) Frankfurt/M. 1960.

Mishima Yukio *chōhen zenshū* (Gesammelte Werke: Romane), Band 1, 2. Aufl. Tōkyō 1971 (1967) (MYCZ I).

Mishima Yukio *hyōron zenshū* (Gesammelte Werke: Essays), 5. Aufl. Tōkyō 1971 (1966) (MYHZ).

Mishima Yukio *tanpen zenshū* (Gesammelte Werke: Erzählungen), 4. Aufl. Tōkyō 1971 (1964) (MYTZ).

Literatur zu Thomas Mann

Berger, Willy R.: *Thomas Mann und die antike Literatur*, in: Peter Pütz (Hg.): *Thomas Mann und die Tradition*, Frankfurt/M. 1971, S. 52–100.

Dierks, Manfred: *Studien zu Mythos und Psychologie bei Thomas Mann: An seinem Nachlaß orientierte Untersuchung zu »Der Tod in Venedig«, »Der Zauberberg« und zur Josephstetralogie*, Bern, München 1973.

Hollweck, Thomas: *Thomas Mann* (Forschungsbericht), München 1975.

Koopmann, Helmut: *Thomas Mann. Konstanten seines literarischen Werks*, Göttingen 1975.

Lehnert, Herbert: *Untersuchungen zum »Tod in Venedig«*, in: ders.: *Thomas Mann*, Stuttgart 1965, S. 99–135.

Lehnert, Herbert: *Thomas-Mann-Forschung, Ein Bericht*, Stuttgart 1969.

Meyer-Wendt, H. Jürgen: *Der frühe Hofmannsthal und die Gedankenwelt Nietzsches*, Heidelberg 1973.

Neumeister, Erdmann: *Thomas Manns Frühe Erzählungen. Der Jugendstil als Kunstform im frühen Werk*, Bonn 2. Aufl. 1975 (1972).

Nicklas, Hans W.: *Thomas Manns Novelle »Der Tod in Venedig«. Analyse des Motivzusammenhangs und der Erzählstruktur*, Marburg 1968.

Nündel, Ernst: *Die Kunsttheorie Thomas Manns*, Bonn 1972.

Otto, Walter Friedrich: *Die Götter Griechenlands. Das Bild des Göttlichen im Spiegel des griechischen Geistes*, Frankfurt/M. 3. Aufl. 1947 (1934).

Pütz, Peter: *Thomas Mann und Nietzsche*, in: ders. (Hg.): *Thomas Mann und die Tradition*, Frankfurt/M. 1971, S. 225–249.

Literatur zu Mishima Yukio

Andō Takeshi: *Mishima Yukio kenkyū nenpyō*, Tōkyō 1988.

Fukuda Hirotoshi: *Tōmasu Man-to Mishima Yukio*, in: *Kokubungaku-Kaishaku to kyōzai no kenkyū* 5/1970, S. 145–149.

Hasegawa Izumi, Takeda Katsuhiko (Hg.): *Mishima Yukio jiten*, Tōkyō 1976.

Hijiya-Kirschnereit, Irmela: *Mishima Yukios Roman »Kyōko-no ie« – Versuch einer intratextuellen Analyse*, Wiesbaden 1976.

Isoda Kōichi: *Junkyō-no bigaku. Isoda Kōichi hyōronshū*, 2. erw. Aufl., Tōkyō 1971.

Jinzai Kiyoshi: *Narushishizumu-no unmei*, in: *Mishima Yukio (Gendai no esupuri)*, Tōkyō 1971, S. 28–37 (1952).

Keene, Donald: *Dawn To The West – Japanese Literature Of The Modern Era. Fiction*, New York 1984.

Kokubo Minoru: *Mishima Yukio-ni-okeru Girishiya*, in: *Kokubungaku-Kaishaku to kanshō* 2/1976, S. 78–84.

Mishima Yukio und Miyoshi Yukio: *Mishima bungaku no haikei*, taidan, in: *Kokubungaku-Kaishaku to kyōzai no kenkyū* 5/1970, S. 6–33.

Miyoshi Masao: *Accomplices of Silence. The Modern Japanese Novel*, Berkeley, Los Angeles, London 1974.

Noguchi Takehiko: *Mishima Yukio no sekai*, 6. Aufl., Tōkyō 1971 (1968).

Ōi Hirosuke: *Mishima Yukio koron. »Kinjiki«-o chūshin-to suru*, in: *Bungakukai* 7/1954, S. 132–138.

Saeki Shōichi: *Hyōden Mishima Yukio*, Tōkyō 1978.

Sasaki Kiichi: *Mishima Yukio-ron. Gyakusetsu-to parodi-no engeki*, in: *Kindai bungaku* 8/1951, S. 124–125.

Shimazaki Hiroshi und Mishima Yōko (Komp.): *Teihon Mishima Yukio shoshi*, Tōkyō 1972.

Sugiura Mimpei: *Mishima Yukio-ron*, in: *Gunzō* 1/1955, S. 260–273.

Yamada Yūsaku: *»Kinjiki« – »seishin«-no haiboku*, in: *Kokubungaku-Kaishaku-to kanshō* 2/1976, S. 116–119.

Yamamoto Kenkichi: *Mishima Yukio – jūni-no shōzōga* (sono 2), in: Mishima Yukio, hg. v. *Nihon bungaku kenkyū shiryō kankōkai*, Tōkyō 1971, S. 90–99 (1962).

Yoshimura Teiji: *Mishima Yukio ni okeru girisha*, in: *Mishima Yukio* (Gendai no esupuri), Tōkyō 1971, S. 96–107.

Yourcenar, Marguerite: *Mishima oder die Vision der Leere. Aus dem Französischen von Hans-Horst Henschen*, München 1985.

V. Abe Kōbō und der Nouveau Roman*

Schon mit seinem 1948 erschienenen Erstlingswerk[1] *Owarishi michi no shirube ni* (Als Zeichen für den zurückgelegten Weg)[2] machte der damals vierundzwanzigjährige Autor Abe Kōbō seinem Publikum deutlich, daß er neue Wege einzuschlagen sich vorgenommen hatte. Dieses Buch, die Geschichte einer Odyssee, enthält bereits wesentliche Merkmale und eines der zentralen Themen seiner Literatur. Die Thematik läßt sich mit den folgenden, in der Sekundärliteratur zu Abe immer wieder behandelten Begriffen umreißen: Einsamkeit, Entfremdung, Absurdität, Verlust von Identität und Heimat.[3] Diese Themen kleidet Abe in Allegorien und Metaphern, die er über Jahrzehnte hinweg kaum variiert. Hierzu gehört etwa die Gruppe der Werke, die die Verwandlung eines Menschen in einen Gegenstand beschreibt[4], das Umherirren, die oft vergebliche oder aufgegebene Suche oder die Flucht[5], der Verlust des Gesichts oder des Namens[6] oder die Bedrohung durch Eindringlinge.[7] Diese Themen und ihre literarische Verarbeitung heben sich deutlich von der herkömmlichen japanischen Literatur ab. Die Werke werden als fremdartig, aber gerade deshalb auch als wahrhaft modern und universal empfunden. So schreibt Okuno Takeo über Abe:

> His works are unlike anything Japanese writers had produced before him. His avant-garde works do not seem to be tied to any nationality or generation, but are cosmopolitan.[8]

Natürlich ist dieser »unjapanische« Charakter seiner Werke – so problematisch diese Klassifizierung auch sein mag – von Abe intendiert. Indem er in seinen Selbstaussagen immer wieder die Bedeutung europäischer Literatur für sein Schaffen hervorhebt[9], verlegt er seinen Bezugspunkt bewußt außerhalb der japanischen Literaturtradition, und im Anschluß an ihn zählen Arbeiten, die sich mit seinem Werdegang als Schriftsteller befassen, fast ausschließlich nicht-japanische Autoren auf, die Abe beeinflußt haben sollen. Genannt werden etwa Poe, Nietzsche, Dostojewski, Heidegger, Jaspers, Kafka, Sartre, Rilke, Supervielle.[10] Morikawa

* Zuerst erschienen in: *Nachrichten der Gesellschaft für Natur- und Völkerkunde Ostasiens* (Hamburg), 121/122, 1977, S. 39–52.

Tatsuya geht sogar so weit, nicht nur von einer bewußten Traditionsverleugnung bei Abe zu sprechen, die das Merkmal der Avantgarde-Literatur sei, sondern er behauptet, Abe Kōbōs Selbstinterpretation paraphrasierend, daß es überhaupt keine literarische Tradition (furui shōsetsu) gäbe, von der Abe ausginge und auf die er sich beziehen könnte.[11] Diese angeblich so frei im Raum schwebende Literatur Abes erklärt sich nach Isoda Kōichi aus der »geistigen Staatenlosigkeit« des Autors, die wiederum aus der Biographie abzulesen sei.[12] Mit dieser These stoßen wir erneut auf ein Erklärungsmuster, das Abe selbst den Kritikern bereitgestellt hat, besonders konzis formuliert in dem vielzitierten Abschnitt, der hier seiner Bedeutung für die Abe-Interpretationen wegen noch einmal vorgeführt werden soll:

Ich bin in Tōkyō geboren und in der ehemaligen japanischen Mandschurei aufgewachsen. Meine Familie stammt jedoch aus Hokkaidō, und ich habe dort ebenfalls einige Jahre gelebt. Das heißt, daß mein Geburtsort, der Ort, an dem ich aufwuchs und der Ort, an dem ich registriert bin, verschieden sind. Daher ist für mich selbst ein tabellarischer Lebenslauf schwierig zu schreiben. Nur das kann ich wohl sagen, daß ich im Grunde genommen ein Mensch bin, der keine Heimat hat. Wahrscheinlich hängt auch diese Art Heimathaß, die am Grunde meines Gefühls fließt, mit diesem Hintergrund zusammen. Alles, was seinen Wert nur aus der Fixierung bezieht, verletzt mich.[13]

Die bisher vorgetragene Argumentation, die sich durchweg alle Abe-Interpreten zu eigen gemacht haben, wirft natürlich eine Menge Fragen und Probleme auf. So erklärt z. B. die Formel von der »geistigen Staatenlosigkeit« wenig, solange man nicht bereit ist, Abes Position innerhalb der japanischen Literatur sowie intendierte und tatsächliche Bezüge zur außerjapanischen Literatur zu bestimmen. Leider bewegt man sich auch in diesem Falle vorwiegend auf der Ebene vager Pauschalaussagen, denen keine konkreten Einzelanalysen zugrunde liegen. Auf eine Einordnung der Literatur Abes in den japanischen Kontext verzichtet man aufgrund des von Abe selbst konstatierten »Heimatlosigkeitscharakters« ganz, und die Analyse der Beziehungen zu außerjapanischer Literatur beschränkt sich auf die Aufzählung von Autorennamen, von Abe gleichfalls »mitgeliefert«. Diesen Mangel beklagt auch Philip Williams:

These references satisfy a penchant for defining authors by pigeon-holing classifications, but they also obscure distinctive elements of Abe's achievement and may lead to over-simplifications and misunderstanding. Usually the comparison is made by suggestion only ...[14]

Was Williams nun am Beispiel des oft beschworenen Absurditätscharakters Abescher Romane versuchte, nämlich japanische und nichtjapanische Elemente dieses durchweg als genuin westlich verstandenen Begriffs zu differenzieren, möchte ich an einem weniger bekannten Thema darstellen – der Bezugnahme Abe Kōbōs auf den *Nouveau Roman*. Grenzen wir die Problemstellung weiter ein: Es soll gezeigt werden, daß und auf welche Weise Abe sich in seinem Roman *Moetsukita chizu* auf Michel Butors Werk *L'Emploi du Temps*[15] bezieht. Zweck dieser Untersuchung ist es, die bewußte Anknüpfung Abes an westliche Romankonzepte herauszustellen, um so einen Beitrag zur Diskussion um die Standortbestimmung Abes innerhalb der Literatur der Gegenwart, der japanischen wie der übernationalen, zu leisten.

Es erstaunt, in der Sekundärliteratur zu Abe Kōbō kaum einen Hinweis auf den Nouveau Roman oder Namen einiger seiner Autoren zu finden. Zumindest im Zusammenhang mit dem wiederholt behandelten Thema Avantgarde hätte man eine solche Assoziation erwarten können. Doch enthalten wir uns hier jeglicher Spekulation über den Grund für dieses »blanc« in der Kritik. Geht man einmal vom Werk aus, so werden die Zusammenhänge um so deutlicher, und diese sollen uns im folgenden beschäftigen.

In seinem 1956 erschienenen Roman *L'Emploi du Temps (Der Zeitplan)*[16] beschreibt Michel Butor (geb. 1926) in der Form eines Tagebuchs seines Protagonisten Jacques Revel dessen Auseinandersetzung mit einer englischen Industriestadt, in der er ein Jahr lang als Auslandskorrespondent lebt. Mit dem sieben Monate nach seiner Ankunft begonnenen Tagebuch versucht Revel, seine Erlebnisse in der Stadt namens Bleston aufzuarbeiten und Klarheit über seine eigene Verstrickung in eine Reihe mysteriöser Vorfälle in der ihm immer bedrohlicher erscheinenden Stadt zu gewinnen. Ein Kriminalroman mit dem Titel *Le Meurtre de Bleston (Der Mord von Bleston)* fasziniert ihn auf seltsame Weise und läßt ihn vermeintliche Übereinstimmungen mit der ihn umgebenden Wirklichkeit sehen, denen er nachzugehen versucht. Diese Bemühungen verstricken ihn jedoch immer tiefer in Vermutungen und Verdächtigungen und zwingen ihn, die Erlebnisse der vergangenen Monate immer neu zu beleuchten, ohne daß jedoch eine Aufklärung erfolgt. Er erhält noch nicht einmal Aufschluß über den

Grund seines vagen Schuldgefühls im Zusammenhang mit einem Unfall des Autors des »Mordes von Bleston«, den Revel als Mordversuch interpretiert, und so verläßt er die Stadt nach einem Jahr, ohne etwas erreicht zu haben.

Auch Abe Kōbōs Buch *Moetsukita chizu (Die verbrannte Karte,* erschienen 1967)[17] trägt Züge des Kriminalromans.[18] Wie in *L'Emploi du Temps* berichtet der Protagonist, ein Detektiv, von seinem Kampf mit einer großen Stadt, die anonym und labyrinthisch erscheint. Seinen Auftrag, einen seit einem halben Jahr vermißten Angestellten ausfindig zu machen, kann er nicht ausführen. Jede Spur, die er aufgreift, führt in eine Sackgasse, für keine der zahllosen Kombinationen, die er durchspielt, um die Vorgänge aufzuschlüsseln, findet er konkrete Anhaltspunkte in der Wirklichkeit. Im Gegenteil, statt Aufklärung zu erreichen, wird er selbst in einen Mord verwickelt und wird Zeuge eines Selbstmordes, ohne jedoch die Hintergründe hierfür zu kennen. So kündigt ihm der Chef seiner Agentur, und auch die Ehefrau des Vermißten zieht ihren Auftrag zurück. Ein Gedächtnisverlust raubt dem Protagonisten schließlich jede Orientierung, und er kündigt von sich aus die letzte der noch bestehenden menschlichen Bindungen auf.

Schon diese oberflächliche Beschreibung der Romane läßt erkennen, daß sie auf einem weitgehend übereinstimmenden Grundmuster basieren. Die Handlung bilden die Versuche beider Protagonisten, die Geheimnisse zu durchdringen, die untrennbar mit dem bedrohlichen und dämonischen Wesen der Städte verbunden sind, von Städten, »deren Einheit schon zuvor gegeben ist und in die das Ich zu versinken droht«.[19] In beiden Fällen endet die Suche ergebnislos mit der Flucht aus dem Labyrinth. Dem bei Butor über fünf Monate hinweg vom Protagonisten beschriebenen Prozeß der Suche und der Selbsterforschung entspricht in Abes Roman die Schilderung der fünf Tage dauernden Nachforschungen des Detektivs. Betrachtet man nun beide Romane eingehender, so stößt man auf eine Fülle weiterer Übereinstimmungen, die sich sowohl an »inhaltlichen« und »formalen« Details[20] als auch an der Figur des Protagonisten, seinen Beziehungen zu anderen Personen im Roman sowie an der aus dem Werk ablesbaren Intention des Autors nachweisen lassen. Aus Raumgründen muß hier auf eine ausführliche Gegenüberstellung verzichtet werden, doch auch die folgenden Hinweise lassen das Ausmaß von Abes Orientierung an Butors Roman deutlich werden. In meinen Anmerkungen zu *L'Emploi du Temps* stütze ich mich vor allem auf Gisela Thieles Analyse[21], wohingegen für Abes Roman bisher keine in diesem Zusammenhang brauchbare Untersuchung vorliegt.[22] So liegt es nahe, den Ausführungen über Abes Roman in dieser Gegenüberstellung einen breiten Raum zuzubilligen.

Die Romanfiguren

Nur beiläufig taucht in Butors Roman der Name des tagebuchschreibenden Ich auf. Von seiner Lebensgeschichte erfährt der Leser so gut wie nichts, so wie er auch seine Physiognomie nicht kennenlernt. Abe treibt diese anonymisierende Darstellung sogar noch weiter: sein Protagonist bleibt namenlos. Jegliche individualisierende Beschreibung unterbleibt. Lediglich sein Aktenkoffer mit eingebautem Tonbandgerät wird dem Leser in allen Einzelheiten vorgeführt. Indem er dem Leser einen solchen beliebig austauschbaren Gegenstand als einziges Identifikationsobjekt für die Hauptfigur anbietet, ironisiert er die traditionelle Charakterisierung und verstärkt zugleich den Eindruck der Anonymität, die Abe als Merkmal des Lebens in der modernen Gesellschaft auch in anderen Romanen herausstellt.[23] Diese beiden Protagonisten bewegen sich in einer Welt, die ihnen zunehmend fremd wird.

Für Jacques Revel wie für den Detektiv in Abes Roman ist die Ausgangssituation äußerst unbefriedigend. Der Franzose leidet in der englischen Stadt vor allem an seiner durch sprachliche Schwierigkeiten verstärkten Isolation, der schlechten Unterbringung, dem trüben Wetter, der schlechtbezahlten und langweiligen Arbeit. Dies führt zu zunehmender »Fremdheit der Umgebung, die langsam als feindlich empfunden wird«.[24] Das Tagebuch offenbart einen Prozeß der Entfremdung und des Persönlichkeitsverlusts.

Abe Kōbōs Protagonist hat mit denkbar ungünstigen Ausgangsbedingungen für die Suche nach dem Vermißten, einem Mann namens Nemuro Hiroshi, zu kämpfen. Außer einer Streichholzschachtel und einem Foto des Mannes bekommt er nichts in die Hand, und weder die Frau noch der Schwager des Verschwundenen zeigen Bereitschaft zur Zusammenarbeit. Im Gegenteil, der Detektiv gewinnt immer mehr den Eindruck, daß sie seine Suche behindern wollen. Nur zwei Personen äußern sich zunächst bereitwillig, aber auch hier wird der Protagonist enttäuscht. Herr Toyama, dem der Vermißte kurz vor seinem Verschwinden seinen Wagen verkauft hatte, gibt nur Informationen allgemeiner Art. Als die Sprache auf den Verbleib von Nemuro Hiroshi kommt, bricht er abrupt und verärgert ab und wirft dem Frager vor, er habe kein Recht, jemanden zu verfolgen, der freiwillig verschwunden sei.[25] Auch Tashiro, der Untergebene des Vermißten, scheint wertvolle Hinweise geben zu können, aber nach zwei Gesprächen mit ihm stellt sich heraus, daß er alles erlogen hat.

Wie der Protagonist bleiben auch die anderen Personen im Werk anonym. Dies ist zugleich ein Hinweis auf den nur oberflächlichen Zusammenhang, der sie mit dem Detektiv verbindet. Selbst ein Zusammentreffen des Protagonisten mit seiner von ihm getrennt lebenden Ehefrau bestätigt diesen Eindruck. Nicht sie wird dem Leser vorgestellt, sondern die von ihr geführte modische Damenschneiderei und die Kleidung ihrer Assistentin.[26] Ungleich größeren Raum nehmen im Roman die Begegnungen mit der Frau des Vermißten ein, doch auch das von ihr gezeichnete Bild ist so undeutlich, daß es dem Leser wie dem Protagonisten ergeht, der Schwierigkeiten hat, sich ihr Aussehen vorzustellen, sobald sie das Zimmer verlassen hat.[27] Nur Details, auf die immer wieder verwiesen wird, wie ihre Sommersprossen oder ihre Angewohnheit, am Daumennagel zu kauen, prägen sich ein.

Vage wie das Bild der Personen ist auch ihr Verhältnis zueinander. Der Protagonist fühlt sich ganz offensichtlich zu beiden Frauen hingezogen, aber er vermag dies nicht auszudrücken, und so bleibt auch das Verhalten der Frauen mehrdeutig-unbestimmt.[28] Ähnlich ergeht es Revel, der sich den Schwestern Ann und Rose nicht erklären kann, bis er schließlich abreist. Für die Protagonisten in beiden Werken bedeuten die Frauen »Versuchung und Gegensatz zu dem Streben nach Erkenntnis«.[29]

Dem Prozeß der Persönlichkeitsentfremdung, wie Gisela Thiele ihn für *L'Emploi du Temps* analysiert[30], entspricht in Abes Roman eine Reihe von Tagträumen, die auf latente Manien deuten, wie die Vorstellung, eine vorbeigehende Frau zu vergewaltigen und zu ermorden[31] oder, im Café sitzend, der Wunsch, die Serviererin vor den Augen ihres Geliebten zu verführen.[32] Solche Vorstellungen zeugen nicht nur für das gestörte Verhältnis des Protagonisten zu Frauen, sondern sie werden, zusammen mit anderen Hinweisen, etwa auf Sehstörungen[33], zu Indizien für eine Entwicklung, die im

Gedächtnisverlust gegen Ende des Buches ihren Höhepunkt erreicht. Hierbei wird man sich erinnern, daß schon sehr früh im Roman von Amnesie die Rede war.[34] Es ergibt sich wiederum eine Parallele zu Butor, in dessen Romanen Schlaf, Vergessen (amnesis) und Blindheit zentrale Motive sind und den Verlust der Identität bedeuten.[35]

Die labyrinthische Stadt

Die Städte, in denen sich beide Protagonisten bewegen, sind menschenfeindlich und häßlich. Schöne Seiten werden ihnen nicht abgewonnen, es sei denn, man entdeckte einen Reiz im gleichsam durchs Weitwinkelobjektiv betrachteten Anblick von weißgetünchten Wohnblocks in ihrer futuristisch anmutenden Geometrie[36] oder in Massen weißer durch die Luft flatternder Papierblätter auf der Straße, die den Protagonisten an Fischschwärme erinnern.[37] Wir haben es hier mit einer in *Moetsukita chizu* sonst selten anzutreffenden Ästhetisierung zu tun, wobei der Reiz jedoch nicht eigentlich im Dargestellten, sondern in der durch die Beschreibung erweckten Vorstellung liegt.

Bei seinen Nachforschungen gerät der Detektiv in eine zwielichtige Welt, in der Erpressung, Bedrohung und Schlägereien, Prostitution und Homosexualität die Szene beherrschen. Dementsprechend bewegt er sich auch vorwiegend in schmutzigen Trinkhallen, billigen Bars, heruntergekommenen Cafés, oder er sucht seine Informanten an Verkaufsbuden und in baufälligen Baracken.[38] Auch sein eigenes Zimmer, das er nur als Schlafstätte benutzt, macht einen recht armseligen Eindruck: Der Protagonist, im kalten Bett sitzend, trinkt Whisky direkt aus der Flasche. Um die lärmenden Mahjong-Spieler über ihm zu übertönen, hat er das Radio lautgestellt. Da er Whisky verschüttet hat, stinkt sein Bett »mehr als er selbst«.[39]

Ähnlich trostlose und oft auch ekelerregende Szenen sind über das ganze Buch verteilt. Da ist z. B. der Mann in der Trinkhalle, der Schaben verzehrt[40] oder der Koch, der sich während der Arbeit das Hinterteil kratzt.[41] Der Eindruck solcher drastischer Bilder wird auch durch Besuche in kleinbürgerlichen Haushalten wie z. B. bei Frau Nemuro, der Ehefrau des Vermißten, oder bei Herrn Toyama, seinem Informanten, nicht aufgehoben. Diese wirken dagegen nur noch farbloser, anonymer. Am Ende des Buches kennt der Leser die Stadt kaum besser als am Anfang. Dies hängt mit der Unanschaulichkeit der Beschreibung zusammen. Lediglich Details werden minutiös wiedergegeben, aber das Mosaik kann nicht zusammengesetzt werden, es fehlt die ordnende Zusammenschau. Straßenzüge oder Stadtviertel, charakterisiert durch so Uncharakteristisch-Alltägliches wie Tabakladen, Tankstelle oder Badehaus, können noch nicht einmal wiedererkannt werden, so vage bleibt ihr Bild. So vollzieht der Leser die Erfahrung des durch die Stadt irrenden Protagonisten nach.

Hinter dem zumeist als feindselig, kalt und labyrinthisch gezeichneten Bild der Stadt erkennen wir unschwer den Topos von der Großstadt als Dschungel, der schon in der europäischen Literatur des neunzehnten Jahrhunderts anzutreffen ist.[42] Hier herrscht das Gesetz der Wildnis, wie es der von einer Erpresserbande »patronisierte« Koch in *Moetsukita chizu* trefflich beschreibt: »Fressen oder gefressen werden«.[43] Doch nicht nur in bezug auf diesen Topos, sondern auch mit der Thematik der ergebnislosen Suche stellt sich Abe in einen europäischen Zusammenhang, denn »das Umherirren einer Romanperson als Unbekannter in einer unbekannten Stadt ist ein charakteristischer Zug moderner Erzählliteratur. Er hat sich zu einem regelrechten ›mythe de l'homme qui marche‹ entwickelt.[44] Daß der »Initiator dieses Mythos« Kafka war[45], mit dem man Abe besonders häufig in Verbindung setzt[46], unterstreicht Abes Absicht nur noch deutlicher.

Als Orientierungshilfe setzt Butor einen Stadtplan von Bleston auf die erste Seite des Buches. Abe übernimmt auch dieses formale Mittel und stattet sein Buch mit zwei Karten aus[47] – ein recht deutlicher Hinweis für seine Bezugnahme auf *L'Emploi du Temps*. Daß es Abe in erster Linie darum ging, auf die Parallele zu dem französischen Roman aufmerksam zu machen, beweist die Tatsache, daß seine beiden Karten im Unterschied zu derjenigen bei Butor kaum eine Funktion erfüllen. Abgesehen davon, daß sie keine wesentlichen Schauplätze darstellen, erleichtern sie auch kaum die räumliche Orientierung.

Die labyrinthische Stadt als ein zentrales Thema von Abes Roman wird in der Sekundärliteratur kaum erwähnt.[48] Daher möchte ich zum Abschluß dieser Erörterung die Sätze zitieren, die Abe seinem Roman voranstellt und in denen er seine Intention deutlich formuliert.

Die Stadt – eine geschlossene Unendlichkeit. Ein Labyrinth, in dem man sich nie verirrt. Eine Karte, nur für dich, auf der alle Viertel dieselbe Nummer tragen. Darum kannst du, auch wenn du den Weg aus den Augen verlierst, nie fehlgehen.[49]

Das Buch als Labyrinth

Ein wesentliches Merkmal des Nouveau Roman und damit auch von *L'Emploi du Temps* ist seine Rätselstruktur. Dies gilt ebenso für *Moetsukita chizu.* Der Leser, der das Buch nicht nach den ersten Seiten gelangweilt oder verwirrt aus der Hand legt, wird in eine intensive Suche hineingezogen, er wird zum »modernen Ödipus«.[50] Ungeachtet der kriminalromanhaften Elemente bringt der Fortgang der Handlung den Protagonisten und mit ihm den Leser nicht etwa einer Lösung näher, sondern sie verfangen sich nur noch tiefer. Für den Leser von *Moetsukita chizu* wäre die Geschichte der schließlich erfolglos abgebrochenen Suche nach einem Vermißten lediglich frustrierend oder sogar ärgerlich, käme er nicht der Aufforderung nach, sich selber auf die Suche zu begeben. Unübersehbar sind nämlich die Signale, die der Autor setzt.

Spiegelungen, wie sie für den Nouveau Roman typisch sind, begegnen uns auch in *Moetsukita chizu* auf vielfältige Weise. Das Spiegel-[51] und das Doppelgängermotiv etwa sind auf den ersten Blick auszumachen. Letzteres hat eine besonders wichtige Funktion im Werk, denn die einsamen Männergestalten, denen der Protagonist wiederholt begegnet, rufen nicht nur Assoziationen mit dem Vermißten, sondern auch mit ihm selbst wach. So könnte der wie ein »sehr durchschnittlicher Angestellter« wirkende Mann mit der Aktentasche, der inmitten des Menschengewühls auf dem Bahnhof im Schatten einer Säule hockt[52], der gesuchte Nemuro Hiroshi sein. Gleichzeitig verweist er jedoch auf den Protagonisten, der sich nach seinem Gedächtnisverlust für einen Angestellten hält und sich in der Stadt endgültig verirrt. Eine ähnliche Gestalt tauchte schon früher in der Gestalt des Mannes auf, der im Schatten eines Telefonmastes sitzt.[53]

Der vermißte Nemuro Hiroshi tritt nirgends in Erscheinung, aber sein Schicksal spiegelt sich in einer verwirrenden Vielfalt paralleler Geschichten von Männern auf der Flucht. Wie in einem Spiegelkabinett wird der Protagonist mit ihnen konfrontiert. Er vermutet in allen den gesuchten Mann und erkennt zugleich überall sich selbst in der Gegenwart und in der Zukunft. Daneben werden in diesen Geschichten auch die verschiedenen Entwicklungsmöglichkeiten in die Wirklichkeit umgesetzt, die der Detektiv in Ermangelung konkreter Anhaltspunkte für seinen Fall in Erwägung zieht. Da ist der Mann, der sich versteckt hält und berichtet, daß seine Frau ihn als vermißt gemeldet hat[54], oder sein Informant Toyama, der von seiner Flucht in die Illegalität wieder ins Alltagsleben zurückgekehrt ist. Tashiro weist ihn darauf hin, daß das Verschwinden von Personen nichts Außergewöhnliches ist und zeigt ihm einen Zeitungsartikel, in dem von achtzigtausend Vermißten die Rede ist.[55] Tashiro bezeichnet später seinen Selbstmord als Verschwinden[56], und der Protagonist selbst übernimmt diese Interpretation in seinem Gespräch mit Frau Nemuro:

»Wissen Sie, daß Herr Tashiro Selbstmord begangen hat?«
»Selbstmord?«
»Warum wollen bloß alle weglaufen?«
»Und das Motiv? Es muß doch wohl einen Grund gegeben haben?«
»Das Motiv? ... Bei Gelegenheit werde ich jedenfalls mal ausführlich mit Ihnen sprechen ... Kurz gesagt, er hat sich wohl verirrt ...«[57]

Auch der mysteriöse Tod von Frau Nemuros Bruder, der Doppelselbstmord des kurz zuvor pensionierten Bankdirektors mit einer Nackttänzerin[58] und der Sprung eines Detektivs vom Dach eines Hauses[59] gehören in diese Reihe. Und schließlich wird der Suchende selber zum Gesuchten, zum Vermißten, Namenlosen. Anhand zahlreicher Details und Szenen läßt sich beobachten, wie sich die Bilder beider Figuren langsam übereinanderschieben.

Hier sei aus der Fülle der Beispiele nur ein besonders auffällig und geschickt gestaltetes hervorgehoben – die Szene, in der der Detektiv gedankenverloren Streichhölzer aus der Schachtel benutzt, die sein einziges Indiz auf der Suche nach dem Vermißten ist – ein deutliches Signal für die Identifikation beider Gestalten.[60] Ihre Schicksale werden so eng miteinander verflochten, daß der Detektiv zum Schluß auch als Ehemann Nemuros Stelle einnimmt. Der endgültige Rollentausch wird von Frau Nemuro selbst vorbereitet, die ihm die Kleidung ihres Mannes anbietet.[61] Während er die Identifikation hier noch ablehnt – er weist das angebotene Hemd bezeichnenderweise aus dem Grund zurück, daß er durch eben diesen Mann seine Arbeit verloren habe, d. h., er sieht durchaus die symbolische Bedeutung dieses Kleiderwechsels – übernimmt er wenig später von sich aus die Rolle des Gatten, indem er sie kitzelt, was schon zu Beginn des Romans als eine Gewohnheit des verschwundenen Ehemannes beschrieben wurde[62], und indem er mit ihr schläft.[63] Nun wird hierauf jedoch noch ein weiteres Mal kurz vor dieser Szene angespielt. Der Protagonist fragt Frau Nemuro nämlich, warum sie die Gardinen gewechselt habe. Sie antwortet, daß sie nach der Beerdigung ihres Bruders einen Besucher hatte, der sie beim Kaffeeservieren kitzelte, so daß sie die Gardinen wegen der Kaffeeflecken zur Reinigung bringen mußte.[64] Diese Stelle ist ein Beispiel für die vielfältig hergestellten Bezüge auf der »realistischen« und der »symbolischen« Ebene des Werks. Das Erscheinen des »Doppelgängers« des Ehemannes und des Detektivs verweist zugleich auf die nahe Zukunft, denn Frau Nemuro kündigt an, daß sie am nächsten Tag eine Arbeit aufnehmen wird. Sie ist die Serviererin in dem Café, das der Detektiv nach seinem Gedächtnisverlust aufsucht, und sie ist zugleich die einzige Person, an die er sich noch vage erinnern kann und die ihm helfen könnte, seine Identität wiederzufinden.[65] Der Gardinenwechsel hat eine besondere Bedeutung im Rahmen der symbolischen Funktion der bis dahin verwendeten zitronengelben Vorhänge.[66]

Die Benennung und Analyse solcher durch motivische Verknüpfung, Vorausdeutungen und Parallelisierungen hergestellten Bezüge, die das ganze Werk umfassen, wäre Aufgabe einer gesonderten Werkinterpretation. Hier geht es zunächst nur um den Hinweis auf die wesentliche Funktion solcher Textfakten, die keineswegs nur vordergründige Ausschmückung sind, sondern deren Deutung oft genug Voraussetzung für ein Verständnis gerade auch des Geschehens auf der »realistischen« Ebene des Werks ist. Dem Leser wird die Entzifferung der verrätselten Werkstruktur übertragen. Das Buch ist wie *L'Emploi du Temps* auf eine mehrmalige Lektüre angelegt, denn erst im Nachhinein kann der Leser die Bedeutung vieler zunächst nebensächlich erscheinender Details und Schilderungen erkennen. Die besondere Aufmerksamkeit des Lesens erfordert auch der zuweilen unmerkliche Übergang von einer wirklichen zu einer imaginierten Szene[67], wie er auch für viele Nouveaux Romans typisch ist. Klaus Netzer spricht in diesem Zusammenhang von »›falschen‹ Szenen«.[68]

Ein Blick auf Michel Butors Roman bestätigt uns, daß auch dieses Werk auf hochgradige Polyvalenz angelegt ist. Besondere

Bedeutung kommt hier den mythologischen Anspielungen wie dem Kains- und dem Theseus-Ödipus-Motivkomplex zu, die als »mythologische« Schicht im Sinne einer »Ich-Findung durch Präfiguration«[69] fungieren. Doch die Verschlüsselung ist nicht auf diesen Bereich beschränkt: »Jedes auf den ersten Blick belanglose Detail gewinnt bei eingehender Betrachtung an Ausdrucksvermögen und Symbolwert. Neue Blickwinkel bringen neue Bedeutungen hervor«, schreibt Gisela Thiele[70], und so hat man gar von einer »Orgie des Beziehungswahns« in *L'Emploi du Temps* gesprochen.[71]

Halten wir fest: Beide Werke sind gekennzeichnet durch ein äußerst vielschichtiges Geflecht von Parallelismen, motivischen Verweisungen und symbolischen Bezügen, deren Entzifferung durch den Leser in mehrfacher Lektüre als Bedingung einer adäquaten Rezeption zu gelten hat.

Die Zirkelstruktur als Grundmuster

Die um einige wenige Begebenheiten kreisenden Tagebuchaufzeichnungen des Protagonisten von *L'Emploi du Temps* bilden einen fünfstimmigen »Erinnerungskanon« von äußerst kunstvoll ineinanderkomponierten Zeit- und Bewußtseinsebenen, die sich in Form einer Kanonstruktur schematisch wiedergeben lassen.[72] Eine ähnlich artifiziell gestaltete Zeitstrukturierung hat Abes Roman nicht aufzuweisen, doch enthält er die auch für *L'Emploi du Temps* typischen Wiederholungen. Hiermit sind nicht nur bestimmte leitmotivisch verwendete Attribute wie z. B. die zitronengelben Vorhänge in Frau Nemuros Zimmer oder ihre Sommersprossen gemeint oder das Verfahren des Autors, unabhängig voneinander auftretende Personen durch parallelisierende Detailbeschreibungen miteinander zu verknüpfen, so daß ihre Identität verwischt und der Leser den labyrinthischen Charakter des Werks in einer nahezu endlosen Fülle von Spekulationsmöglichkeiten realisiert. Hingewiesen werden soll hier vor allem auf die Selbstzitate, die Anfang und Ende des Buches zusammenbinden. Eine beim ersten Lesen belanglose Beschreibung der Straße, auf der der Detektiv zu Frau Nemuro fährt, wird wörtlich gegen Ende des Romans wiederholt und macht somit auf einen verborgenen Sinn der Beschreibung aufmerksam. Eine Deutung dieser Stelle hat

Tsuruta Kinya versucht.[73] Dies ist jedoch nicht das einzige Beispiel für wörtliche oder fast wörtliche Wiederholung. Es sei hier nur noch auf eine weitere Szene mit einigen besonders auffälligen Metaphern aufmerksam gemacht. Zu Beginn des Romans lesen wir:

Unwillkürlich ziehen sich am ganzen Körper die Poren zusammen, mein Blut gefriert, und indem das gefrorene Blut zum Herzen fließt, wird dieses zu einem roten, herzförmigen Eisbeutel. Der zertrampelte asphaltierte Gehweg. Mitten auf dem Rasen, wie ein weißer Fleck aussehend, ein alter, kaputter, weggeworfener Gummiball. Die durchfurchte Leiche der Straße, die selbst im Schein der Straßenlaterne, welche sogar meine staubigen Schuhe vergoldet aussehen läßt, nicht zu atmen gedenkt.[74]

Diese Szene wiederholt sich gegen Ende des Romans, nachdem der Detektiv gekündigt hat. Es heißt hier:

Unwillkürlich gefrieren auf meinem ganzen Körper die Poren, das gefrorene Blut fließt zum Herzen, und dieses wird zu einem roten, herzförmigen Eisbeutel. Der zertrampelte asphaltierte Gehweg. Mitten auf dem Rasen, unverändert, jener kaputte weiße Gummiball. Meine staubigen Schuhe, die wegen der Straßenlaterne wie vergoldet glänzen. Die zerfurchte Leiche der Straße.[75]

Die Interpretation solcher Selbstzitate und der in ihnen enthaltenen Metaphern muß einer gesonderten Werkanalyse vorbehalten bleiben. In diesem Zusammenhang ging es um einen Nachweis für die These, daß Abe analog zu Butor auch das Mittel der Wiederholung einsetzt und so die Zirkelstruktur hervorhebt. Diese läßt sich natürlich ebensogut am »Inhalt« des Werks ablesen: Der Protagonist bewegt sich nicht nur im Labyrinth der Stadt im Kreise, nein, er hat es auch schon vor seiner Suche nach dem Vermißten und somit lange vor seinem eigenen Identitätsverlust »satt, sich selbst zu identifizieren«.[76]

Die Funktion des Buchtitels

Wäre es auch möglich, alle bisher aufgezeigten Entsprechungen zwischen beiden Romanen als zufällig abzutun, so gibt es doch ein unübersehbares Signal, mit dem der Autor von *Moetsukita chizu* seine Bezugnahme auf *L'Emploi du Temps* dokumentiert. Es handelt sich um den Titel *Die verbrannte Karte,* der ein echtes Rätsel darstellt und zu dem bisher bezeichnenderweise keine Deutungen vorliegen. Zunächst fällt nämlich auf, daß der Chiffre Karte im Werk keineswegs die Bedeutung zukommt, die der Titel vermuten läßt. Mehr noch, ausgerechnet dieses Motiv ist als Chiffre so undeutlich und vieldeutig angelegt, daß es manches Problem aufwirft. Von einem Verbrennen einer der im Werk genannten Karten ist gar nirgends die Rede. Wie kommt es dann aber zu diesem Werktitel?

Die Lösung ist in Butors Roman zu suchen, wo der Protagonist Jacques Revel eine Karte der Stadt Bleston verbrennt, bevor er mit seinem Tagebuch die Suche nach sich selbst aufnimmt. Das Verbrennen der Karte hat in Butors Buch eine zentrale Funktion: Es ist ein Akt der Selbstbefreiung und verweist zugleich auf die »mythologische« Schicht: Unter dem Aspekt des Theseus-Mythos bedeutet es die Tötung des Minotaurus. Außerdem wird dieses Motiv mit der Ödipussage thematisch verknüpft, und schließlich ergeben sich mannigfaltige Verbindungen zur Kainssage.[77] Fast erübrigt es sich zu erwähnen, daß das Verbrennen der Karte sich in zahlreichen Parallelhandlungen spiegelt.

Wenden wir uns nun wieder Abes Roman zu: Worauf könnte der durch das Werk selbst mangelhaft motivierte, ja fast kryptisch zu nennende Werktitel in diesem sich ansonsten durch sorgfältige Chiffrierung auszeichnenden Roman hinweisen wenn nicht auf dieses zentrale Motiv in *L'Emploi du Temps*? Daß diese Bezugnahme Abes bisher m. W. noch nicht erkannt wurde, spricht nicht gegen diese meine These. Es scheint mir vielmehr so zu sein, daß das Werk gerade wegen seiner Rätselstruktur von der Kritik vernachlässigt wurde. In diesem Zusammenhang fällt auf, daß der Roman auch in literaturwissenschaftlichen Nachschlagewerken unter dem Stichwort Abe Kōbō nur selten genannt, geschweige denn mit einem eigenen Artikel bedacht wird.[78] Diese Ignorierung erstaunt um so mehr, als das Werk zumeist als letzter Teil einer Trilogie betrachtet wird, der noch die Romane *Suna no onna*[79] und *Tanin no kao*[80] zugerechnet werden. Da *Moetsukita chizu* im Vergleich zu den beiden vorausgegangenen Romanen jedoch offensichtlich am schwersten zugänglich ist, erscheint seine mangelnde Beachtung durchaus einsichtig und konsequent angesichts der durchweg traditionsorientierten und somit Abes experimentelle Intention verkennenden Literaturkritik. Auch die zum Gemeinplatz erstarrten Phrasen von Abes Progressivität und Avantgardetum heben diesen Eindruck nicht auf. Sie sind meist nichts als

Formeln, vorweggetragene Monstranzen, mit denen über die Inhaltslosigkeit der Klassifizierung und die mangelnde Bereitschaft, sich mit den Begriffen Modernität und Traditionsablehnung auseinanderzusetzen, hinweggetäuscht werden soll.

So wären wir nun wieder bei der eingangs skizzierten Problematik. Formulieren wir das Ergebnis dieser Untersuchung im Hinblick auf die allgemein als zentrale Problematik Abe Kōbōs anerkannte Frage nach dem Verhältnis zur literarischen Tradition Japans: Die Analyse hat gezeigt, daß Abe sich, zumindest im Falle dieses Romans, bewußt und durchaus auch für den Leser erkennbar auf ein repräsentatives Werk des Nouveau Roman und somit auf eine europäische Geistesströmung bezieht, die – »mißtrauisch gegen die ›überlieferte‹ Welt und die ›vorgegebene‹ Sprache«[81] – mit dem Anspruch auftritt, die Erforschung der »totalen Realität« in Angriff zu nehmen. Der Rahmen dieser Arbeit erlaubt es nicht, eine kritische Würdigung dieses Versuchs von Abe vorzunehmen, denn dies setzt die Einbeziehung weiterer Werke des Autors voraus. Außerdem wäre es zuvor notwendig, die entscheidenden Unterschiede zum Nouveau Roman herzustellen, die in diesem Zusammenhang nicht zur Sprache gekommen sind. Wesentliche Merkmale von *L'Emploi du Temps*, die zumeist auch typisch für den Nouveau Roman sind, fehlen in *Moetsukita chizu*, etwa die Autoreflexivität, die Butor vor allem durch das »Buch im Buch« betont[82], oder die Thematisierung der Zeit, die Butor schon mit dem Titel ankündigt und die auf Proust verweist.[83] Auch weist Abes Roman keine »mythologische« Schicht auf, die ein wesentliches Element von *L'Emploi du Temps* darstellt, und schließlich hat *Moetsukita chizu* auch keine vergleichbar diffizile Erzählstruktur.

Keinesfalls dürfen diese Bemerkungen jedoch als »Mängelliste« verstanden werden, denn es geht ja nicht etwa darum, Abe vorzuwerfen, er habe einen schlechten oder inkonsequenten Nouveau Roman geschrieben. Die Unterschiede sind im Gegenteil wichtige Anhaltspunkte, die uns etwas über die Bindung seiner Literatur an den spezifisch japanischen literarischen Kontext mitteilen. Es wird nämlich zusätzlich zu klären sein, inwieweit gewisse Merkmale, die man leicht aus der modernen europäischen Literatur abzuleiten geneigt ist, womöglich der japanischen Tradition zuzurechnen sind. Diese Frage stellt sich etwa angesichts des offenen Ausgangs der Handlung oder der Vorliebe für breite, vom Optischen bestimmte Detailschilderungen, die auf den ersten Blick an

Robbe-Grillet erinnern und in denen der europäische Leser darüber hinaus ein Zeichen für das den Nouveau Roman bestimmende »mehr oder weniger radikale (...) Verschwinden (...) der Person und eine (...) entsprechende Zunahme der Autonomie der Dinge«[84] zu erkennen geneigt ist. Solche Fragen werden in einer weiteren Analyse zu erörtern sein. Dieser Beitrag hat seinen Zweck erfüllt, wenn es gelang, anhand der Analyse von Bezügen zum Nouveau Roman auf die Probleme hinzuweisen, die die oft beschworene »Internationalität« der Literatur Abes aufwirft, und einen gangbaren Weg zu zeigen, der in Zukunft eine differenzierte Beantwortung dieser Frage ermöglicht.

Anmerkungen

1 Zwar hatte Abe schon 1947 auf eigene Kosten *Mumei shishū,* eine »Sammlung von Gedichten ohne Namen« veröffentlicht, doch spricht man durchweg dem oben genannten Roman die Bedeutung des Erstlingswerks zu.

2 Die Übersetzung der Werktitel und der Zitate wurde bewußt nicht geglättet und »literarisiert«, um die in diesem Zusammenhang sinnvoll erscheinende größtmögliche Nähe zu den Formulierungen des Originals zu erhalten. Im Falle vorliegender Übersetzungen wird jedoch deren Titel übernommen.

3 Vgl. etwa Sekii Mitsuo: *Abe Kōbō: Kokyō. Namae. Sabaku.* in: *Kaishaku to kanshō* 9/1969, S. 89–93, Kurosawa Seiko: *Hyūmanizumu wo chūshin ni: Abe Kōbō ron,* in: *Abe Kōbō, Ōe Kenzaburō.* hg. v. *Nihon bungaku kenkyū shiryō kankō kai,* Tōkyō 1974, S. 60–69, Osada Hiroshi: *Abe Kōbō wo yomu,* ebd. S. 76–82, Yamanouchi Hisaaki: *Abe Kōbō and Ōe Kenzaburō: The Search for Identity in Contemporary Japanese Literature,* in: *Modern Japan.* Hg. v. W. G. Beasley, London 1975, S. 166–184, William J. Currie: *Metaphors of Alienation: The Fiction of Abe, Beckett and Kafka,* The Univ. of Michigan (Diss.) 1973, Philip Williams: *Abe Kōbō and Symbols of Absurdity,* in: *Studies of Japanese Culture,* Hg. v. The Japan P. E. N. Club, Tōkyō 1973, Band I, S. 477–483, Sasaki Kiichi: *Kaisetsu,* in: *Abe Kōbō shū* (Shinchō Nihon bungaku, Band 46), 7. Aufl. Tōkyō 1973, S. 567–577.

4 Vgl. etwa *Dendorokakariya (Dendrocacalia* 1949), *Akai mayu (Der rote Kokon,* 1950), *Bō (Der Stock* 1955), *Bō ni natta otoko (Der Mann, der zum Stock wurde* 1969), *Hako otoko (Der Kistenmann,* 1973).

5 Vgl. z. B. *Owarishi michi no shirube ni, Kemonotachi wa kokyō wo mezasu (Die wilden Tiere streben der Heimat zu* 1957), *Suna no onna (Die Frau in den Dünen* 1962), *Moetsukita chizu (Die verbrannte Karte* 1967).

6 Vgl. z. B. *Kabe – S Karuma shi no hanzai (Die Wand – Das Verbrechen des Herrn S. Karma* 1951), *Tanin no kao (Das Gesicht des anderen* 1964), *Moetsukita chizu.*

7 Vgl. z. B. *Chinnyūsha (Die Eindringlinge* 1951), *Mukankeina shi (Der Tod, der einen nichts angeht* 1964), *Tomodachi (Freunde* 1967).

8 Vgl. die von ihm verfaßte Einführung in: *Introduction to Contemporary Japanese Literature: Synopses of Major Works 1956–1970*, hg. v. Kokusai Bunka Shinkokai, Tōkyō 1972, S. xxxiv.

9 Man vergleiche etwa sein Nachwort zu *Owarishi michi no shirube ni,* zitiert bei Morikawa Tatsuya: *Abe Kōbō to abangyarudo,* in: *Abe Kōbō, Ōe Kenzaburō,* hg. v. *Nihon bungaku kenkyū shiryō kankō kai,* Tōkyō 1974, S. 72f.

10 Vgl. etwa Armando Martins Janeira: *Japanese and Western Literature: A Comparative Study,* Rutland, Tōkyō 1970, S. 208, Takano Toshimi: *Hyōden Abe Kōbō,* in: *Kokubungaku* 9/1972, S. 187–213, Ikeda Kōsaku: *Shururearizumu to Abe Kōbō,* in: *Kokubungaku* 9/1972, S. 181–186. Daneben wird zuweilen auch noch auf den Einfluß von Haniya Yutaka und Shiina Rinzō verwiesen, z. B. in Haniya Yutaka: *Abe Kōbō, Kabe,* in: *Abe Kōbō, Ōe Kenzaburō,* hg. v. *Nihon bungaku kenkyū shiryō kankō kai,* Tōkyō 1974, S. 1–3.

11 Vgl. Morikawa Tatsuya (s. Anm. 9), S. 73.

12 Isoda Kōichi: *Mukokusekisha no shiten: Abe Kōbō ron,* in: *Abe Kōbō, Ōe Kenzaburō,* hg. v. *Nihon bungaku kenkyū shiryō kankō kai,* Tōkyō 1974, S. 30–39.

13 Zitiert nach: Abe Kōbō (*Warera no bungaku,* Band 7), Tōkyō 1966, S. 487.

14 Philip Williams (s. Anm. 3), S. 477.

15 Es war mir nicht möglich, das Ersterscheinungsjahr der japanischen Übersetzung von *L'Emploi du Temps* in Erfahrung zu bringen. Da 1965 bereits eine Ausgabe des Romans zusammen mit Sartres *La Nausée* als Band 49 der Reihe *Sekai no bungaku* erschien, der eine selbständige Veröffentlichung vorausgegangen sein müßte, kann man jedoch davon ausgehen, daß Abe den Roman zur Zeit der Abfassung von *Moetsukita chizu* kannte.

16 Die von mir benutzte Romanausgabe: Paris 1957.

17 Die von mir benutzte Romanausgabe in: *Abe Kōbō shū* (*Shinchō Nihon bungaku*, Band 46), Tōkyō 1970, S. 287–466.

18 Dies gilt auch für Nouveaux Romans wie *Portrait d'un inconnu* von Nathalie Sarraute, *Les gommes* von Alain Robbe-Grillet oder *L'inquisitoire* von Robert Pinget.

19 Gerda Zeltner-Neukomm: *Das Wagnis des französischen Gegenwartsromans,* München 1960, S. 118.

20 Die Apostrophierung von »inhaltlich« und »formal« ist als Hinweis darauf zu verstehen, daß es eine solche Trennung im Kunstwerk streng genommen nicht gibt, denn »das literarische Werk hat nicht eine Form und einen Inhalt, sondern eine Bedeutungsstruktur, deren interne Beziehungen zu erkennen sind« (Tzvetan Todorov: *Poetik der Prosa,* Frankfurt/M. 1972, S. 52).

21 Gisela Thiele: *Die Romane Michel Butors,* Heidelberg 1975.

22 Es gibt zu *Moetsukita chizu* auffallend wenige Werkanalysen und kaum Hinweise in Arbeiten allgemeinen Charakters, z. B. den zahlreichen Abe Kōbō ron. Vorwiegend bzw. ausschließlich mit diesem Roman befassen sich die folgenden drei der mir bekannten Arbeiten: Osada Hiroshi (s. Anm. 3), erstmals veröffentlicht unter dem Titel *Ushinawareta chizu,* in: *Kaishaku to kanshō* 9/1969, S. 44–50, Ishizaki Hitoshi: *Moetsukita chizu,* in: *Kokubungaku* 9/1972 (erweiterte Sondernummer), S. 62–69, und Tsuruta Kinya: *An Interpretation of »The Ruined Map« by Kōbō Abe,* in: *Postwar Trends in Japan: Studies in Commemoration of Rev. Aloysius Miller, S.J.,* hg. v. Takayanagi Shunichi u. Miwa Kimitada, Tōkyō 1975, S. 169–194.

Osadas Artikel ist mit allen Mängeln der in Japan so verbreiteten Praxis der Literaturwissenschaft behaftet, die sich vorwiegend mit Roman- und Autoraussagen-Paraphrase befaßt und sich nicht zu klaren Aussagen oder Analyseergebnissen durchringen kann, vgl. hierzu meine Ausführungen in: *Kritische Bemerkungen zur japanischen Literaturkritik,* in: *Ostasienwissenschaftliche Beiträge zur Sprache, Literatur, Geschichte, Geistesgeschichte, Wirtschaft, Politik und Geographie,* Wiesbaden 1974, S. 50–64. Bei Ishizaki finden wir zwar Interpretationsansätze, in denen jedoch der Kotext kaum berücksichtigt wurde, so daß auch diese Aussagen nicht überzeugen können. Tsurutas Aufsatz ist hingegen um ein vielfaches länger und sorgfältiger erarbeitet. So kommt er auch zu einigen recht originellen Ergebnissen, die er in ausführlichem Eingehen auf den Text belegt. Er erliegt jedoch der Tendenz, alle Textfakten, die seiner Interpretation widersprechen, zu ignorieren, so daß eine genauere Analyse seine Ergebnisse zu korrigieren oder zumindest zu modifizieren hätte. Da sein Zugriff zudem bis zum Ende ausschließlich intratextuell bleibt, entgehen ihm wesentliche Züge des Werks, die zumindest einer Erwähnung bedurft hätten.

23 Besonders gilt dies für diejenigen Werke, die den Namensverlust thematisieren, vgl. Anm. 6.

24 Gisela Thiele (s. Anm. 21), S. 73.

25 *Moetsukita chizu* (künftig *MC*), S. 381.

26 *MC,* S. 383 ff.

27 *MC,* S. 291.

Das vage Bild ergibt sich auch aus der z. T. widersprüchlichen Beschreibung, die sie als sehr reif und weiblich für ihr Alter darstellt, während sie zugleich immer als Kindfrau in Erscheinung tritt.

28 Eine Ausnahme bildet das Verhalten Frau Nemuros und des Protagonisten in der letzten in ihrer Wohnung spielenden Szene, in der sie sich ihm hingibt. Dies scheint jedoch wegen der starken Verschlüsselung dieser Stelle kaum erkannt worden zu sein. Die Interpretation dieser m. E. zentralen Szene des Buches wird eine weitere Parallele zu Butors Roman zutage fördern, der hier aus Raumgründen nicht nachgegangen werden kann.

29 Friedrich Wolfzettel: *Michel Butor und der Kollektivroman: von »Passage de Milan« zu »Degrés«*, Heidelberg 1969, S. 189.

30 Gisela Thiele, S. 74f.

31 *MC*, S. 303.

32 *MC*, S. 460.

33 *MC*, S. 304.

34 *MC*, S. 310.

35 Gisela Thiele, S. 84.

36 *MC*, S. 288.

37 *MC*, S. 382.

38 Jacques Revel bewegt sich dagegen meist in kleinbürgerlichem Milieu. Allenfalls in seiner ersten Bekanntschaft, die er in Bleston mit dem Neger Horace Buck anknüpft, könnte man eine Entsprechung zu der Welt der outcasts bei Abe entdecken, vgl. *L'Emploi du Temps*, S. 25.

39 *MC*, S. 438. Auch in Butors Roman macht das Hotelzimmer von Revel, das noch nicht einmal mit einem Tisch ausgestattet ist, einen bedrückenden Eindruck.

40 *MC*, S. 328.

41 *MC*, S. 349.

42 Wolfgang Reif: *Zivilisationsflucht und literarische Wunschträume: Der exotistische Roman im ersten Viertel des 20. Jahrhunderts*, Stuttgart 1975, S. 150.

43 *MC*, S. 350.

44 Klaus Netzer: *Der Leser des Nouveau Roman*, Frankfurt/M. 1970, S. 131.

45 Klaus Netzer, S. 131.

46 Vgl. etwa Morota Kazuharu: *Kafuka to Abe Kōbō*, in: *Kokubungaku* 9/1972, S. 169–174.

47 Eine Skizze des Bahnhofs S auf S. 318 und eine Zeichnung der Stadt F auf S. 331.

48 Nur Rizawa Yukio weist m. W. deutlich darauf hin, vgl. Rizawa Yukio: *Sengo sakka no sekai: Kommeiki no sōzōryoku*, Tōkyō 1971, S. 114: »Dieses (Buch) ›Moetsukita chizu‹ ist ein Roman, in dem sozusagen die moderne Stadt selbst die Hauptfigur ist.«

49 *MC*, S. 287.

50 Klaus Netzer (s. Anm. 44), S. 23 ff.

51 Vgl. etwa *MC*, S. 384 oder S. 458 f.

52 *MC*, S. 417.

53 *MC*, S. 325.

54 *MC*, S. 355 f.

55 Der Zeitungsausschnitt ist auf S. 414 abgebildet – Interessanterweise wiederholt sich die Zahl in der Zahl der Taxifahrer. Es wird also auch hier eine Parallele hergestellt: Vermißte sind demnach nicht nur die untergetauchten Lehrer und Angestellten, die sich illegal als Taxifahrer verdingen, sondern alle diejenigen, die sich wie der Protagonist unablässig im Labyrinth der Stadt bewegen.

56 *MC*, S. 441 f.

57 *MC*, S. 447 f. Auslassungspunkte im Original.

58 *MC*, S. 299 f.

59 *MC*, S. 329.

60 *MC*, S. 327.

61 *MC*, S. 448.

62 *MC*, S. 295.

63 *MC*, S. 450.

64 *MC*, S. 448.

65 *MC*, S. 461. Angesichts der Bedeutung, die der Frau in diesem letzten Abschnitt des Werkes zugemessen wird, und im Hinblick auf die oben beschriebene symbolische Vorausdeutung geht man m. E. nicht fehl, wenn man in der Serviererin Frau Nemuro erkennt. Ihre Funktion bliebe auch dieselbe, wenn es sich hier um eine »Doppelgängerin« handelte, die auf raffinierte Weise – u. a. über das Merkmal der leitmotivisch mit Frau Nemuro verbundenen Sommersprossen – mit ihr identifiziert würde.

66 Tsuruta Kinya (s. Anm. 22) hat dem Symbol der zitronengelben Vorhänge breiten Raum in seiner Analyse eingeräumt, ohne jedoch auf den Gardinenwechsel einzugehen.

67 Vgl. etwa MC, S. 298.

68 Klaus Netzer (s. Anm. 44), S. 38–41.

69 Gisela Thiele (s. Anm. 21), S. 75.

70 Gisela Thiele, S. 85.

71 Hans Daiber, zit. bei Thiele, S. 85.

72 Vgl. das Diagramm nach Raillard bei Thiele, S. 94, sowie Butors eigene Erklärungen zur Werkstruktur, zit. bei Ludovic Janvier: *Literatur als Herausforderung: Die neue Welt des Nouveau Roman*, München 1967, S. 142 f.

73 Die Wiederholung ist allerdings länger, als er sie angibt. Sie umfaßt etwa 160 statt der von ihm angegebenen 120 Wörter.

74 *MC*, S. 296.

75 *MC*, S. 444. Die holprige Übersetzung erweist sich als notwendig, um die Parallelen möglichst deutlich erkennen zu lassen.

76 *MC*, S. 289.

77 Vgl. Gisela Thiele, S. 81 ff.

78 Nicht genannt wird der Roman etwa im *Gendai Nihon bungaku dajiten (zōtei shukusatsuban)*, Tōkyō 1968, im *Shinchō Nihon bungaku shōjiten*, 5. Aufl. Tōkyō 1975 (erstmals 1968) und in Inoue Hiroshis *Nihon bungaku shōjiten*, Tōkyō 1969. Das 1976 erschienene *Biographical Dictionary of Japanese Literature* (hg. v. Hisamatsu Sen'ichi, Tōkyō u. New York) enthält noch nicht einmal das Stichwort Abe Kōbō.

79 Die deutsche Übersetzung von Oscar Benl und Osaki Mieko 1967.

80 Die deutsche Übersetzung von Oscar Benl 1971.

81 Ludovic Janvier (s. Anm. 72), S. 167.

82 Es handelt sich um den Kriminalroman *Le Meurtre de Bleston*, in dem Revel Entsprechungen zu seiner Umwelt entdeckt und der Anlaß zur Reflexion über das Genre wird, das sich zugleich in *L'Emploi du Temps* selbst spiegelt, vgl. Klaus Netzer, S. 26 ff. und Gisela Thiele, S. 86 ff.

83 Vgl. Gisela Thiele, S. 63 und 91 ff. Wenn man will, kann man jedoch auch bei Abe einen Hinweis auf Proust entdecken, und zwar in der Episode des Romans, in der der Detektiv seine Empfindung der »reinen Zeit« während einer schnellen, ziellosen Autofahrt beschreibt, s. *MC*, S. 389.

84 Lucien Goldmann: *Soziologie des Romans*, Neuwied u. Berlin 1970, S. 204 f.

Stilfiguren und Kontextbezüge

VI. Erkundungen zur Semantik der Metapher in der japanischen Sprache der Gegenwart*

Unter Japanern wie unter Japanologen trifft man häufig auf die Ansicht, Metaphern spielten in der japanischen Sprache und Literatur keine bedeutende Rolle. Sie seien auch nicht annähernd so verbreitet wie etwa in europäischen Sprachen.[1] Erst kürzlich hat Toyama Shigehiko diesen Gemeinplatz wieder hervorgeholt, um dagegenzuhalten, daß das Japanische zumindest reich an toten Metaphern sei. Das Qualitativum »surudoi« – »scharf« – etwa, auf den Verstand eines Menschen bezogen, sei ein typisches Beispiel einer solchen toten Metapher, und wenn man nur gewillt sei, seine Aufmerksamkeit auf solche Erscheinungen zu lenken, so ergäbe sich bald Gelegenheit, die vorherrschende Meinung wenigstens in diesem Punkte zu revidieren.

Die Einschränkung indes hätte durchaus wegfallen können, denn er selbst liefert die beste Anschauung dafür, daß neben Exmetaphern und konventionellen auch kreative Metaphern geläufig sind, indem er abschließend zu bedenken gibt: »Wir benutzen mit Vorliebe ›tote Metaphern‹. Heißt das wohl, daß wir die Metaphern so schnell töten?«[2]

Bemerkenswerter als der »Inhalt« dieser Aussage, die wohl vom Bestreben nach einer eingängigen Schlußpointe diktiert wurde und deshalb, nähme man sie wörtlich, wahrscheinlich überinterpretiert würde, ist ihre sprachliche Gestaltung mittels der Verbmetapher »töten«, einer kreativen Expansion des konventionalisierten Ausdrucks »tote Metapher« im Vordersatz.[3] Es ist zumindest nicht abwegig zu vermuten, daß Toyama sich des metaphorischen Charakters seiner Aussage nicht bewußt war[4], denn sonst hätte er sich zur Widerlegung der Standardmeinung nicht mit toten Metaphern begnügen müssen, oder, in der für japanische Sprichwörter so charakteristischen Metaphernsprache gesagt: »Am Fuße des Leuchtturms ist es dunkel« (»Tōdai moto kurashi«).

Betrachtet man schriftliche Zeugnisse aus früheren Jahrhunderten, so ist ein Mangel an sprachlichen Bildern jedenfalls nicht augenfällig. Sie sind in der Waka- und der Haiku-Dichtung ebenso

* Zuerst erschienen in: *Bochumer Jahrbuch zur Ostasienforschung*, Band 3 (1980), S. 398–413.

anzutreffen wie in expositorischen Texten. Nehmen wir nur einen Ausdruck wie »hana«, die »Blüte«, einen Zentralbegriff aus Zeamis Theorie des Nō, der verstanden wird als »die Entfaltung und das Sichtbarwerden der Schönheit des Nō-Spiels« (Lewin). Daß »hana« nur als Übertragung Sinn ergibt, erscheint so selbstverständlich, daß eine Lesart, die das Wort als »eigentliches« begreift, verfremdet wirkt. Für eine solche »wörtliche« Lektüre plädieren etwa Mishima Yukio[5] und Ogawa Kunio.[6]

Man war und ist in Japan mit dem Phänomen Metapher also durchaus vertraut. Warum man ihm dennoch nicht die entsprechende Beachtung schenkte und eher dazu neigte, es zu ignorieren, läßt sich nur vermuten. Während man in Europa seit Aristoteles immer wieder an der theoretischen Ausformung einer Metaphernlehre gearbeitet hat[7], verfügte die Poetik in Japan über ein andersgeartetes Begriffsarsenal, das keine Kategorisierungen enthielt, die etwa denen der traditionellen europäischen Rhetorik in diesem Punkte gegenübergestellt werden könnten. So scheint das Interesse am Phänomen Metapher in größerem Umfang erst durch den Kontakt mit westlichen Philologien geweckt worden zu sein[8], wenngleich damit nicht ausgeschlossen wird, daß schon vor dieser Zeit einzelne japanische Gelehrte das Wesen dieser Sprachfigur intuitiv erfaßt haben könnten, doch sind mir hierzu keine Belege bekannt, wie sie etwa Yu-Kung Kao und Tsu-Lin Mei für das »Metaphernbewußtsein« einiger Dichter aus der Zeit der »Sechs Dynastien« präsentieren.[9]

Nun hält aber die mit der vormodernen Literatur befaßte japanische Philologie zumeist weiterhin an der traditionellen poetologischen Terminologie fest, und auch der Zweig der Literaturwissenschaft, welcher sich moderner Texte annimmt, ist noch geprägt von überkommenen Sichtweisen, so daß die Metapher auch hier nur geringe Beachtung findet. Die japanische Sprachwissenschaft wiederum verweist die Metaphernforschung in den Grenzbereich zur Literaturwissenschaft – sie wird vorwiegend im Rahmen der Stilistik betrieben.[10] Daneben werden Metaphern von der »bunshō shinrigaku«, der »Stilpsychologie« berücksichtigt. Doch in jedem Fall orientiert man sich an europäischen Arbeiten.[11] Dies schlägt sich bereits in der Terminologie nieder. Als Oberbegriff dient »hiyu« bzw. »hiyu hyōgen«, etwa: »bildlicher Ausdruck«, was grob gesprochen dem klassischen »Tropus« entspricht.[12] Darunter werden Figuren eingeordnet, die der Nomenklatur der europäischen Rhetorik entstammen. Am häufigsten genannt werden »chokuyu« oder »meiyu« (Vergleich), »an'yu«, »in'yu« oder »hiyu« (Metapher), »shiyu« (Synekdoche) »kan'yu« (Metonymie), »kochōhō« (Hyperbel), »gijinhō« (Personifikation) und »gūyu« (Allegorie).[13] Mit einer solchen Auflistung beginnen aber bereits die Probleme, denn die Begriffe werden nur höchst ungenügend und anhand inkongruent gehandhabter Kriterien definiert[14], und zu allem Unglück widersprechen einander bisweilen noch die Definition und das japanische Exempel.[15] Wir wollen uns hier jedoch nicht etwa mit der japanischen Metaphernforschung auseinandersetzen, denn dies wäre ein äußerst trockenes und wenig ergiebiges Geschäft und brächte keine neuen Erkenntnisse in der Angelegenheit, um die es hier gehen soll:

Der Gegenstand dieser Ausführungen ist die Metapher in der japanischen Sprache der Gegenwart; die Absicht ist bescheidenallgemein: der Hinweis darauf, daß sie durchaus keine Schattenexistenz führt, wird verbunden mit dem Versuch einer vorläufigen Bestimmung einiger möglicherweise spezifisch japanischer Merkmale und einer Skizze von Zusammenhängen, in denen eine Metaphernanalyse erkenntnisstiftend wirken könnte. Die zeitliche Eingrenzung auf Beispiele aus der jüngsten Zeit erscheint ratsam, solange nicht die Funktion sprachlicher Bilder in anderen Jahrhunderten näher bestimmt werden kann, denn anzunehmen, daß diese keinem historischen Wandel unterworfen ist, wäre allzu unhistorisch gedacht.[16] Daher ist auch eine Aussage darüber, ob eine hier angestellte Beobachtung für mehrere Epochen gilt oder ob es sich z. B. um ein Produkt der »Modernisierung« handelt, beim gegenwärtigen Kenntnisstand nicht möglich.

Ausgangspunkt unserer Betrachtung ist der Umstand, daß der japanische Metapherngebrauch nicht nur in Kunstwerken, sondern ebenso in der Alltagssprache einem europäischen Leser oder Hörer manche Schwierigkeiten bereitet – sie werden später noch genauer beschrieben –, und es steht zu vermuten, daß dies von einer andersartigen Verwendungsweise und Wirkungsabsicht im japanischen Kontext herrührt. So gesehen, wird uns sehr schnell klar, daß mit einer bloßen rubrizierenden Fixierung, wie sie etwa in der japanischen Forschung im Anschluß an europäische Klassifikationen vorgenommen wird, kaum etwas gewonnen wäre. Oder anders und diesmal mit den Worten von Harald Weinrich gesagt: »Es genügt nicht, die Metapher als eine rhetorische Figur oder als ein Stilisticum aufzufassen. Die Metapher ist ein semantisches Phänomen.«[17]

Wie ließe sich demnach der Gegenstand dieser Untersuchung bestimmen? Wir legen ihr, ganz im Sinne unserer Vermutung, daß traditionelle Begriffsbestimmungen uns nicht weiterhelfen, eine semantische Definition zugrunde, wie sie der zitierte Harald Weinrich, dem die Metaphernforschung in der jüngeren Zeit wichtige Impulse verdankt, erarbeitet hat. »Eine Metapher«, so lautet Weinrichs These, »ist ein Wort in einem Kontext, durch den es so determiniert wird, daß es etwas anderes meint, als es bedeutet.«[18] Wenn also von einem Menschen die Rede ist, der ein hohes Tier sei, so meint das Wort »Tier« in diesem Zusammenhang offensichtlich nicht, was es unter »normalen« Umständen bedeutet. Keiner der Hörer dieser Metapher wird sich den so Beschriebenen etwa als Käfer oder – da mit dem Eigenschaftswort »hoch« versehen – als Giraffe vergegenwärtigen.

Die Metapher stellt einen Substitutionsvorgang dar, in dem eine primäre semantische Texteinheit, der »eigentliche Ausdruck«, durch eine sekundäre, den »uneigentlichen Ausdruck«, ersetzt wird. Wir wollen dafür die Begriffe »Bildempfänger« und »Bildspender« einführen, wie sie in der neueren deutschen Literatur zum Thema seit Weinrich zunehmend Verwendung finden. Sie entsprechen den in Japan geläufigen Begriffspaaren »hongi« und »yugi«[19] oder »topikku« und »imēji«.[20]

Haben wir uns diese Definition der Metapher als eines Wortes – oder genauer: eines Monems[21] – in einem konterdeterminierenden Kontext zu eigen gemacht, so verliert die Unterscheidung von Metapher und Vergleich an Bedeutung.[22] Der Begriff »Metapher« bezeichnet in diesem Sinne alle Arten des sprachlichen Bildes. Ob man sagt: »Sie bewegten sich wieselflink« – dies wäre eine Metapher im herkömmlichen Sinne –, oder ob man die Aussage als Vergleich formuliert: »Sie bewegten sich flink wie Wiesel«, beide Aussagen sind in semantischer Hinsicht äquivalent. Die Unterscheidung ist lediglich syntaktischer Natur, hier ablesbar am Gebrauch der Vergleichspartikel »wie«.

Wir wollen nun versuchen, einigen Phänomenen auf die Spur zu kommen, die uns spezifisch japanisch dünken. Dabei gilt unser Augenmerk den kreativen Metaphern. Natürlich gibt es im Japanischen auch ein großes Reservoir an toten, verblaßten, lexikalisierten oder sogenannten konventionellen Metaphern; doch sollten sich hier für Nichtjapaner Verständnisschwierigkeiten ergeben, so läge dies lediglich an der mangelnden Vertrautheit mit dem Metaphernkanon der Umgangssprache. Um charakteristische Erscheinungsformen der Metapher in Japan ausfindig zu machen, bleibt uns kaum ein anderer – und kaum ein besserer – Einstieg, als von unserer Erfahrung mit japanischer Bildlichkeit in der Sprache der Gegenwart auszugehen. Fassen wir einmal zusammen, in welcher Hinsicht sich der japanische Metapherngebrauch von dem europäischen unterscheidet, welcher unser Sprachbewußtsein geprägt hat. Bei der folgenden Aufzählung handelt es sich um eine noch unsystematische Beschreibung meiner persönlichen Lese- und Hörerfahrung. Sichergestellt ist allerdings, daß die beschriebenen Erscheinungen eine signifikante statistische Häufigkeit aufweisen, denn es wäre sinnlos, diese Untersuchungen an Ausnahmebeispielen durchführen zu wollen.[23] Doch nun zu den Beobachtungen zum japanischen Metapherngebrauch:

1. Es fällt auf, daß viele Metaphern wenig leisten. Sie scheinen kaum einen deskriptiven Wert zu besitzen. Es stellt sich bei uns kein Evidenzempfinden ein.

2. In vielen Fällen vermissen wir eine deutliche Anschaulichkeit. Das Sprachbild bleibt unrealisierbar auch in Metaphern, in denen es eindeutig um die Veranschaulichung eines Sachverhaltes oder einer Vorstellung ging, wo eine verrätselnde Absicht also ausgeschlossen werden kann.

3. Die Zahl der mißglückten, der widersinnigen Bilder, der vermischten Metaphern oder Katachresen, ist außerordentlich groß.

4. Auch in der japanischen Alltagssprache sind Formen des sprachlichen Bildes geläufig, welche wir als kühne oder absolute Metaphern zu bezeichnen pflegen.

Dies sind, grob formuliert, die wichtigsten Punkte, in denen sich der japanische Metapherngebrauch von den gegenwärtig in der deutschen Sprache herrschenden Vorstellungen von Angemessenheit unterscheidet. Natürlich ist damit nicht gesagt, daß die aufgezählten Phänomene nicht allesamt auch in deutschsprachigen Texten vorkommen, nur weisen sie hier in vergleichbaren Texten einen ungleich niedrigeren Rekurrenzwert auf. Doch so wie jede Epoche ihre eigenen Kriterien für die Angemessenheit im Gebrauch sprachlicher Bilder entwickelt, so wird sich auch die Funktionalität der Metapher in verschiedenen Kulturen unterscheiden. Um diese bisher nur vag erfaßte Divergenz in einigen wenigen Punkten sichtbar zu machen, fragen wir uns: Lassen sich in den uns problematisch erscheinenden japanischen Metaphern irgendwelche Gesetzmäßigkeiten erkennen? Gehorchen sie vielleicht anderen Prinzipien als denen, die uns vertraut sind? Welche uns verborgenen Mechanismen sind es, die den native speaker eine Metapher als evident und wohlgeformt empfinden lassen, während wir dieselbe als unakzeptabel von uns weisen würden?

Es versteht sich von selbst, daß eine endgültige Antwort so bald nicht erwartet werden kann. In diesem Rahmen sind nur Annäherungen an Teilantworten möglich. Sie lassen sich in zwei Regeln kleiden, die ich anhand einiger weniger Kostproben aus einem umfangreichen Reservoir an Beispielen erläutern möchte. Zunächst aber einige allgemeine Beobachtungen:

Beide Regeln fußen auf der Erkenntnis, daß die untersuchten Metaphern zumindest partiell eine andere Funktion erfüllen als in einem europäischsprachigen Zusammenhang. Weit seltener als in dem uns vertrauten Ausmaß dient die Metapher im Japanischen der Verdeutlichung, Veranschaulichung oder Verbildlichung. Das »delectare«, die ästhetische Wirkung, und das »movere«, das Erzeugen von Emotion, hat Vorrang vor dem »docere«, dem Erzielen einer spezifischen Erkenntnisleistung.[24] Die Bilder sind vor allem eine dekorative Anreicherung des Textes um des ästhetischen Effekts willen. Die poetische Funktion überwiegt im japanischen Metapherngebrauch, selbst in nicht-literarischen Texten. Da sich unsere Maßstäbe in diesem Punkte aber offensichtlich nicht mit den japanischen decken, erscheinen uns die Metaphern vielfach überflüssig. Betrachten wir dazu die ersten Beispiele, die zugleich als Beleg für die zuvor unter Punkt 1 formulierte Beobachtung dienen:

1	»Sie (die Krankenschwestern) kamen den abschüssigen Weg, der in strahlendem Sonnenlicht lag, wie weiße Mäntel heruntergelaufen.« (Yokomitsu Riichi: Hanazono-no shisō)	»Kanojotachi (kangofu)-wa hi-ni kagayaita sakamichi-wo shiroi manto-no yō-ni kakete kita.«
2	»Wie ein Flottengeschwader, das fern am Horizont aufgetaucht ist, kamen die Lastwagen-Kolonnen in Sicht.« (Hino Ashihei: Mugi-to heitai)	»Haruka-ni suiheisen-ni ukanda kantai-no yō-ni, torakkutai-ga yatte kuru-no-ga mieta.«

In beiden Fällen leistet die Metapher wenig. Sie wird ihrem Charakter als sprachliches Bild nur mangelhaft gerecht. Der Vergleich bietet kaum eine Mehrinformation gegenüber der einfachen Aussage. Woran liegt das?

Wenn Krankenschwestern mit weißen Mänteln oder – im Rahmen einer Kriegsszenerie – Lastwagen-Kolonnen mit einem Flottengeschwader verglichen werden (wobei im japanischen Original sogar dasselbe Lexem »tai« für Kolonnen und Geschwader steht), so liegen in beiden Beispielen das Verglichene und das gebrauchte Bild zu eng beieinander. Sie entstammen jeweils demselben Sachbereich. Im Beispiel mit den Krankenschwestern liegt wahrscheinlich sogar eine konkrete Beziehung zwischen Bildempfänger, den Schwestern, und Bildspender, den weißen Mänteln, vor, was bedeuten würde, daß die Metapher, die ja einen Substitutionsvorgang beinhaltet, in eine Metonymie übergeht, die auf der semantischen Nachbarschaft (Kontiguität) der Bestandteile des Ausdrucks beruht. Sprachbilder dieser Art sind im Japanischen so häufig anzutreffen, daß wir aus ihnen die erste Regel ableiten, um damit einen Aspekt des als charakteristisch erkannten Metapherngebrauchs im Japanischen zu beschreiben. An anderer Stelle habe ich diese Regel bereits formuliert, doch war sie dort nur auf die Literatur Mishima Yukios bezogen.[25] Sie lautet:

Für eine große Anzahl von Metaphern in der japanischen Sprache der Gegenwart ist die Nähe von Bildspender und Bildempfänger charakteristisch.

Kehren wir noch einmal zu den Beispielen 1 und 2 zurück. Besonders irritierend wirkt für den europäischen Rezipienten die große Redundanz solcher Metaphern, denn das tertium comparationis liegt allzu offen vor unseren Augen. M. a. W.: Der semantische Mengendurchschnitt zwischen Bildspender und Bildempfänger ist so groß, daß sich dadurch die für die Metapher charakteristische Spannung verringert, die sich aus der Nicht-Identität von Sem-Teilmengen zwischen den beiden Polen des Vergleichs ergibt. Dies sei an den folgenden Beispielen noch näher erläutert.

3. »Das Gewicht der Frau auf meinen Knien war ein Gefühl, als ob ich Steine oder Eisen auf dem Rücken trüge.« (Nagai Kafū: Kanraku)	»Hiza-no ue naru onna-no omomi-wa sanagara ishi-ka tetsu-wo se-ni ōu yō-na kokoromochi...«

Vielen nichtjapanischen Lesern wird dieser Vergleich vermutlich nicht sonderlich geglückt erscheinen. Der Grund dafür ist wohl darin zu suchen, daß beide Situationen dem gleichen Gegenstandsbereich – der Alltagswelt – entstammen, daß sie beide mit dem gleichen Maß an Ausführlichkeit beschrieben werden und für den Leser dieses Satzes gleichermaßen konkret sind. Dies fordert zur Verifizierung heraus, stößt uns damit aber auf die widersinnige Entsprechung von »Gewicht auf den Knien« und »Gewicht auf dem Rücken«. Mit dem Wort »Gewicht«, wörtlich übersetzt »Schwere« (omomi), haben wir zugleich das tertium comparationis bzw. den semantischen Mengendurchschnitt von Bildspender und Bildempfänger. Dadurch, daß dieser im Text aber bereits direkt genannt wird, ergibt sich durch das Bild keine Mehrinformation im Hinblick auf die »eigentliche« Aussage. Das folgende Beispiel »funktioniert« ähnlich:

4. »So, als ob die Frau, die ich bin, aus Blei oder Kupfer gemacht wäre, so habe ich drei ganze Jahre lang fast überhaupt keine menschliche Wärme gekannt.« (Murō Saisei: Anzukko)

»Watakushi-to-iu onna-wa namari-ka dō-de tsukuriagerarete-iru yō-ni, ningen-no attakasa-wo sannen-bakari maru-de shiranaide ita.«

Die Protagonistin dieses Werks von Murō Saisei bedient sich bei ihrer Aussage, sie habe lange Zeit nahezu gefühllos und ohne Kontakt zu den Mitmenschen gelebt, der lexikalisierten Metapher »Wärme«. Um bei der vorangestellten Paraphrase dieser Aussage das entsprechende Negativ »Kälte« zu vermeiden, da es ihr wahrscheinlich zu banal geklungen hätte, metaphorisiert sie die tote Metapher »Kälte« und ersetzt sie durch »Metall«. Wir haben es, wenn man so will, mit einer potenzierten Metapher zu tun. Für ein europäisches Sprachgefühl steht hier der getriebene Aufwand in keinem vernünftigen Verhältnis zum Ergebnis, denn die Aussage wäre ohne den Vergleich, also ohne die erste Hälfte des Satzes, nicht weniger eindeutig gewesen.

Wenden wir uns nun Beispielen für die zweite Beobachtung zu. Hier geht es um eine Untersuchung von Metaphern, die nur scheinbar der Veranschaulichung dienen, die bei genauerer Betrachtung diese Funktion aber nicht erfüllen können.

5. »Den Mund zu einem Horn formend, sagte (er)...« (Nagatsuka Takashi: Tsuchi)

»Kuchi-wo tsuno-no yō-ni shite itta...«

Es will nicht recht einleuchten, daß der Mund eines Menschen wie das Horn eines Tieres aussehen soll. Verstehen kann man den Satz erst, wenn man erkennt, auf welche Assoziation er zurückgeht. Zugrunde liegt die lexikalisierte Verbmetapher »den Mund spitzen« (kuchi-wo togaraseru), und von dieser aus ist es nur ein kleiner Gedankenschritt zu dem spitzen Gegenstand »Horn«.

6. »Der Lappen liegt ausgebreitet da, frierend wie die Eingeweide von Fisch oder Rind.« (Noma Hiroshi: Shinkū chitai)	»Boro-wa maru-de sakana-ka ushi-no harawata-no yō-ni, samusō-ni soko-ni nobite-iru.«

Auf den ersten Blick macht dieser Vergleich stutzig: Wieso frieren Eingeweide?[26] Hier tritt der Fall ein, daß eher der Bildempfänger den Bildspender erläutert als umgekehrt, denn erst wenn man vom Anblick eines Lappens auf Eingeweide schließt, erkennt man, daß dem Schöpfer dieses Bildes die Vorstellung vorgeschwebt haben muß, dem Tierkörper entnommenes Gedärm fühle sich schutzlos. Das Ausspinnen des Vergleichs durch die Verbmetapher »frieren« irritiert den Leser, es lenkt vom »eigentlichen« Ausdruck ab. Daß das sprachliche Bild aber offensichtlich nicht in erster Linie der Vergegenständlichung dient, zeigt auch die Doppelgestalt des Bildspenders (»Eingeweide von Fisch oder Rind«), denn beim Versuch der Realisierung müßte den Leser schon der Größenunterschied zwischen Fisch und Rind verwirren. Ähnlich strukturiert sind aber auffallend viele japanische Metaphern, u. a. auch die Beispiele 3 und 4.

7. »Der Meereshorizont, geschwellt wie eine blaue Porzellanbrust.« (Hayashi Fusao: Seinen)	»Aoi tōki-no mune-no yō-ni fukureta suiheisen.«

Niemand wird sich wohl leicht eine blaue Porzellanbrust vorstellen können und diese dann mit dem Meereshorizont assoziieren – der Autor Hayashi Fusao aber wohl ebensowenig. Was liegt hier also vor? Es werden zwei Assoziationsketten in einer Metapher verschmolzen, die uns als ein typisches Beispiel einer Katachrese ins Auge springt. Der Bildempfänger Meer ruft über die Farbe Blau die Assoziation »Porzellan« hervor. Die Verbmetapher »geschwellt«, die offensichtlich die Krümmung des Horizonts illustrieren soll, zieht das Lexem »Brust« nach sich (hier stimmt der Metaphernkanon der japanischen Sprache ausnahmsweise einmal mit dem deutschen überein). Auf diese Weise kommt es zu der merkwürdigen Verschränkung der Bilder.

Es ist nun an der Zeit, daß wir versuchen, unsere Erkenntnisse allgemeiner zu formulieren, denn es geht hier ja nicht um die Aneinanderreihung und Einzelanalyse kurioser Textzitate, sondern um die Suche nach den Regeln, die den Erscheinungen innewohnen. Es dürfte inzwischen deutlich geworden sein, daß der japanische Leser oder Hörer solche Metaphern anders rezipiert als der europäische. Er richtet den Blick auf andere Aspekte. Sein wichtigstes Kriterium ist anscheinend nicht die Stimmigkeit und die Evidenz des Vergleichs als einer Projektion des Bildspenders auf den Bildempfänger. Mindestens ebenso wichtig ist ihm die Relation zu einem Dritten – dem Kontext, sei es auf der lexikalischen, der literarischen, der pragmatischen oder einer anderen Ebene. Die zweite Regel könnte somit etwa wie folgt lauten:

Die Abbildungsfunktion, d. h. die Zuordnung von Bildspender und Bildempfänger als dominante Relation in der Metapher, wird in der japanischen Sprache oft abgeschwächt durch die Überlagerung der Relation von Bildspender oder -empfänger zum Kontext.

Diese Regel ist auch bei der Analyse von Grenzfällen, der kühnen und der absoluten Metapher, hilfreich, denen ich besonderes Augenmerk widmen möchte, weil sie m. W. von der japanischen Philologie nahezu vollständig ignoriert wurden, sie mir andererseits aber besonders charakteristisch scheinen.

Unter kühner Metapher versteht man ein sprachliches Bild, das etwas für unvereinbar Geltendes kombiniert, oder, in semiologischer Terminologie – eine Metapher mit geringem semantischen Mengendurchschnitt von Bildspender und -empfänger.[27] Eine absolute Metapher gilt als nicht mehr dechiffrierbar. Sie verschweigt einen »›sachbezogenen‹ Sinnbezirk«[28], bzw. der semantische Mengendurchschnitt ist leer.

Betrachten wir zunächst einen Fall, in dem wir eine »schiefe« Metapher erkennen würden. In Kurahashi Yumikos Erzählung *Parutai* reflektiert die der KPJ noch distanziert gegenüberstehende Ich-Erzählerin über ihren von missionarischem Eifer erfüllten Freund.

8. »(Das Wort) ›Glauben‹ bedeckt dein Gesicht wie ein Muttermal, es bedeckt sogar deine Augen.« (Kurahashi Yumiko: Parutai)	»›Shinjiru‹-to iu akaaza-no yō-na mono-ga anata-no kao, soshite me-made-mo ōtte-iru . . .«

Das Bild wirkt ungeschickt gewählt, da ein Muttermal sich nicht über die Augen ausbreiten kann. Der japanische Leser wird sich darüber jedoch keine Gedanken machen, sondern die Stimmigkeit der Metapher im sprachlichen Zeichen des Bildspenders entdekken, denn das Wort »Muttermal« – »akaaza« – enthält als ersten Bestandteil das Lexem »rot« (aka), und von hier aus ergeben sich zwingende Assoziationen zur Parteifarbe und – in Verbindung mit der Vorstellung bedeckter Augen – zu der Redensart: Die Dinge durch eine rote Brille sehen. Die Bilder mögen für unser Sprachempfinden »schief« sein, sie werden aber nicht als solche wahrgenommen, weil sie auf andere Weise mit dem Text verknüpft sind. Eine genaue Kenntnis des Textzusammenhangs wird daher unerläßlich. Was sollten wir etwa mit der absoluten Metapher

9. »Mikami Otokichi ... ein Name wie Salat und Beefsteak« (Hayashi Fumiko: Hōrōki)	»Mikami Otokichi ... sarada-to bifuteki-no yō-na namae«

anfangen, wenn wir nicht wüßten, daß sie als eine von unzähligen Nahrungsmittelmetaphern auf das Leitmotiv »Hunger« in Hayashi Fumikos »Vagabundentagebuch« verwiese?

Behalten wir aber die zuvor formulierte Regel im Auge und richten unsere Aufmerksamkeit auf die Relationen zum Kontext, so bekommen wir Einblick in den Produktionsmechanismus einer großen Zahl von absoluten Metaphern im Japanischen, die uns sonst unzugänglich geblieben wären. Dies ist besonders wichtig angesichts der bereits erwähnten Tatsache, daß man solche auch in der Alltagssprache, also nicht nur in literarischen Texten, antrifft.

Als Beleg soll eine synästhetische Metapher dienen, wie ich sie in einer Klatschkolumne einer Wochenzeitschrift fand. Darin wird für eine Snackbar geworben, und zum Beweis ihrer Popularität wird berichtet, daß dort auch ausländische Gäste verkehren. Beim Betreten der Bar habe man etwa neulich Ann Lewis entdeckt.

10. Sie sagte »mit blauer Stimme: Hi!« (Yoshimi Yūko: Onna-no kataru otoko-no supotto. Sandē mainichi, 23. 9. 1979)	»›hai‹-to aoi koe«

Hier geht es nicht um eine Beschreibung der Stimme, ihrer Charakteristik oder Klangfarbe. Ebensowenig wird mit »blau« auf einen alkoholisierten Zustand verwiesen, denn die japanische Sprache kennt diese Verwendung nicht. Vielmehr leitet sich die Modifikation aus dem Ausdruck »Blauauge« (aoi me) ab, der metonymisch für »Ausländer« steht. Der Ausdruck »blaue Stimme« betont somit lediglich den schon durch die Nennung des Namens gegebenen exotischen Reiz der Person und des Etablissements, das sie frequentiert.

Eine bekannte japanische Kosmetikfirma wirbt gegenwärtig in einer Anzeigenserie mit stark verrätselten Texten, die Metaphern enthalten, welche uns als absolute erscheinen. Da ist die Rede von der

11. »bernsteinfarbenen Zeit« oder dem »bernsteinfarben duftenden ›Morgen‹«.	»kohaku-iro-no saigetsu« »kohaku-iro-ni kaoru asu« (Kanebō Reklame)

Die Komponente »bernsteinfarben« läßt sich jedoch aus dem Kontext erschließen, denn sie steht für die Farbe des Produktes, für das geworben wird – ein Toilettenwasser. Dasselbe Muster weist ein Schlagertext auf, der die

12. »bernstein(farbene) Geschichte« und die »bernstein(farbenen) Schatten, die Tränen der Frauen«	»kohaku-no rekishi« »kohaku-no kageri-wa onna-no namida-ne« (Aperitifu-wo dōzo, Text von Agi Yōko)

besingt. Hier rührt der Farbbegriff von einem Wein alten Jahrgangs her, der in diesem Lied vorkommt, ohne daß jedoch eine explizite Verbindung zur »bernsteinfarbenen Geschichte« hergestellt worden wäre.

Beispiele dieser Art ließen sich beliebig vermehren. Ich möchte mit einer letzten Kostprobe einen weiteren Bereich vorstellen, in dem kühne und absolute Metaphern ihren festen Platz haben, die wissenschaftliche Literatur. Der bekannte Dazai-Forscher Okuno Takeo spricht in einem Aufsatz über den Roman »Ningen shikkaku« von der

13. »seltsamen Atmosphäre im Prolog, die man nur als bräunlich-vergilbten Nihilismus bezeichnen kann«.	»shirachaketa nihirizumu-toshika keiyō-shigatai iyō-na funiki-wo motta ›hashigaki‹« (»Ningen shikkaku«-ni-tsuite)

Es ist unmöglich, diese Metapher zu verstehen, wenn man nicht weiß, worauf Okuno sich beziehen könnte. So abwegig meine Erklärung auch zunächst aussehen mag – sie funktioniert in genauer Analogie zu den obengenannten und zahlreichen hier nicht angeführten Fällen. Der Schlüssel zur Auflösung des Rätsels ist in eben jener Textpassage versteckt, von der bei Okuno die Rede ist, nämlich der Einleitung des besagten Romans. Darin bedient sich der Autor Dazai eines dramaturgischen Tricks. Er präsentiert drei alte Fotografien, die den Helden in drei verschiedenen Lebensstadien zeigen. Nur wenn man das Farbwort in Okunos Aussage über diesen Text zu den erwähnten Fotografien im Text selbst in Beziehung bringt, bleibt die Metapher »bräunlich-vergilbter Nihilismus« nicht dunkel.

Brechen wir hier die Erkundungen zur Semantik der Metapher in der japanischen Sprache der Gegenwart ab. Rückschauend gilt es festzuhalten, daß die beiden Regeln, die wir aus der Analyse von Textbeispielen ableiteten, den Charakter der Vorläufigkeit tragen. Weder können sie Gültigkeit für sämtliche Erscheinungsformen der Metapher in Japan beanspruchen noch sind sie exakt genug formuliert, um als Instrumentarium einer Feinanalyse zu dienen. Trotz dieser Einschränkungen und Vorbehalte sind sie aber nicht nutzlos, wovon wir uns insbesondere in der Anwendung der zweiten Regel auf den Sonderfall der kühnen und der absoluten Metapher überzeugen konnten. Es ist darüber hinaus ohne weiteres möglich, diese Regeln noch stärker zu formalisieren, indem man sich eines semantischen Instrumentariums und der Notationen der Mengenlehre bedient.[29]

Die Beschäftigung mit der Metapher im Japanischen ist nicht allein linguistisch motiviert, und der größte Nutznießer einer intensivierten Metaphernforschung ist auch nicht unbedingt die Literaturwissenschaft. Ich bin vielmehr davon überzeugt, daß eine vermehrte Aufmerksamkeit und die genauere Kenntnis der Funktion der Metapher unser Wissen über Japan in allen Bereichen des Lebens, die sich in Sprache manifestieren, zu erweitern geeignet wäre. Lassen Sie mich diese vielleicht gewagt klingende Behauptung abschließend an einigen bewußt disparat gewählten Exempeln illustrieren.

In der ersten Regel wurde die Entdeckung formuliert, daß für eine große Anzahl japanischer Metaphern die Nähe von Bildspender und Bildempfänger charakteristisch ist. Dies führt zu einer Verwischung zwischen beiden Ebenen. Oftmals sind Metaphern dadurch, daß sie demselben Sachbereich entstammen wie ihre nicht-metaphorische Umgebung, kaum noch als solche wahrzunehmen. Die Ebenen durchdringen einander. In dem Satz:

14. »Mein Atem stockte; ich versuchte, mein Scham(gefühl) herunterzuschlucken, verdrehte die Augen und machte ein häßliches Gesicht.« (Kurahashi Yumiko: Parutai)	»Watashi-wa iki-ga tsumari, haji-wo nomikudasō-to shite me-wo shiro-kuro sase minikui kao-wo shita.«

ist die Metapher in den konkreten Ablauf eingebettet. Die Person schluckt anscheinend wirklich. – Oft »hängt« die Metapher geradezu zwischen den beiden Ebenen. Ganze Werke in der japanischen Literatur beziehen einen großen Teil ihrer Dynamik (aber auch ihre problematischen Aspekte) aus einem solchen irisierenden Effekt, dem Schwanken zwischen eigentlicher und uneigentlicher Bedeutung, wie ich es etwa in Abe Kōbōs Roman *Tanin no kao* (Das Gesicht des anderen) am zentralen Motiv der Maske nachgewiesen habe.[30] Der Begriff Maske wird darin in zwei verschiedene Bedeutungen aufgespalten – er meint den Gegenstand, und er steht als Symbol, doch die Verwendungsweisen werden im Text derart miteinander verquickt, daß selbst der Autor sie bisweilen verwechselt. Das Ergebnis ist ein Roman, in dem die Handlungsebene und die Meta-Ebene der Reflexion, in dem Konkretes und die Abstraktion vom Konkreten nicht mehr auseinanderzuhalten sind.

Faszinierend ist aber auch ein anderer Effekt, in dem sich die Macht der Sprache über die Wahrnehmung der Realität manifestiert. Die verblaßte Metapher »chichi-kusai« – »nach Milch riechend«, im Sinne von jung, unreif, kindisch – begegnet uns in verschiedenen Werken Mishima Yukios in parallelen Szenen: Ein Erwachsener riecht am Haar oder an der Stirn eines etwa zehnjährigen Kindes, und der Geruch wird als »chichi-kusai« beschrieben.[31] Auf mich wirkte diese Re-Aktualisierung einer toten Metapher verfremdend, denn einerseits kann kein Zweifel darüber bestehen, daß jeweils ein echter Geruchsreiz beschrieben wurde. Andererseits ist es aber unwahrscheinlich, daß die Haare aller dieser Kinder – es sind ja keine Säuglinge – nach Milch riechen sollen. Doch nicht nur bei Mishima, sondern auch in Miura Tetsurōs autobiographischer »Laterna-magica-Sammlung« findet sich ein solcher Beleg. Über sein Leben als Siebenjähriger berichtet er:

15. »Manchmal nahm mich mein Vater auf den Arm, führte seine Nase an meine Wangen und setzte mich mit den Worten ›riecht nach Milch‹ (chichi-kusai) sofort wieder ab.«

»Tama-ni watakushi-wo daki-ageta-ga, watakushi-no hoo-ni hana-wo atete, ›chichi-kusai‹-to itte sugu-ni oroshita.«
(Miura Tetsurō: Gentōga-shū)

Für mich besteht kein Zweifel mehr, daß hier ein umgekehrter Prozeß stattfindet: Die lexikalisierte Metapher bestimmt die Wahrnehmungsweise. Jemand, der »chichi-kusai« ist, riecht auch so.

Brächte man der Metapher in der japanischen Sprache größere Aufmerksamkeit entgegen, so würde man des großen Anteils an bildlicher Rede im japanischen Alltag wie im politischen oder kulturellen Bereich gewahr. Für nichtjapanische Forscher dürfte dies schon allein deshalb von besonderem Interesse sein, weil der japanischen Metaphernforschung viele Beispiele – und m. E. sind es oft gerade die reizvollsten – durchs Netz schlüpfen. Das liegt einerseits daran, daß diese Forschung zu sehr auf den Abbildungsfunktor als Indikator fixiert ist, so daß ihr Hauptaugenmerk dem Vergleich, einer Untergruppe des sprachlichen Bildes, gilt. Der wichtigere Grund für die Blindheit gegenüber vielen Metaphern ist aber wohl darin zu sehen, daß die japanische Forschung sich nicht außerhalb der vom japanischen Sprachgebrauch beeinflußten Denkmuster bewegt. Aufgrund der für die japanische Metapher in der Gegenwartssprache charakteristischen Nähe von Bildspender und Bildempfänger sind sich die Redenden oft ebensowenig des metaphorischen Charakters ihrer Rede bewußt wie die Wissenschaftler, deren Interesse dem bildlichen Sprechen gilt, oder aber, der konkrete und der übertragene Gebrauch sind derart miteinander verflochten, daß Sprecher und Hörer nie eindeutig festlegen könnten, welche Ebene gemeint ist. Dies ließe sich an zentralen Vorstellungskomplexen aus der jüngeren Geistesgeschichte Japans zeigen, von denen zumindest einige im Anschluß an Jürgen Link als Kollektivsymbole zu charakterisieren wären.[32]

Da ist zum Beispiel das Thema der Heimatlosigkeit der modernen japanischen Intellektuellen, von Kobayashi Hideo 1933 in seinem Essay »Kokyō-wo ushinatta bungaku«, von Itō Sei und zahlreichen anderen Kulturkritikern besprochen. Wenn ein Autor wie Abe Kōbō sich in diese Tradition stellt, um sich damit als exemplarischen Vertreter dieser modernen Erfahrung auszuweisen, so meint er mit Heimatlosigkeit ganz konkret seine zahlreichen Wohnsitzwechsel.[33] Heimatlosigkeit bedeutet für ihn, sich nirgendwo heimisch zu fühlen, was für die Abe-Forschung wiederum nur die Kehrseite des »Internationalismus« seiner Denkweise und seiner Kunst ist. Was ist an diesem Kollektivsymbol »Heimatlosigkeit« die eigentliche und was die uneigentliche Ebene? Ist der Bildempfänger womöglich der Bildspender?

Ähnlich kompliziert ist das Verhältnis von Wirklichkeitsmodell und Übertragung im Topos von der Generation, die »keine Jugend« hatte (seishun-ga nakatta) oder seiner Abwandlung durch Shibata Shō, der von einer »schnell alternden Generation« spricht.[34]

Und noch ein letztes Bild, das die Intellektuellen m. W. von Mishima Yukio übernommen haben und das für das eigenartige nihilistische und zugleich hoffnungsgeschwängerte Lebensgefühl der unmittelbaren Nachkriegszeit steht, ohne jedoch auf diese spezifische Realität zu verweisen. Es ist das Bild von »Trümmern und blauem Himmel« (gareki-to aozora), das bei Mishima zugleich eine zu erwartende Weltuntergangsszenerie symbolisiert (oder abbildet?).[35]

Jedes einzelne dieser Bilder bedarf einer minuziösen Untersuchung. Hier ging es mir nur um die Andeutung, das Skizzieren eines Themenbereichs, der, ausgehend von einer linguistisch-semantischen Fragestellung, doch erkennen läßt, welche wichtigen Probleme von allgemeiner Bedeutung anhand einer scheinbar so speziellen Forschungsrichtung anvisiert werden können.

Anmerkungen

1 Es fällt zugegebenermaßen schwer, diese Feststellung mit eingängigen Textzitaten überzeugend zu belegen, doch das liegt in der Natur dieser Art von Übereinkunft, der stillschweigend vorausgesetzten Grundannahme von der Bedeutungslosigkeit der Metapher, die sich gerade in der weitgehenden Nichtbeachtung des Gegenstandes ausdrückt. Eine Vorstellung hiervon vermittelt ein Vergleich des Umfangs einer westlichen Bibliographie zur Metaphernforschung (Warren A. Shibles: *Metaphor: An Annotated Bibliography and History,* Whitewater/Wiscon-

sin 1971), mit der japanischen Bibliographie von Nakamura Akira, vgl. Anm. 11. – Näheres zu Fragen der japanischen Metaphernforschung weiter unten.

2 Vgl. Toyama Shigehiko: *Kononde tsukawareru »shinda hiyu«* (Kotobano shiki, 78), in: *Sandē mainichi,* 18. 11. 1979, S. 61. Nicht alle Beispiele, die er aufzählt, sind allerdings wirklich Metaphern.

3 Zur Unterscheidung von kreativen, konventionellen und Exmetaphern vgl. W. Kallmeyer, W. Klein, R. Meyer-Hermann u. a.: *Lektürekolleg zur Textlinguistik,* Band 1: Einführung, Frankfurt/M. 1974, S. 174ff.

4 Wer hier Einspruch erheben möchte, wird um Geduld gebeten, denn dieser wird nach Lektüre des letzten Teils dieses Aufsatzes vielleicht weniger heftig ausfallen.

5 Vgl. Mishima Yukio: *Shōsetsuka-no kyūka, Mishima Yukio hyōron zenshū,* [5]1971, S. 521. Zu diesem Zitat auch Tachibana Yutaka: *Bunshōtai-no kenkyū,* Tōkyō 1966, S. 292f.

6 Ogawa stellt, ausgehend vom nicht-metaphorischen Verständnis, Überlegungen zum »Wörtlichkeitsgrad« an; vgl. ders.: Watakushi-no Zeami-zo: *Hana-no yō-ni,* in: *Kokubungaku kaishaku-to kanshō* 2/1977, S. 60f.

7 Einen Überblick über Metapherntheorien von der Antike bis zur Gegenwart bietet Hugo Meier: *Die Metapher. Versuch einer zusammenfassenden Betrachtung ihrer linguistischen Merkmale,* Winterthur 1963. Den Umfang des Metapherbegriffs analysiert Hans-Heinrich Lieb: *Was bezeichnet der herkömmliche Begriff »Metapher«?,* in: *Literaturwissenschaft und Linguistik,* Band 1, hg. v. J. Ihwe, Frankfurt/M. 1971, S. 334–348.

8 Für den Fall, daß »Metapher« (hiyu(hō), an'yu usw.) in japanischen Nachschlagewerken nicht als Stichwort erscheint, wird es, wie z. B. in Satō Kiyoji: *Kokugogaku kenkyū jiten,* Tōkyō [2]1977, unter »shūji« (»Rhetorik«) aufgeführt. In diesem Fall sind aber die frühesten japanischen Abhandlungen, auf die im Zusammenhang mit der Metapher verwiesen wird, Rhetorikschriften aus der mittleren Meiji-Zeit, in denen europäischer Einfluß greifbar ist. Zu diesen Rhetoriken vgl. etwa Nakamura Akira: *Hiyu hyōgen jiten,* Tōkyō [4]1979, S. 34ff.

9 Vgl. Yu-Kung Kao und Tsu-Lin Mei: *Meaning, Metaphor, And Allusion in T'ang Poetry,* in: *HJAS* 38, 2 (1978), S. 281–356, hier S. 322ff.

10 Vgl. etwa Hatano Kanji: *Bunshō shindangaku,* Tōkyō 1968, Morioka Kenji: *Bunshō kōseiho: Bunsho-no shindan-to chiryō,* Tōkyō [2]1963, und Tachibana Yutaka 1966 (s. Anm. 5). Die mit Abstand umfangreichste Studie stammt von Nakamura Akira: *Hiyu hyōgen-no riron-to bunrui* (Kokuritsu kokugo kenkyūjo hōkoku 57), Tōkyō 1977; doch es scheint mir bemerkenswert, daß auch diese am »Staatlichen Institut zur Erforschung der Landessprache« angefertigte Untersuchung sich ganz

auf literarische Texte, dazu noch shōsetsu, beschränkt und die Metapher somit vorwiegend als Kunstphänomen deutet.

11 Eine Bibliographie der japanischsprachigen Arbeiten zum Thema »hiyu« von 1889 bis einschließlich 1974 enthält Nakamura Akira 1977, S. 621ff.

12 Das *Bunshō hyōgen jiten* (hg. v. Hirota Eitarō u. a., Tōkyō 1965) faßt »hiyu(hō)« etwas enger; vgl. ebd., S. 400.

13 Vgl. etwa Koshikawa Seizō: *Bungaku-to buntai: Janru-no naka-no hyōgen,* Tōkyō 1976, S. 211ff.; oder Fukuda Rikutarō und Muramatsu Sadataka: *Bungaku yōgo kaisetsu jiten,* Tōkyō [3]1977, S. 195f. Nakamura Akiras Aufzählung ist mit zwölf Untergruppen die umfangreichste; vgl. ders. 1977, S. 32ff.; und 1979, S. 36ff. Zu den Tropen in der klassischen Rhetorik vgl. Heinrich Lausberg: *Handbuch der literarischen Rhetorik,* 2 Bde., München 1960.

14 Vgl. etwa das Stichwort »hiyuhō« im Bunshō hyōgen jiten, S. 400.

15 Vgl. etwa die Metaphernbeispiele von Chikamatsu, die Nakamura Akira 1979, S. 37, zur Illustration des Vergleichs anführt, nachdem er zunächst einige orthodoxe Exempel aufgezählt hat. Zwar rechtfertigt er die Metaphernbeispiele anschließend mit der Behauptung, ein Vergleich käme auch ohne Abbildungsfunktor aus, auf S. 40 bringt er in der Erläuterung des Terminus »fūyu« (Allegorie) jedoch wieder Beispiele für Vergleich und Metapher, die der herkömmlichen Definition entsprechen.

16 Eine solche unhistorische Betrachtungsweise kennzeichnet den Aufsatz von Yamaguchi Nakami: *Hiyu hyōgen-ni miru jidaisei,* in: *Nihon bungaku* 26, 12/1977, S. 50–51.

17 H. Weinrich, in: *Die Metapher* (Bochumer Diskussion), in: *Poetica* 2(1968), S. 100–130, hier S. 100.

18 H. Weinrich: *Semantik der kühnen Metapher,* in: *Deutsche Vierteljahresschrift für Literaturwissenschaft und Geistesgeschichte* 37 (1963), S. 325–344, hier S. 340.

19 Koshikawa Seizō 1976, S. 235.

20 Nakamura Akira 1977 und 1979.

21 Vgl. *Die Metapher,* a. a. O., S. 107; und H. Weinrich: *Semantik der Metapher,* in: *Folia Linguistica: Acta Societatis Linguisticae Europae* T. I., S. 3–17, hier S. 11.

22 Diese Auffassung vertritt in Japan auch Tachibana Yutaka 1966, S. 287.

23 Die Beispiele habe ich über einen Zeitraum von mehreren Jahren bei der Lektüre japanischer Texte gesammelt. Sie werden ergänzt durch das reichhaltige Material in Nakamura Akiras *Lexikon bildlicher Ausdrücke* (*Hiyu hyōgen jiten*, 1979), das mir auch zur Überprüfung der Repräsentativität der hier angeführten Textproben diente.

24 Vgl. Heinrich F. Plett: *Einführung in die rhetorische Textanalyse,* Hamburg 1971, S. 87f.

25 Vgl. I. H.-K.: *Mishima Yukios Roman »Kyōko-no ie«: Versuch einer intratextuellen Analyse*, Wiesbaden 1976, S. 246.

26 Die Frage stellt sich genauso, wenn man noch wörtlicher übersetzt, denn das »Frieren« gilt in jedem Fall für Bildspender und -empfänger: »Frierend liegt der Lappen ausgebreitet da, geradezu wie die Eingeweide von Fisch oder Rind.«

27 Vgl. Jürgen Link: *Literaturwissenschaftliche Grundbegriffe: Eine programmierte Einführung auf strukturalistischer Basis*, München 1974, S. 150.

28 G. Neumann, zitiert nach Holger A. Pausch: *Die Metapher* (Forschungsbericht), in: *Wirkendes Wort* 24 (1974), S. 56–69, hier S. 63.

29 Wie dies etwa Jürgen Link für die Struktur des Symbols vorgeführt hat, vgl. ders.: *Die Struktur des literarischen Symbols: Theoretische Beiträge am Beispiel der späten Lyrik Brechts*, München 1975, und ders.: *Die Struktur des Symbols in der Sprache des Journalismus: Zum Verhältnis literarischer und pragmatischer Symbole*, München 1978.

30 In einem noch unpublizierten Aufsatz: *Zur Rezeption von Abe Kōbōs Roman ›Tanin-no kao‹*.

31 Vgl. I. H.-K.: 1976, S. 100 und 246f.

32 Vgl. J. Link 1978.

33 Vgl. etwa seine berühmte Äußerung zum Heimat-Thema in Abe Kōbō (*Warerano bungaku*, Band 7), Tōkyō 1966, S. 487; zitiert in diesem Band, S. 76.

34 Vgl. Shibata Shō: *Saredo warera-ga hibi*, Tōkyō [7]1977, S. 191.

35 Vgl. I. H.-K. 1976, S. 168ff. und 210.

VII. Gedanken zum Traditionsbegriff in der modernen japanischen Literatur*

Nachdenken kann zur Folge haben, daß einem auch einfache Dinge plötzlich kompliziert erscheinen. So ist die Gefahr nicht auszuschließen, daß im Lichte kritischer Reflexion auch die grundlegendsten Selbstverständlichkeiten hinwegschmelzen, und man könnte sich mit Recht fragen, ob es dann nicht vielleicht besser wäre, die Dinge unangetastet zu lassen. In der Tat mag diese Haltung im lebensweltlichen Alltag ihre Berechtigung besitzen, nicht jedoch in der Wissenschaft. Hier kommen wir nicht umhin, unsere Verfahrensweisen ständig neu zu überprüfen, so etwa auch die Begriffe, mit denen wir arbeiten. Sind sie angemessene und genügend exakte Mittel oder Werkzeuge, um jenen Ausschnitt aus der Realität zu erfassen, der unseren Gegenstand bildet? Ohne diese Voraussetzung werden wir eine fruchtbare Forschung mit brauchbaren Ergebnissen kaum erwarten können.

Die Forschung zur japanischen Literatur verfügt über ein großes Arsenal von Begriffen zur Erfassung ihres Gegenstands, doch es stellt sich bisweilen die Frage, ob diese Werkzeuge nicht der Überprüfung bedürfen, um sicherzustellen, daß sie noch greifen. Je selbstverständlicher nämlich ein solcher Begriff gehandhabt wird, desto leichter werden oft gewisse Ermüdungserscheinungen übersehen, oder anders gesagt: Ein Mangel an Aufmerksamkeit, eine allzu große Vertrautheit mit einem Arbeitsinstrument ist oft der Grund dafür, daß seine zunehmende Stumpfheit übersehen wird. Ein solches weitverbreitetes Werkzeug bildet der Begriff der Tradition in der Forschung zur japanischen Literatur. Das Nachdenken über diesen Begriff und seine Verwendung verbindet sich mit der Absicht, die Konturen des Gegenstands selbst ein wenig genauer nachzuzeichnen.

Der Fall des Autors Kawabata Yasunari mag uns als Beispiel dienen. Wenn von ihm die Rede ist, wird über kurz oder lang das Stichwort »Tradition« fallen. Doch weshalb erscheint diese Assoziation so zwingend? Sie ergibt sich bezeichnenderweise nicht etwa

* Dieser Beitrag ist die deutschsprachige, leicht veränderte Fassung des Beitrags: *Annotations on the concept of tradition in modern Japanese literature*, in: *Tradition and modern Japan*, ed. by P. G. O'Neill, Tenterden 1981, S. 206–216 und 301 f.

aus einer Betrachtung seines literarischen Schaffens, vielmehr beruft man sich auf die Aussagen des Autors selbst, der keine Gelegenheit versäumt, seine Traditionsverbundenheit zu betonen. Doch einmal abgesehen davon, daß eine allgemeine Aussage, die kulturelle Tradition betreffend, nicht ohne weiteres auch auf das Verhältnis zur Tradition in der Literatur zu übertragen ist, irritiert daran, daß die explizit geäußerten Meinungen und Überzeugungen oder die theoretischen Ansichten des Autors schlichtweg mit seiner literarischen Praxis identifiziert oder verwechselt werden. Um jedoch etwas über die tatsächliche Traditionsverwurzelung seiner Literatur zu erfahren, müßten wir zuallererst diese selbst untersuchen, denn wer weiß, ob nicht – aus welchen Gründen auch immer – Absicht und Ergebnis auseinanderfallen. Doch was, so ist zuerst zu fragen, ist mit Tradition denn überhaupt gemeint? Die Frage steht im Raum und soll uns nun beschäftigen, obgleich es hier einzuräumen gilt, daß die folgenden Überlegungen keinesfalls Originalität oder Neuheit für sich beanspruchen können. Sie gehen vielfach auf Anregungen aus benachbarten Philologien zurück, in denen der Zusammenhang von Erkenntnis und Interesse, in dem auch die literaturwissenschaftliche Forschung steht, schon früher als in der Japanologie reflektiert worden ist.[1] So mag es sich schließlich doch als nützlich erweisen, latent Bekanntes und unausgesprochen Vorausgesetztes im Zuge der Erkundung eines zentralen Analysebegriffs im Diskurs zur japanischen Literatur zu bündeln.

Tradition als »das Japanische«

Wer sich mit Studien zur japanischen Literatur in westlichen Sprachen befaßt, dem wird aufgefallen sein, daß sich seit etwa ein, zwei Jahrzehnten die Perspektive der Betrachtung und Bewertung gewandelt hat. Waren frühere Arbeiten oftmals von einem weitgehend unreflektierten Eurozentrismus geprägt, der in unserer Kultur gültige Maßstäbe für universal hielt, so gewann man im Laufe der Zeit aufgrund der hierzulande allgemein gewachsenen Sensibilität im Umgang mit fremden Kulturen ein Gespür dafür, daß man einer fremden Literatur erst dann gerecht werden kann, wenn man sie auf ihren eigenen Kontext zurückbezieht und sich bemüht, sie von den ihr eigenen Maßstäben und Zielsetzungen her zu verstehen. Ohne Kenntnisse darüber, in welcher kulturellen und insbesondere literarischen Überlieferungskette ein Werk steht, für welches Publikum es verfaßt wurde und welchen konventionalisierten Erwartungen es begegnet, ließe sich in der Tat kaum sinnvoll wissenschaftlich argumentieren. Insofern ist der Selbstkritik am eigenen Ethnozentrismus, wie er neuerdings auch innerhalb der Japanologie formuliert wurde, voll zuzustimmen. Die amerikanische Literaturwissenschaftlerin Marleigh G. Ryan hat dafür wohl die strengsten Worte gefunden, denn sie schreibt: »Eine besondere Form des Imperialismus – literarischer Imperialismus – hat den Umgang des westlichen Betrachters mit der japanischen Literatur geprägt.« Erst wenn wir damit aufhörten, schreibt sie, »von der japanischen Literatur zu verlangen, sie solle nicht-japanisch sein«, wären wir ein entscheidendes Stück vorangekommen.[2]

Dem wird wohl niemand ernstlich widersprechen wollen, und doch beginnt bereits hier ein neues Problem. Wer sich nämlich dadurch als kultureller »Antiimperialist« zu profilieren hofft, steht sogleich vor der Frage, was denn eigentlich »das Japanische« sei, und da dies wiederum nicht so einfach zu bestimmen ist, nimmt man häufig zur griffigen Formel von der »japanischen Tradition« Zuflucht. Die Formel ist insofern verführerisch, als man mit ihrer Hilfe alles, was sich westlich geschulten Lesegewohnheiten widersetzt, aussondern und der Klasse »japanische Tradition« zuordnen kann.

Nun hat man zwar einzuräumen, daß diese Art des Umgangs mit dem Gegenstand nur eine neue Form der Exotisierung darstellt, doch ist sie bei aller Hilflosigkeit immerhin ehrlicher im Konzedieren der Fremdheit des Gegenstands, während der »orthodoxe Imperialismus« jene Schwierigkeiten gar nicht erst zugab.[3]

Die Gefahr liegt jedoch darin, daß das Reden von »japanischer Tradition« nur scheinbar einen Ausweg aus der als ungenügend erkannten eurozentristischen Perspektive darstellt, denn Tradition wird hier einfach zum Synonym für »Japanisches«, und zwar für jene Elemente, die man je nach Fall als fremde aussondern und benennen kann. Damit wird der Begriff zum geduldigen Behältnis buntester Assoziationen und vag-allgemeiner Zuordnungen. Zumindest in einem wissenschaftlichen Zusammenhang erscheint es daher erforderlich, daß wir versuchen, genauer zu spezifizieren, auf welche Elemente des einheimischen Erbes sich der Begriff beziehen kann oder sollte, damit er nicht zur leeren Wortschablone verkommt. Dabei lauern allerdings neue Fallen.

Sensibilität, mono no aware *und andere Fallen*

Vielfach wird »das Japanische« bzw. der »traditionelle« Charakter eines Werks als eine besondere Sensibilität beschrieben, eine Qualität, die man nur allzu gern auch anderen japanischen Gegenständen zubilligt, sei es in Schriften zur Prosa oder Dichtung des Landes oder auch in Abhandlungen zur Teezeremonie, Gartenkunst, zum Film, Theater, zur Küche oder anderen Bereichen. Doch auch hier wird man schnell feststellen, daß mit Sensibilität recht unterschiedliche Dinge gemeint sein können. Oftmals wird damit auf ein als spezifisch japanisch betrachtetes Schönheitsempfinden verwiesen. Der Begriff steht dann als Synonym für den in Japan sehr häufig in vergleichbarem Zusammenhang zu findenden Ausdruck *Nihonjin no biishiki* (Schönheitsbewußtsein der Japaner) oder ähnliche Formulierungen. In anderen Fällen meint der Begriff ein psychologisches Faktum, das sich aus einer narzißtischen Disposition herleiten läßt. Zumeist wird, wie gesagt, das Gemeinte auch hier nicht näher umrissen, obgleich eine Präzisierung nicht nur wünschenswert, sondern auch notwendig wäre. Wir finden sie etwa bei Dennis Keene, der im Zusammenhang mit dem berühmten Erzähler Shiga Naoya (1883–1971) davon spricht, daß dessen Sensibilität in kurzen Werken oftmals sehr bewegende Szenen hervorbringt, während sie in dem umfangreichen romanartigen Gebilde *An'ya kōro* (Der Weg durch dunkle Nacht, 1921–1937) sich eher nachteilig auswirke, denn hier entblöße die Hauptfigur, das *alter ego* des Autors, ihren kleinlichen Egoismus. Indem Keene nun diese Eigenschaft der Person zu einem Aspekt der japanischen Ästhetik in Beziehung setzt, liefert er eine bemerkenswerte Erklärung:

> ... der Egoismus ist eine direkte Folge des Stils, ja, er ist sozusagen der Stil selbst. Eine literarische (sic) Sensibilität, die sich auf das Bewegungslose richtet, auf das Leben in jenen herausgehobenen Augenblicken, wenn es stillzustehen scheint (und das ist es, was die traditionelle Sensibilität in der japanischen Literatur ausmacht), wird auf sich zurückgeworfen, wird immer enger und offensichtlich trivialer, wenn sie sich einer literarischen Form bedient, die darauf abzielt, die menschliche Erfahrung in umfassender Weise wiederzugeben.[4]

Keene liefert uns ein Beispiel dafür, daß der Begriff »Sensibilität« durchaus sinnvoll verwendet werden kann. Voraussetzung dafür ist allerdings, daß man ihn im jeweiligen Fall präzisiert und erläutert, damit er nicht zur bloßen Wortschablone in vager Synonymität mit »Tradition« und »Japanischsein« verkommt.

Zur Vermeidung einer solchen Vagheit greifen manche Philologen zum Vokabular der japanischen Ästhetik, denn hier handelt es sich für gewöhnlich um einen engeren semantischen Bereich, und zugleich bietet sich damit die Chance, die japanische Literatur in indigenen Kategorien zu beschreiben. Besonders häufig wird mit dem Terminus *mono no aware* operiert. Oftmals wird er in westlichen Arbeiten nicht einmal übersetzt, zum einen, weil man seine Bekanntheit voraussetzt – damit hat man ihm weniger Beschreibungs- als vielmehr eine Art Signalwert zugesprochen –, zum anderen, weil er sich in der Tat nicht einfach in der Form einer Eins-zu-eins-Entsprechung in eine westliche Sprache übertragen läßt. Das liegt auch an der semantischen Bandbreite und »Schlüpfrigkeit« dieser poetologischen Vokabel. Manch ein Autor müht sich ab, um diese Begrifflichkeit, koste es, was es wolle, für seine Argumentation fruchtbar zu machen, was jedoch zumeist schon daran scheitert, daß er sie nicht zu präzisieren vermag.

Mit besonderer Konsequenz unternimmt es Thomas Rimer in seiner Studie zu den Traditionsbezügen der modernen japanischen Literatur, diesen seiner Ansicht nach zentralen Begriff der japanischen Kunst- und Literaturkritik zu erläutern und in seinen literarischen Analysen anzuwenden. Auch er weist eingangs auf die Definitionsschwierigkeiten hin, fährt dann jedoch mit der folgenden Umschreibung fort:

Aware war ein Ausruf, etwa »ah!«, und *mono no aware* wäre daher etwa mit dem »Ah-Gefühl der Dinge« [the »ahness of things«] zu übersetzen. Diese Begrifflichkeit verweist auf die Fähigkeit des scharfsinnigen Autors, in alltäglichen Gegenständen eine tiefe und fundamentale Bedeutung zu sehen, sowie auf die Fähigkeit, dieses Empfinden seinen scharfsinnigen Lesern zu vermitteln. Man könnte sagen, daß *mono no aware* eine tiefe Sensibilität gegenüber den Dingen darstellt, eine Fähigkeit, die Bewegungen, Möglichkeiten und die Grenzen des Lebens in einer einzigen, oftmals trivialen Begebenheit, zu erfassen.[5]

Die Problematik bei der Verwendung eines solchen Vokabulars liegt zum einen darin, daß es nur unbefriedigend und philologisch nicht eindeutig erklärt und übersetzt werden kann[6], zum anderen aber läßt die zitierte Umschreibung, die wir in ähnlicher Form auch in vielen anderen Studien finden, noch keinen genügend scharf umrissenen Begriff erkennen, der die Funktion einer poetologischen

Kategorie einnehmen könnte. Diese Unschärfe rührt u. a. daher, daß der Begriff seine Funktion als zentrale poetologische Kategorie von dem Philologen der Nationalen Schule *(kokugaku)* Motoori Norinaga (1730–1801) erhielt, und zwar im Sinne einer eher intuitiven Zuschreibung von Qualitäten, die bisweilen auf der Ebene des Textes, bei seinem Produzenten, auf der Ebene der außerliterarischen Realität, auf welche das Werk Bezug nimmt, auf der Wirkungs- oder Rezipientenebene oder auf mehreren gemeinsam angesiedelt werden. Wie dem auch sei, Rimers durchgängiger Versuch, *mono no aware* zur Beschreibung der spezifischen ästhetischen Struktur zahlreicher japanischer Erzählwerke heranzuziehen, ist letztlich ebenso zum Scheitern verurteilt wie die Unternehmung eines Komparatisten, der *mono no aware* am Beispiel der Literatur Kawabata Yasunaris zunächst als eine Art spezifisch japanischer Sensibilität herauszustellen versucht, um nichtjapanische Betrachter anschließend mit der Beobachtung zu trösten, daß sich dieselbe Sensibilität auch in literarischen Naturbeschreibungen westlicher Provenienz aufspüren läßt.[7] Der reizvolle Gedanke Rimers, die Traditionsverhaftung der japanischen Gegenwartsliteratur auch darin in Erscheinung treten zu lassen, daß sie in traditionellen Kategorien beschrieben wird, rechtfertigt letztlich doch nicht deren geringen Beschreibungswert. Anhand einer Untersuchung von Erzählperspektiven, Wertsystemen oder Formen der Symbolisierung im Werk hätten sich viel mehr Erkenntnisse ergeben als mit seinen Paraphrasen, die dem Zweck dienten, dem Leser das *mono no aware* in der betreffenden Szene vor Augen zu führen. Ernüchtert oder auch erleichtert dürfen wir feststellen, daß die genannten gängigen literaturwissenschaftlichen Verfahrensweisen auf jede Literatur, also auch auf die japanische, anwendbar sind und daß ihre Anwendung dem Werk nichts von seinem Charme nimmt. Im Gegenteil, er läßt sich damit nur viel präziser bestimmen.

Eine weitere Gefahr beim Gebrauch dieser allgemeinen Begriffe liegt in ihrer Ahistorizität. Unter den Händen eines belesenen und geschickten Philologen, der Parallelen zwischen Jahrhunderte auseinanderliegenden Werken zieht, wird alles mit allem vergleichbar. Das Ergebnis ist zumeist überraschend und bietet eine reizvolle Lektüre. Wenn etwa der bereits zitierte Rimer Abe Kōbōs »Roman« *Hako otoko* (Der Kistenmann, 1973) mit Kamo no Chōmeis *Hōjōki* (Aufzeichnungen aus meiner Klause), einem Stück Tagebuchliteratur aus dem frühen dreizehnten Jahrhundert, in Beziehung setzt, so ergibt dies eine höchst anregende Perspektive. Dennoch fragt man sich, ob diese Analogien nicht rein zufälliger Natur sind und ob man die Einsiedlerexistenz in der Vergangenheit und in der Gegenwart wirklich als identisch betrachten darf. Natürlich sind auch diese Fragen nicht leicht zu beantworten, sie jedoch erst gar nicht zu stellen, hieße, die Werke ihrer historischen Wurzeln zu berauben und ihre Abhängigkeit von der Epoche zu ignorieren, in der sie entstanden sind.

Nehmen wir ein weiteres Beispiel: Eleanor Kerkham weist in einem Vortrag über »Das Klassische und das Zeitgenössische in der modernen japanischen Erzählliteratur« auf buddhistische Einflüsse in modernen »Romanen« hin. Dies führt zur folgenden Feststellung:

> Wenn wir in der modernen japanischen Literatur einem Autor begegnen, der konventionelle Vorstellungen eines sicheren und glücklichen Zuhause zurückweist, der die natürliche Anziehungskraft von Kontinuität und Dauer in Familienbeziehungen in Frage stellt oder der den Wert von Privateigentum und materiellen Gütern bezweifelt, so kann man m. E. sagen, daß dieser Autor im modernen Kontext davon handelt, was traditionell gesehen ein buddhistisches Thema ist.[8]

Natürlich müssen wir zugestehen, daß Aussagen in einem solchen Zusammenhang oft pointiert und damit überspitzt dargeboten werden, doch ihre Schwäche ist dennoch nicht zu übersehen. Es klingt geradezu zwanghaft, alle möglichen Formen der Gesellschaftskritik oder der Ablehnung eines kleinbürgerlichen Lebens, den Eskapismus wie eine antimaterialistische Haltung auf den Buddhismus zurückführen zu wollen. Selbst wenn die Autorin in der Lage wäre nachzuweisen, daß hinter all diesen literarischen Themen und Stoffen der Buddhismus die treibende Kraft und das Grundmotiv darstellte, so müßte sie doch zunächst dessen Rolle innerhalb der modernen Gesellschaft erläutern, da sich diese im Laufe der Jahrhunderte ja grundlegend gewandelt hat. Andernfalls würden die Werke damit aus ihrem historischen Kontext gerissen und mit der fragwürdigen Aura der Zeitlosigkeit versehen. Ihre modernen Züge würden dagegen zu bloßer Dekoration, zu einem nur oberflächlichen Flair degradiert, das kaum verschleiern kann, daß japanische Kunst jahrhundertelang immer nur dasselbe sagt. Doch gesetzt den Fall, es wäre so – auch dann müßten sich noch die Aussageweisen selbst unterscheiden, und zwar in dem Maße, wie auch die Epochen voneinander unterschieden sind.

Es ist an der Zeit, unser Thema, das sich als zunehmend komplex erweist, noch einmal von einer anderen Ebene her zu beleuchten. Zwar ist ja ständig von Tradition die Rede gewesen, doch steht eine Erläuterung, wie der Terminus hier verstanden werden soll, noch aus.

Tradition und Modernität

Strukturalistisch gesprochen, können wir die literarisch-künstlerische Tradition als die Gesamtheit der gültigen ästhetischen Normen und Werte beschreiben.[9] So konsistent und folgerichtig diese Begriffsbestimmung auch klingt, sie scheint mir doch ein wenig unhandlich zu sein. Wir müßten nämlich, um das Ausmaß zu beschreiben, in dem ein bestimmtes Werk sich an gegebenen Normen orientiert bzw. sich von diesen absetzt, zunächst das ästhetische Regelwerk selbst bestimmen, und dies wiederum würde die Analyse einer großen Zahl früherer literarischer Produkte erforderlich machen, doch hierzu fehlt uns jeweils wieder besagtes Normengerüst.

Statt einen Traditionsbegriff anzusetzen, der ein derart uferlos wucherndes Verfahren erforderlich macht, schlage ich vor, nur jene Regeln und Vorstellungen als Tradition zu begreifen, auf die sich ein Werk erkennbar und nachweisbar bezieht.

Natürlich ist zunächst wichtig festzuhalten, daß es eine Fülle von unterschiedlichen Arten gibt, in denen sich ein Werk, eine Gruppe von Werken oder eine ganze Gattung auf Tradition beziehen kann. Es genügt also nicht, einfach von Traditionsbezug zu reden, denn dies ist erst ein Teil der Information. Stets muß spezifiziert werden, um welche Art von Bezugnahme es sich handelt. Allgemein gesprochen, können wir zwei Hauptarten unterscheiden, die affirmative und die negative Bezugnahme, doch diese zwei abstrakten Positionen umschließen natürlich ein weites Spektrum möglicher Ausprägungen. Mit Hilfe direkter oder indirekter Zitate, Anspielungen, ernster oder humoristischer Imitationen und anderer literarischer Mittel manifestiert sich die Bezugnahme auf Vergangenes in einer Fülle von Formen. Respektvolle Verehrung des Erbes, die in Stilisierung und/oder Epigonentum münden kann – um nur zwei mögliche Ausprägungen zu nennen – ist ebenso vorstellbar wie der freie Gebrauch von Elementen der Tradition zu innovativen Zwecken oder die scharfe Kritik in der Form von Parodien oder Travestien.

Die Tatsache, daß sich ein literarisches Werk auf Tradition bezieht, sagt daher für sich genommen noch nichts darüber aus, wie progressiv oder zeitgemäß es ist, obwohl der Traditionsbegriff sowohl im Deutschen als auch im Japanischen, in Form des Lexems *dentō*, den Beigeschmack von »Konventionalität« besitzt. Traditionsbezug ist kein Gegensatz zu »modern«, ja, er schließt nicht einmal Avantgardistisches aus. Die Beziehung zwischen Tradition und Moderne, *dentō* und *kindai* im Japanischen – übrigens auch der Titel eines Werks von Kuwabara Takeo[10] – ist äußerst komplex. Grob gesprochen, ließe sich das Verhältnis nicht als Opposition, sondern als Enthaltenseinsbeziehung fassen, und zwar in dem Sinne, daß Tradition sich immer auf ein bestimmtes historisches Stadium bezieht, das die Moderne – im Sinne eines »heutigen«, jeweils aktuellen Stands – miteinschließt, während sich Moderne zugleich nur im Verhältnis zur Tradition verwirklichen läßt. In der Praxis bedeutet dies, daß ein zeitgenössischer Künstler nur in dem Maße innovativ, also »modern« sein kann, in dem er sich seiner Tradition bewußt ist.

Auf einer anderen Ebene könnten wir nun zwischen traditionsbewußt oder einfach traditionsbezogen und traditionalistisch unterscheiden, wobei letzteres eine affirmative Beziehung zum Erbe anzeigt, ohne jedoch Rückschlüsse auf den jeweiligen Grad der Modernität zuzulassen. Dieser Aspekt bedarf jedoch noch weiterer Erläuterungen.

Absicht und Wirkung

Weshalb wird hier der Unterschied zwischen Traditionsbewußtheit und Konventionalität so hervorgehoben? Betrachten wir einmal ein Beispiel aus der europäischen Literatur.

James Joyce's Roman *Ulysses* gibt bereits mit seinem Titel die Bezugnahme auf Tradition zu erkennen. Außerdem ist das Werk in einem Maße von Anspielungen auf Homer und Shakespeare durchzogen, daß wir es, wenn wir nach herkömmlichen japanologischen Kriterien zu urteilen hätten, als höchst traditionalistisch einstufen müßten. In Wirklichkeit erweist sich *Ulysses* jedoch als geradezu revolutionär, und dies ist sogar weitgehend auf den Gebrauch traditioneller Elemente selbst zurückzuführen. Wenn er diese Anspielungen nämlich auf den Dubliner Alltag projiziert, so durchlöchert er laut Wolfgang Iser damit die »illusionistische Abgeschlossenheit realistischer Darstellung; zugleich aber werden die vielen realistischen Details des alltäglichen Lebens auf die Homeranspielungen zurückgekoppelt, durch die das Verhältnis von Vergangenheit und Gegenwart nicht mehr wie das von Ideal und Wirklichkeit erscheint.«[11]

Diese Beobachtung erlaubt den Schluß, daß es nicht das traditionelle Element an sich ist als vielmehr seine Verwendungsweise, die Absicht und ihre Wirkung[12], die den Grad der Traditionalität bzw. der Modernität eines Werks bestimmt.

In diesem Zusammenhang sei auf ein für die literaturwissenschaftliche Analyse wichtiges Faktum aufmerksam gemacht, das in japanologischen Arbeiten leider häufig übersehen wird, die Tatsache nämlich, daß ein bestimmtes literarisches Mittel, etwa ein Motiv oder eine Technik, nicht an eine feste Bedeutung gebunden ist, sondern verschiedenartig verwendet werden kann. Um seine semantische Funktion zu bestimmen, ist daher eine Kontextanalyse erforderlich. Nun mag dies alles reichlich selbstverständlich klingen, doch die philologische Praxis zeigt, daß die Vorstellung, ein Motiv o. ä. lasse sich auf eine einzige Bedeutung zurückführen, nach wie vor verbreitet ist.[13] Der Gerechtigkeit halber muß hier jedoch hinzugefügt werden, daß dies auch für andere Philologien gilt.[14]

Unsere Überlegungen laufen auf die Erkenntnis hinaus, daß eine Menge detaillierter Analysearbeit erforderlich ist, um sinnvolle Aussagen über das Verhältnis eines literarischen Werks zur Tradition machen zu können. Es bedarf nur geringer Kenntnisse, um festzustellen, daß ein Autor wie Akutagawa Ryūnosuke sich mit seinem Schaffen auf unterschiedliche Epochen und Gattungen bezieht. Doch die eigentliche Arbeit hat nun erst zu beginnen, indem nämlich diese Bezugnahmen genauer bestimmt werden. Oder um ein anderes Beispiel zu nennen: Wenn man den Titel *Shishōsetsu* (Todeserzählungen) einer 1979 erschienenen Erzählungssammlung hört, und wenn man dazu ein wenig über ihren Autor, Nosaka Akiyuki, weiß, so gehört nur noch wenig Scharfsinn zu der Vermutung, daß es sich um eine ironische Bezugnahme auf das Genre der sogenannten »Ich-Erzählung«, *shishōsetsu*, handelt. Wissenschaftliche Neugier wird diese Intuition entweder durch eine Analyse des Textes zu bestätigen suchen oder den Eindruck der Ironie zurückweisen, falls er sich dabei als bloßes Oberflächenphänomen erweisen sollte.

Das Bewußte und das Unbewußte

Wenn zuvor davon die Rede war, daß jene Elemente als Tradition zu gelten hätten, auf die sich ein literarisches Werk erkennbar und nachweisbar bezieht, so könnte der Eindruck entstehen, damit seien nur die bewußten Bezugnahmen gemeint. Unbewußte Bezüge sind jedoch ebenfalls angesprochen. Es kann nämlich durchaus sein, daß ein Autor nur eines Teilelements der Tradition gewärtig ist, während seine künstlerische Schöpfung ein ganzes Netz an Verbindungen zur Vergangenheit aufweist. Möglicherweise ist er sich dieser Bezüge überhaupt nicht bewußt, sondern allen Ernstes der Überzeugung, etwas völlig Neues geschaffen zu haben. So empfanden es etwa die Urheber der bereits genannten Gattung *shishōsetsu* im frühen 20. Jahrhundert, ein Phänomen, das ich unter dem Titel »Innovation als Renovation« zu beschreiben versuche.[15] Die Formulierung deutet bereits darauf hin, daß der Versuch einer bewußten Überwindung einheimischer Literaturkonventionen durch Berufung auf europäische Autoritäten allmählich unbeabsichtigt in eine Wiederbelebung traditioneller Muster umschlug. Es wird in diesem Zusammenhang hoffentlich auch deutlich, daß dem Bemühen, unbewußte Traditionsbezüge aufzudecken, nichts von der Beliebigkeit anhaften muß, welche Skeptiker unterstellen mögen.

Doch wenden wir uns noch einmal der theoretischen Seite zu. Tradition als Prozeß der Aneignung von Vergangenem findet auf einer bewußten wie auch auf einer unbewußten Ebene statt. In jedem Fall geht ihr jedoch eine Selektion voraus. Hierzu schreibt Hans Robert Jauß:

> ... was an unreflektiert weitergegebenen Normen von vergangener Kunst in die Gegenwart gelangt, ist keinem Schneeball zu vergleichen, der alles mitnimmt, sondern unterliegt jener Ökonomie ständiger Verkürzung, Vereinfachung und Unterdrückung des Heteronomen, die aller Kanonisierung eigentümlich ist.[16]

Analog zu der in der Tradition wirksamen Selektion sollte auch unsere Interpretation sich auf die Möglichkeiten beschränken, die jenem historischen Horizont[17] eignen, den wir uns zu rekonstruieren anschicken. Die Analyse sollte dabei weder ein einzelnes Textfaktum auf eine einzige Interpretation festlegen – denn dies würde auf eine Mißachtung der grundlegenden Eigenschaft künstlerischer Produkte, nämlich der Multifunktionalität ihrer Elemente, hinauslaufen –, noch sollte es darum gehen, sämtliche denkbaren Interpretationsweisen aufzulisten. Ein Ziel philologischer Forschung könnte vielmehr sein, das Spektrum der Rezeptionsmöglichkeiten zu beschreiben, die ein Werk seinen Lesern in einem bestimmten historischen Augenblick, sei es zur Zeit seiner Veröffentlichung oder irgendein späterer Zeitpunkt, bietet. Indem wir also den Erwartungshorizont beschreiben, vermeiden wir die Beliebigkeit einer unhistorischen Sichtweise und werden in die Lage versetzt, angemessene Interpretationen von jenen zu unterscheiden, die aufgrund persönlicher Vorlieben irgendwelche Fakten in das Werk hineinlesen, welche genauerer Analyse nicht standzuhalten vermögen.

Literarische und außerliterarische Normen

Der letzte Gesichtspunkt, auf den ich eingehen möchte, ist die Tatsache, daß der Traditionsbegriff sich auf ein komplexes Ensemble literarischer und außerliterarischer Normen bezieht. Philosophische, ethische oder soziale Postulate sind ebenso gewichtig wie rein literarische Anspielungen. Die meisten Arbeiten zum Traditionsverhältnis japanischer Literatur treffen hier keine Differenzierung.[18] Bei näherem Hinsehen stellt sich jedoch heraus, daß diese Arbeiten sich zumeist mit außerliterarischen Elementen befassen. Sei es etwa ein besonderes Verhältnis zur Natur, das als Bindeglied zwischen zeitgenössischer und vormoderner Literatur fungieren soll, oder sei es das Einsiedlertum von Abe Kōbōs literarischem Helden, das Rimer hervorhebt, sei es ein spezifischer Sentimentalismus, der häufig registrierte Fatalismus, das Thema der »vergeblichen Mühe«[19] oder ein Ideal wie *muga* (Ichlosigkeit) – all diese Elemente sind in erster Linie nichtliterarische Muster, obgleich sie auf einer sekundären Ebene in bestimmte Gattungen eingegangen sein können, wo sie sich in Form eines Stils oder einzelner Motive manifestieren.

Der Vorteil einer Unterscheidung literarischer und außerliterarischer Aspekte wird anhand eines Beispiels deutlich. Kehren wir noch einmal zu einem jener Konzepte zurück, die sich als so zentral für die Beschäftigung mit japanischer Literatur erwiesen haben, nämlich zu *mono no aware*. Die Schwierigkeiten, es begrifflich zu bestimmen, rühren vor allem daher, daß man versucht, es an literarische Fakten zu binden, aber es gibt kein einzelnes Motiv, keine Technik oder kein Genre, das eindeutig für *mono no aware* stehen könnte. Es findet sich in der Dichtung ebenso wie in der Prosa oder im Theater. Ich schlage vor, *mono no aware* als ein affektives Schema aufzufassen, das sich in einer erhöhten affektiven Rezeptivität äußert, die als Filter bei der Wahrnehmung der Realität fungiert. Dieses Muster ist häufig an bestimmte Objekte gekoppelt, zum Beispiel an Natur, und die Kopplung ist durch Jahrhunderte hindurch weitgehend stabil geblieben. Dieses affektive Schema tritt in der Literatur in Form eines kulturellen Handlungsmusters auf.[20] Auch wenn eine solche grobe Skizze noch viel zu abstrakt klingt und möglicherweise sogar neues methodologisches Unbehagen weckt, hat sie hoffentlich dennoch verdeutlichen können, daß eine Differenzierung eine exaktere Erfassung des Traditionsprozesses ermöglicht.

Abschließend sei kurz umrissen, wie dies in der Praxis aussehen könnte. Nehmen wir noch einmal die Gattung *shishōsetsu* als Beispiel, denn wir sehen uns auch hier mit der Situation konfrontiert, daß man gern und häufig von ihrer Traditionsverhaftung spricht, ohne diese Feststellung jedoch zu präzisieren. So bleibt es oftmals bei floskelhaften Allgemeinaussagen oder vagen Assoziationen mit unterschiedlichen Werken und Genres. Unter Tradition versteht man in der *shishōsetsu*-Forschung nämlich die *nikki-* (Tagebuch-) wie die *zuihitsu* (Miszellen-)Literatur, aber auch die *waka-* und die Haiku-Dichtung, die mittelalterliche buddhistische Bekenntnisliteratur ebenso wie Erzählwerke aus der Blütezeit der Städterkultur des späten 17. Jahrhunderts, das *Genji monogatari* (Die Geschichte vom Prinzen Genji, frühes 11. Jhd.) ebenso wie die klassischen Nō.[21] Wenn wir nun auf einer rein literarischen Ebene versuchen wollten, für all die Stile und Gattungen aus den weit auseinanderliegenden Epochen einen gemeinsamen Nenner zu finden, landeten wir bestenfalls bei einer Zuschreibung, die so universal ist, daß sie kaum noch Sinn ergibt. Wenn wir jedoch andererseits die Entstehungsgeschichte der Gattung selbst betrachten, so zeigt sich, daß ihre Autoren weder im Sinn hatten, an traditionelle literarische Konventionen anzuknüpfen noch sich auf irgendeine vormoderne Gattung beriefen. Dennoch wurde ihnen mit der Zeit selbst bewußt, daß zwischen ihren Werken und älteren Denkmälern der einheimischen Literatur offenbar eine Verwandtschaft bestand. Tayama Katai war einer derjenigen, die diesen Eindruck am deutlichsten formulierten.[22] Wie lassen sich diese scheinbar widersprüchlichen Beobachtungen deuten?

Zunächst einmal gilt es, wie zuvor erläutert, zwischen bewußtem und unbewußtem Traditionsbezug zu unterscheiden. Der zweite Schritt besteht sodann darin, den »Kanal« zu benennen, über den der *shishōsetsu* von Elementen der Tradition beeinflußt wurde. Im Falle dieser Gattung handelt es sich weniger um Einflüsse auf der innerliterarischen Ebene als vielmehr um einen komplexen Satz an soziokulturellen, d. h. außerliterarischen Mustern, die ihr jenen unverkennbar »traditionellen« Anflug verleihen, der jedem Betrachter auffällt. Die vormodernen Wahrnehmungs- und Handlungsmuster in ihrer literarischen Umsetzung waren es, die dem *shishōsetsu* jene offenbar besonders charakteristischen Züge verliehen. Diese Erklärung ermöglicht es uns, den zuvor betrachteten verwirrenden Widerspruch aufzulösen. Tradition hat hier in Form von Elementen des kulturellen Kodes Eingang in eine Gattung gefunden, der es ursprünglich um Bruch mit der Konvention ging, und ist nun in derart auffälliger Weise präsent, daß auch ihre Autoren dies nicht länger verkennen.

Selbstverständlich reicht es noch nicht aus, lediglich von Elementen des kulturellen Kodes zu sprechen, wenn die Verbindung zu Vorläufern über außerliterarische »Kanäle« beschrieben werden soll, denn diese Elemente unterscheiden sich je nach der Textgruppe, mit der der *shishōsetsu* in Beziehung gesetzt wird. Nicht alle außerliterarischen Normen, die für mittelalterliche Tagebücher bestimmt sind, finden sich im *shishōsetsu* wieder, und auch der Anteil an literarischen und außerliterarischen Normen dürfte jeweils variieren. Im *waka* oder im Haiku, für die ein umfangreiches poetologisches Regelwerk gilt, wird die literarische Tradition im Vergleich zur außerliterarischen das Übergewicht haben, während andere Gattungen, die weniger Ballast an technischen Einschränkungen mit sich führen, den Elementen des kulturellen Kodes potentiell mehr Raum zur Verfügung stellen. Auch Überschneidungen sind denkbar, und dies würde die Vielzahl an Gattungen erklären, die mit dem *shishōsetsu* in Verbindung gebracht werden. Eins dieser Bindeglieder ist offensichtlich das Konzept des *mono no aware*.

Das vorgestellte Schema trägt alle Züge eines vorläufigen Entwurfs, der gewiß nicht sämtliche auftauchenden Probleme wird erfassen oder gar lösen können. Immerhin bietet es ein erstes Gerüst, das als heuristische Arbeitsgrundlage dienen könnte, um es an konkreteren Analysezielen zu erproben. Denn erst, indem wir das Skelett mit Fleisch und Muskeln versehen, das heißt, indem wir das zeitgenössische literarische Schaffen, die soziokulturellen Bedingungen, die individuelle Disposition des Autors und die Mechanismen der Interaktion von Autor und Publikum genauer studieren, könnten wir uns ein Bild machen von einer historischen Stufe im komplexen Prozeß der Tradition in der modernen japanischen Literatur.

Anmerkungen

1 Vgl. hierzu Jürgen Habermas: *Erkenntnis und Interesse*, Frankfurt/M. 1968.

2 Marleigh G. Ryan: *Modern Japanese fiction – ›Accomodated truth‹*, in: *Journal of Japanese Studies* 2, 2 (1976), S. 249–266, hier S. 254. Alle englischsprachigen Zitate wurden von mir ins Deutsche übertragen.

3 Zum Problem des Eurozentrismus vgl. auch den Beitrag: *Japanischer Eurozentrismus, europäischer Relativismus und einige Konsequenzen*, in: I. Hijiya-Kirschnereit: *Das Ende der Exotik. Zur japanischen Kultur und Gesellschaft der Gegenwart*, Frankfurt/M. 1988.

4 Dennis Keene: *The Shinkankakuha – A Japanese Literary Movement of the Nineteen Twenties*, in: *Transactions of the International Conference of Orientalists in Japan. The Toho Gakkai* 16, Tokyo 1971, S. 36–52, hier S. 42.

5 J. Thomas Rimer: *Modern Japanese Fiction and Its Traditions: – An Introduction*, Princeton 1978, S. 14.

6 Man ziehe zum Vergleich etwa die kurzen Erläuterungen im *Princeton Companion to Classical Japanese Literature*, (verf. v. Earl Miner, Hiroko Odagiri u. Robert E. Morrell, Princeton 1985), S. 290 oder das Stichwort »Mono no aware« im *Nihon koten bungaku daijiten*, Band 6, Tōkyō 1985, S. 24f. heran. Roy A. Miller erläutert in *Japanese and the other Altaic Languages*, Chicago 1971, S. 217 das *mono* in *mono no*

aware etymologisch als interrogativ im Sinne einer Indefinitiv-Form; danach wäre der Ausdruck als »*a certain sense, a certain awareness*«, also als »ein gewisses Empfinden bzw. Gefühl« zu deuten.

7 Vgl. hierzu ausführlicher meinen Artikel *Kawabata and Hermeneutics*, in: *Journal of the Association of Teachers of Japanese* 23, 1 (1989), S. 69–78, hier S. 75 ff.

8 Eleanor Kerkham: *The Classic and the Contemporary in Modern Japanese Fiction – Are Japanese Writers Changing their Perspectives?*, in: *The Japan Foundation Newsletter* IV, 3 (1978), S. 7–16, hier S. 15.

9 Vgl. etwa Felix V. Vodička: *Die Rezeptionsgeschichte literarischer Werke*, in ders.: *Struktur der Entwicklung*, München 1975, S. 60–86.

10 Vgl. Kuwabara Takeo: *Dentō to kindai*, Tōkyō 1972. In einem Essay über den Traditionsbegriff hebt er die Unterschiede zwischen dem europäischen und dem japanischen Verständnis desselben hervor, vgl. ebenda, S. 236–244.

11 Wolfgang Iser: *Der Akt des Lesens*, München 1976, S. 137.

12 Ausschlaggebend ist hierbei letztlich die Wirkung, denn sie kann u. U. auch der Autorintention zuwiderlaufen. Die literarische Rezeption nimmt das Werk als das, was es ist, nicht als das, was der Autor in ihm sieht. Treten Intention und Wirkung auseinander, so muß die Möglichkeit zu »Mißverständnissen« im Werk selbst angelegt sein.

13 Mit dieser Praxis setzte ich mich in meiner Studie *Mishima Yukios Roman Kyōko-no ie – Versuch einer intratextuellen Analyse*, Wiesbaden 1976, S. 28 f., auseinander.

14 Vgl. etwa Michael Riffaterre, der dies für eine »Plage der Literaturkritik« hält – nämlich »(die) Tendenz zu behaupten, daß ein Schlüsselwort oder ein immer wiederkehrender Ausdruck notwendigerweise immer dieselbe Bedeutung für den Autor hat, von dem Augenblick an, wo dieses Wort bei ihm wie eine fixe Idee wiederkehrt.« In ders.: *Strukturelle Stilistik*, München 1973, S. 279.

15 Vgl. den zweiten Beitrag in diesem Band.

16 Hans Robert Jauß: *Racines und Goethes Iphigenie – Mit einem Nachwort über die Partialität der rezeptionsästhetischen Methode*, in: *Neue Hefte für Philosophie*, 4 (1973), S. 1–46, hier S. 37 f.

17 Der von Karl Mannheim übernommene und durch Jauß für die Literaturwissenschaft fruchtbar gemachte Terminus, üblicherweise in der Zusammensetzung »Erwartungshorizont«, hat mittlerweile auch Eingang in japanologische Arbeiten gefunden. Im japanischen Kontext, wo Jauß' epochemachende Schrift *Literaturgeschichte als Provokation* (1970) bereits seit 1976 in einer von Kutsuwada Osamu besorgten Übersetzung vorliegt *(Chōhatsu to shite no bungakushi)*, tendiert man zu einem eklektischen Umgang mit Jauß' Thesen, vgl. hierzu etwa Hiraoka Toshio: *Bungakushi kenkyū e no apurōchi*, in: *Kokubungaku – kaishaku to kanshō* 1/1978, S. 8–47; Matsumoto Tsuruo: *Kindai bun-*

gei yōshiki nōto (1), in: *Kenkyū nenpō* (Nihon daigaku) 28,2 (1980), S. 32–45 und Maeda Ai: *Chōhatsu to shite no bungakushi*, in: *Kokubungaku – kaishaku to kanshō* (erw. Sondernr.) 6/1982, S. 130f.

18 Allerdings gibt es auch Gegenbeispiele, vgl. Mikolaj Melanowicz: *Native tradition in the literature of Tanizaki Jun'ichirō*, in: *Studies on Japanese Culture*, I, hg. v. The Japan PEN Club, Tōkyō 1973, S. 346–350.

19 Vgl. Rimer, a. a. O., S. 79.

20 Vgl. hierzu den ersten Beitrag in diesem Band sowie ausführlicher I. Hijiya-Kirschnereit: *Selbstentblößungsrituale. Zur Theorie und Geschichte der autobiographischen Gattung »Shishōsetsu« in der modernen japanischen Literatur*, Wiesbaden 1981, S. 142f. und 220.

21 Belege werden ebenda, S. 85, genannt.

22 Vgl. das Katai-Zitat, ebenda S. 232.

VIII. Die autobiographische Inspiration Shishōsetsu in der japanischen Literatur der Gegenwart – Zur Lebendigkeit eines totgesagten Genres*

Wer sich mit dem japanischen Prosaschaffen in diesem Jahrhundert befaßt, wird unweigerlich mit einem Genre Bekanntschaft machen, das als ein »besonders japanisches« gilt. Die Rede ist vom *shishōsetsu* (in Japan ist auch die alternative Lesung« *watakushi-shōsetsu«* verbreitet), einer autobiographischen Prosaerzählung zumeist mittlerer Länge, doch kann ihr Umfang von der kurzen Skizze bis zu einem ausgewachsenen Roman reichen. Es erscheint ratsam, die Bezeichnung für diese Gattung, die sich aus den beiden Lexemen für »Ich« und »Erzählung« oder »Roman« zusammensetzt, beizubehalten und keine Übersetzung in europäische Terminologie vorzunehmen. Auf diese Weise vermeiden wir nicht nur Verwechslungen mit europäischen Genres wie dem Ich-Roman oder dem »roman personnel«, die anders definiert sind, sondern wir verweisen zugleich auch darauf, daß der *shishōsetsu* in der Tat Eigenschaften besitzt, die sich nur aus dem japanischen Zusammenhang heraus erklären lassen. Was hat es nun mit dieser Gattung auf sich, und weshalb könnte es einen europäischen Leser interessieren, sie kennenzulernen und sich ihren ungewohnten Namen einzuprägen? Werfen wir zuerst einen kurzen Blick auf die literarische Szene der achtziger Jahre.

Die gebräuchlichste Form der literarischen Publikation ist auch heutzutage die Veröffentlichung in literarischen Zeitschriften. Dies impliziert zugleich eine überschaubare Länge des Textes. In der Regel werden die Autorinnen und Autoren von der Redaktion um einen Text gebeten, und es besteht dabei auch die Möglichkeit, einen noch nicht abgeschlossenen Text größerer Länge zu portionieren und ihn für eine der Folgenummern derselben oder einer anderen Zeitschrift vorzusehen. Auf diese Weise entsteht

* Deutschsprachige Fassung von: *L'inspiration autobiographique: Le shishōsetsu dans la littérature japonaise contemporaine – La vivacité d'un genre prétendu mort*, in: *Littérature Japonaise contemporaine. Essais.* Hg. v. Patrick De Vos. Bruxelles 1989, S. 46–61.

der größte Teil der modernen Prosaliteratur, auch jene Sorte von Texten, die wir in Europa als »Romane« zu bezeichnen pflegen und die aus japanischer Sicht zunächst nichts anderes sind als längere *shōsetsu*, die sich aus einer größeren Zahl kürzerer *shōsetsu* zusammensetzen. Erst im Anschluß an ihre oft über einen großen Zeitraum hinweg in verschiedenen Organen publizierte Einzelveröffentlichung – der »Roman« *Yukiguni* (Schneeland) des Nobelpreisträgers Kawabata etwa erschien über eine Zeitspanne von 13 Jahren hinweg in Form von einzelnen zunächst als selbständig geltenden Stücken in diversen Zeitschriften – werden diese vom Autor zu einer Buchausgabe zusammengefaßt und ergeben dann durch die erstmalige zusammenhängende Lektüre fast so etwas wie ein neues Werk. Diese in Japan offenbar von Autoren wie von Lesern bevorzugte Form ist so verbreitet, daß umgekehrt die Meinung vertreten wird, die moderne japanische Literatur würde aufhören zu existieren, wenn es die typischen Zeitschriftenerzählungen nicht mehr gäbe.[1]

Ein besonderes Charakteristikum dieser Werke ist zum einen ihre überschaubare Länge und die durch die Publikation vorgegebene Notwendigkeit, auch einzelne Teile eines längeren Werks als relativ selbständige Einheiten zu konzipieren. Ob eine Erzählung später Teil einer größeren Einheit wird und etwa das Kapitel eines »Romans« bildet, ergibt sich oft erst im Nachhinein. Typisch ist daher auch, daß diese Erzählungen sich nicht so sehr nach einem straff organisierten Handlungsplan orientieren, sondern viel eher den Charakter einer kontemplativen Prosaskizze tragen, die zwar durch reichhaltige Detailbeobachtungen ausgeschmückt sein kann, in welcher der Erzählfluß aber nicht vom Geschehensablauf als solchem getragen wird. Die Grenze zum Essay ist durchlässig, und diese Affinität wird noch dadurch unterstützt, daß aktueller Stoff aus dem unmittelbaren Umkreis und Erlebnisbereich des Autors als literarischer Gegenstand besonders geschätzt wird.

Solche allgemeinen Beobachtungen lassen bereits erahnen, daß die Bedingungen für den *shishōsetsu* offenbar besonders günstige sein müssen, da er, wie wir noch sehen werden, all die geschilderten Eigenschaften ebenfalls aufweist. Doch es muß noch mehr hinzukommen, damit wir ein japanisches Prosawerk als *shishōsetsu* bezeichnen können, auch wenn ein japanischer Kritiker vor einiger Zeit sinngemäß die Ansicht äußerte, man könne die Bezeichnung kaum noch gebrauchen, denn heutzutage sei sie mit

Kunstliteratur so gut wie identisch.[2] Damit hat Ueda Miyoji die Sache zwar um der pointierten Aussage willen überzogen, aber es ist andererseits bemerkenswert, wie häufig seit Beginn der achtziger Jahre in den Kritiken wieder von *shishōsetsu* die Rede ist. Auch wenn kaum ein Schriftsteller sich explizit dazu bekenne, *shishōsetsu* zu schreiben, ist dieser Schreibmodus laut Shinoda Hajime[3] unter den Autoren gegenwärtig doch außerordentlich verbreitet, und so erstaunt es nicht, wenn in den Rezensionen wieder und wieder die Frage als klärungswürdig erscheint, ob ein bestimmtes Werk als *shishōsetsu* zu gelten habe oder nicht.[4] Sogar Schriftsteller, die man für gewöhnlich kaum mit dem Genre assoziiert wie etwa Endō Shūsaku, bekennen sich bisweilen zum *shishōsetsu*. So schrieb Endō anläßlich des Erscheinens seines historischen Romans *Samurai* (1980), das Werk sei »sozusagen sein shishōsetsu«.[5] Andere wie Kurumizawa Kōshi (geb. 1925), der 1983 mit dem Naoki-Preis ausgezeichnet wurde, bekennen, daß es erforderlich war, *shishōsetsu* zu verfassen, um Erfolg zu haben.[6]

Nun sind solche Bekenntnisse um so erstaunlicher, als der *shishōsetsu* zeitweise zumindest bei der japanischen Kritik nicht unbedingt hoch im Kurs stand. Der bereits zitierte Shinoda etwa ist auch gegenwärtig einer der dezidiertesten Gegner des *shishōsetsu*, dem er letztlich den Charakter eines Kunstgenres abspricht, da er mangelhaft strukturiert sei.[8] Während Shinoda sich auf ästhetische, literaturimmanente Kriterien beruft, wird der *shishōsetsu* von anderen ideologiekritisch gemaßregelt: Man wirft ihm geistige Enge, gesellschaftliche Abstinenz und »Einsiedlertum« (Kuwabara Takeo), »Privatismus« und »passiven Konformismus« im Rückzug aus der öffentlichen Verantwortung vor (Maruyama Masao) und spricht dem Gattungsnamen eine symbolische Bedeutung zu. Die wohl radikalste Kritik formulierte 1953 Tamiya Torahiko, als er davon sprach, daß die Verbogenheit des *shishōsetsu* letztlich in der Verbogenheit der japanischen Gesellschaft als ganzer gründe und daß man sich daher nur mit dem *shishōsetsu* auseinandersetzen könne, wenn man bereit sei, auch auf die gesellschaftliche Problematik einzugehen.[8] Bereits in den Jahren nach dem Zweiten Weltkrieg also wurde der *shishōsetsu* aufs Heftigste angegriffen. Berühmt ist auch die Kritik des Literarhistorikers Nakamura Mitsuo in seinem aufsehenerregenden Werk *Fūzoku shōsetsu-ron* (Über den Sittenroman, 1950), in dem er den *shishōsetsu* am europäischen Roman des 19. Jahrhunderts mißt und zu einem vernichtenden Urteil kommt. Ungeachtet all dieser Invektiven, trotz all der gravierenden Einwände seitens der japanischen Kritik hat sich der *shishōsetsu* im literarischen Leben Japans nicht nur behauptet, sondern es scheint sogar, als bahne sich in jüngster Zeit eine Versöhnung mit weiten Teilen des kritischen Establishments an. Die radikalen Gegner scheinen weniger geworden zu sein, zumindest artikulieren sie sich seltener, während angesichts einer ganz offensichtlichen neuerlichen Blüte des *shishōsetsu* seit den späten siebziger Jahren das allgemeine Klima aufgeschlossener wird. Man scheint bereit, eine Neubewertung vorzunehmen und die zuvor verdammten, allzu »japanischen« Eigenschaften nunmehr als positive einzuschätzen.

Doch nun ist es an der Zeit, daß wir den *shishōsetsu* ein wenig genauer betrachten. Die Gattung entstand im ersten Jahrzehnt dieses Jahrhunderts in einer Phase, die von Literarhistorikern als der eigentliche Beginn der literarischen Moderne betrachtet wird. Der *Shizenshugi*, der von Europa inspirierte japanische Naturalismus, hatte die bedingungslose und wertungsfreie Abschilderung der Realität zu seinem Prinzip erhoben, doch binnen kurzer Zeit setzte sich eine Einengung dieses Gebots in Richtung auf eine ungeschönte Selbstaussage durch. Von der Wirklichkeit in ihren mannigfaltigen Manifestationen verlagerte sich das Interesse der Schriftsteller auf die eigene Person als Beschreibungsgegenstand. Das »Ich« schien der sicherste Ort, das vertrauteste Objekt für diese Darstellungsabsicht zu sein – die »unverblümte« oder »flache Beschreibung« (*»rokotsu-naru«* bzw. *»heimen byōsha«*) – so die Parolen der damaligen Literaten. Thematik und Gegenstandsbereich der naturalistischen Romane werden folglich enger. Nicht mehr von ausgestoßenen Dörflern, diskriminierten Burakumin, skandalbehafteten und ihre Selbständigkeit suchenden Frauen und anderen Gestalten wird erzählt, in denen sich auf tragische Weise das zerstörerische Wirken von Anlage und Umwelt zeigt, sondern zunehmend nur noch von Schriftstellern mittleren Alters, ihren Eheproblemen, ihren Liebschaften, Geldsorgen, ihrem Lebensüberdruß oder ihrem Ringen um Frieden mit sich selbst. Absolute Aufrichtigkeit, Selbstentblößung bis zur Schamlosigkeit und Authentizität treten an die Stelle der ursprünglichen naturalistischen Ideale. Ein weinerlicher, von Selbstmitleid getränkter Ton ist typisch für die Mehrzahl dieser vorwiegend in der Ich-Form abgefaßten Werke, immer aber bestimmt eine betont subjektive, egozentrische Weltsicht die Darstellung. Wesentlich ist auch, daß im *shishōsetsu* zumeist nur ein relativ kurzer Ausschnitt aus dem Leben des Autors zur Darstellung kommt. Auch darin unterscheidet sich das Genre von einer Autobiographie, die ja die Nachzeichnung aller wesentlichen Lebensstationen anstrebt. Häufig liefert eine persönliche Krise den Anlaß, wie wir es etwa anhand der in Japan besonders geschätzten *shishōsetsu* von Shiga Naoya (1883–1971), der auch als »Gott der Erzählprosa« (*shōsetsu no kamisama*) tituliert wird, beobachten können.

Eine seiner berühmtesten Erzählungen, *Kinosaki ni te* (In Kinosaki, 1917) etwa handelt von einem Kuraufenthalt nach einem schweren Unfall, ein Erlebnis, das für den Autor und Ich-Erzähler der Anlaß zum Nachdenken über Leben und Tod wird, ausgelöst durch Beobachtungen während seiner Spaziergänge in der Natur. Wie so häufig spielt das äußere Geschehen nur eine untergeordnete Rolle, ja, es sind nur unscheinbare Ereignisse wie der Todeskampf einer Ratte, der von ihm selbst verursachte zufällige Tod eines Molches oder der Anblick einer toten Biene, die so etwas wie einen äußeren Handlungsrahmen abgeben. Dagegen ist das Ringen des Ich-Erzählers um eine Deutung seiner eigenen existentiellen Situation, derer er sich anläßlich solcher Detailbeobachtungen bewußt wird, der eigentliche Gegenstand des *shishōsetsu*.

Für ähnliche, prosaskizzenartige Werke, in denen die Beobachtung kleiner Tiere oder Insekten ein kontemplatives Betrachten der eigenen Lebenssituation auslöst, sind auch die *shishōsetsu*-Autoren Shimaki Kensaku (1903–1945), Kajii Motojirō (1901–1932) und Ozaki Kazuo (1899–1983) bekannt. Ein anderes berühmtes Beispiel, Ozakis Betrachtungen auf dem Krankenlager *Mushi no iroiro* (Insektenkunde, 1948), repräsentiert die besten Qualitäten dieses Genres, das den Leser tief anzurühren und mit Fragen der *conditio humana* zu konfrontieren vermag. Zugleich wird aber auch seine Begrenzung deutlich, denn diese Prosastücke handeln von einer ganz in sich geschlossenen, die Geschichte wie die menschliche Gesellschaft ignorierenden Welt. Dies gilt sogar für jene *shishōsetsu*, die nicht vom Trost durch die Natur handeln, sondern eher den Charakter von verzweifelten Lebensbeichten tragen. Der berühmteste Vertreter dieser thematischen Richtung, die in der japanischen Literaturgeschichte als »Untergangstypus« (*hametsugata*) qualifiziert wird, während die zuvor beschriebene Richtung den Titel »Harmonie-Typus« (*chōwa-gata*) trägt, ist wohl Dazai Osamu (1909–1948), dessen Leben, betrachten wir es im Spiegel seiner *shishōsetsu*-Literatur, eine einzige Folge von Katastrophen gewesen sein muß. Zu den immer noch meistgelesenen Werken der Literatur seit dem Zweiten Weltkrieg zählt der »Roman« *Ningen shikkaku* (Als Mensch disqualifiziert), der 1948, im Jahre seines Doppelselbstmordes mit einer Geliebten, erschien. Seine Tochter ist Tsushima Yūko (geb. 1947), die als eine der wichtigsten Repräsentanten des Genres in den achtziger Jahren gilt.

Wollten wir die bisherigen Beobachtungen in einen systematischen Zusammenhang bringen und zunächst einmal versuchen zu beschreiben, was ein *shishōsetsu* ist, so müßten wir auf zwei Konstituenten verweisen. Ich nenne sie Faktizität und Fokusfigur. Faktizität beschreibt das Verhältnis von literarischem Werk und pragmatischer Wirklichkeit aus der Sicht des japanischen Lesers. Sie stellt eine Setzung dar, die besagt, daß das Werk die vom Autor erfahrene Realität unmittelbar wiedergibt. Dieser Pakt zwischen dem Autor und seinem Publikum, die Vertrauensvorgabe von seiten des Lesers gegenüber dem Wahrheitsanspruch des Werks, hat entscheidende Konsequenzen für beide Seiten, auf die später noch genauer einzugehen sein wird. Das zweite gattungskonstitutive Merkmal ist die Fokusfigur – eine für den *shishōsetsu* spezifische Form der Textorganisation. Sie bedeutet, daß Ich-Erzähler, Held und Autor eine Einheit bilden, und dies bestimmt sowohl die »inhaltliche« als auch die »formale« Seite des Werks. Erzähltechnisch gesehen, manifestiert sich die Fokusfigur beispielsweise in der durchgehenden Innenperspektive und in einem zeitlich »mitgehenden«, chronologischen Erzählablauf. Das erzählende und erlebende »Ich« bildet auch den Mittelpunkt des Handlungsgeschehens, das ausschließlich aus seiner Sicht dargestellt und bewertet wird. Das Wertsystem des Werks, seine »Philosophie«, ist mit dem Wertsystem des Ich-Erzählers identisch.

Aufgrund seiner spezifischen Struktur ist der *shishōsetsu* auf eine vollkommene Identifikation des Lesers mit dem Romanhelden angelegt. Dieser schlüpft geradezu in die Figur hinein. Durch die Augen des Protagonisten nimmt er die Welt wahr, und dies geschieht auf eine affektive Weise unter weitgehender Ausschaltung rationaler Elemente. Das Ergebnis ist eine Gleichgestimmtheit, die intellektuelle Prozesse von vornherein unterbindet. Das heißt, daß der Leser trotz der Nähe des geschilderten Geschehens zu seiner Lebenswirklichkeit, trotz der Vertrautheit der beschriebenen Situation nicht den Versuch unternimmt, die Einstellung oder das Verhalten des Ich-Erzählers seiner eigenen Beurteilung zu unterwerfen, so perfekt ist die Identifikation mit der Sichtweise des Subjekts. Sowenig, wie der Protagonist sein Verhalten reflektiert, sowenig stellt es auch der sich einfühlende Leser in Zweifel.

Betrachten wir, um diese allgemeinen Beobachtungen zu konkretisieren, ein Beispiel. Eines der wichtigsten und wohl auch eindrucksvollsten *shishōsetsu*-Werke seit Dazais letztem »Roman« ist *Shi no toge* (Der Stachel des Todes) von Shimao Toshio (1917–86), ein Werk, das erstmals 1960 in Buchform erschien und das 1977 in umgeänderter und erweiterter Fassung publiziert wurde. Für einige Literarhistoriker läutet es den Beginn einer neuen Blütezeit der Gattung und eine neue Entwicklungsstufe ein. *Shi no toge* handelt von einer schicksalsbestimmenden Phase im Leben des Schriftstellers und seiner Familie, die den japanischen Lesern bereits aus den zuvor einzeln publizierten Teilstücken des Werks und auch aus anderen Erzählungen vertraut ist. Sie identifizieren folglich die Hauptfigur, den Ich-Erzähler Toshio, sogleich mit dem realen Autor, von dem sie wissen, daß er mit seiner Familie im Jahre 1954 in eine schwere Krise geriet. Anlaß dazu war die Entdeckung seiner Ehefrau Miho – so heißt auch die Figur im Werk selbst –, daß Toshio ein außereheliches Verhältnis unterhielt. Dieser Schock löst bei Miho schwere seelische Störungen aus. Sie wird häufig von Anfällen krankhaften Mißtrauens heimgesucht, die in quälende, tage- und nächtelange Verhöre münden und das Leben der Eheleute und ihrer beiden Kinder überschatten. Der Ich-Erzähler, tief getroffen durch das Unglück, das er über seine Frau wie über die ganze Familie gebracht hat, bricht mit seiner Geliebten und kämpft darum, das Vertrauen seiner Frau wiederzugewinnen. Doch der Abgrund an Verzweiflung, der sich in dieser Ehe aufgetan hat, scheint trotz aller Reue des Mannes, trotz all seiner Zuwendung, die zur Vernachlässigung seines Berufes wie der Kinder führt, nicht zu überwinden. Im darauffolgenden Jahr läßt er sich mit ihr in die geschlossene Abteilung eines Nervenkrankenhauses einweisen, um ihr zur Seite zu stehen. Hier endet das in der Taschenbuchausgabe 505 Seiten umfassende Werk, das demnach einen Zeitraum vom Spätsommer bis zum Mai des folgenden Jahres umfaßt.[9] Den weiteren Verlauf behandelt Shimao in einer Reihe von Erzählungen, welche die japanische Kritik unter dem Sammelbegriff »Byōsaimono« (Kranke-Ehefrauen-Stücke) zusammenfaßt.

Was eingangs zur typischen Publikationsform japanischer Literatur gesagt wurde, läßt sich am Beispiel dieses umfangreichen Werks, das wir dennoch nicht ohne Vorbehalt »Roman« nennen können, studieren: Es setzt sich aus einzelnen, zuvor in Zeitschriften wie *Shinchō* oder *Gunzō* publizierten Erzählungen zusammen. Die Buchversion von 1960 besteht aus sieben, die Fassung von 1977 aus zwölf solcher »Kapitel«, von denen aber nur zwei mit der ersten identisch sind. Andererseits hat der Autor einzelne dieser »Kapitel« auch mit anderen Texten zusammen publiziert, so in *Hi no chijimari* (Das Kürzerwerden der Tage, 1965) oder *Hi o kakete* (Die Zeit währt, 1967). Welche Schlüsse lassen sich daraus ziehen? Wir können zum einen wohl annehmen, daß die Thematik den Autor so sehr beschäftigte, daß er sich wieder und wieder mit ihr befaßt. Zum anderen aber läßt die Tatsache, daß sich die einzelnen Stücke in unterschiedlicher Zusammensetzung und Reihenfolge arrangieren lassen, den Schluß zu, daß das Geschehen offenbar wenig Entwicklung enthält. Die Kenntnis der Grundfakten wird fast vorausgesetzt, die Handlung in einem Kapitel setzt das Vorangegangene nicht unbedingt voraus. Der Konflikt, die »Familienkrise«, von der der Sohn in einer Art stehender Wendung spricht, sobald das »Verhör« beginnt – »Katei no jijō ga hajimatta!«: etwa: »Da haben wir wieder unsere Familienkrise« – ist schon im ersten Kapitel der Fassung von 1977, *Ridatsu* (Die Trennung) – voll präsent. Das zweite Kapitel mit dem Titel *Shi no toge* schildert dagegen, wie Miho anfangs auf die Untreue ihres Mannes reagiert. In einer Folge von Szenen aus dem Familienalltag, in denen die zerstörte Harmonie als das schmerzlich Vermißte, das für immer verloren scheinende Element im Hintergrund aufscheint, wird der Leser in das Geschehen hineingezogen. Die rücksichtslose Offenlegung der Misere, die schonungslose, von nagendem Schuldbewußtsein zerquälte Beichte des Mannes, der das durch ihn verursachte Leid bitter bereut und durch sein geduldiges, hingebungsvolles Sorgen für die Familie den Schaden dennoch kaum lindern kann – dies alles wird als unmittelbare, nicht fiktionalisierte Selbstentblößung des Autors Shimao Toshio gelesen. Daher wirkt das Werk nicht nur packend in seiner Authentizität, sondern der Lektüreprozeß ist zugleich so schmerzhaft wie das Geschehen, von dem er handelt. Das Schreiben dieses Textes, an dem sich auch die Ehefrau selbst beteiligte, indem sie bisweilen die »wahrheitsgemäße« Abänderung einer Passage durchsetzte, hatte für den Autor die Funktion der Abbitte, ja, er selbst bekennt sich dazu, in *Shi no toge* ein einziges Gebet an seine Frau zu sehen. (Im darauffolgenden Jahr läßt sich Shimao übrigens in der katholischen Heimatkirche seiner Frau taufen, und wie bereits der Titel anklingen läßt, so ist auch der Text selbst mit biblischen Zitaten durchsetzt.[10])

Die unauflösbare Verquickung von Literatur und Leben – das reale Leiden etwa wird zur Motivation, es aufzuzeichnen, und die daran Beteiligten greifen unmittelbar in die Textproduktion ein – macht dieses Werk mitsamt seiner Rezeption zu einem exemplarischen *shishōsetsu*. Packend ist nicht die Anlage der Geschichte, die etwa planvoll auf bestimmte Höhepunkte zusteuerte, sondern im Gegenteil die Nähe zum Rhythmus des alltäglichen Lebens, an dem die einzelnen Kapitel entlanggeschrieben erscheinen. Dies erklärt auch eine gewisse Repetitivität der geschilderten Situationen, wie sie sich im Leben selbst ergibt. Sämtliche *shishōsetsu* des Autors lassen sich so als Teile eines einzigen großen Werks lesen, das mit der Biographie seines Autors identisch wird. Und sowenig, wie es im realen Leben Momente der Überschau oder glücklicher, endgültiger Lösungen gibt, sowenig gibt es sie im Werk. *Shi no toge* läßt nicht erkennen, ob Miho ihre Krankheit wird überwinden können oder ob die Familie gerettet wird. Der Ich-Erzähler steht so sehr mitten im Geschehen, daß wir den Eindruck haben, er teile uns die Ereignisse im selben Atemzug mit, wie er sie selbst erlebt.

Hier müssen wir nun allerdings die Beobachtung einflechten, daß dies keinesfalls zutrifft. Zwischen dem geschilderten autobiographischen Stoff und der Endversion von *Shi no toge* liegen ja über zwei Jahrzehnte, doch dieser zeitliche Abstand scheint im Erzählen so gut wie aufgehoben. So läßt uns der Ich-Erzähler nicht wissen, daß die Geschichte inzwischen weitergegangen ist und eine versöhnliche Entwicklung genommen hat. Dies gehört zu den charakteristischen Erzählkonventionen des *shishōsetsu*, denn er lebt von der Illusion der Unmittelbarkeit. Wäre *Shi no toge* ein Roman, so wäre wahrscheinlich vom Autor ein etwas größerer Geschehensausschnitt gewählt worden, der etwa seine Konvertierung zum Katholizismus noch einbezieht und so etwas wie einen inneren Entwicklungsprozeß erkennen läßt. Da das Werk aber ein *shishōsetsu* ist, liegt der Schwerpunkt anders. Wir lesen nicht so sehr ein Werk, sondern geraten als Leser vielmehr in den Sog einer persönlichen, langandauernden Krise, die wir durch Identifikation mit dem Ich-Erzähler nachvollziehen. Der Leser erwartet weniger eine Entwicklung des Protagonisten – was von ihm wie vom Erzähler selbst einen gewissen analytischen Abstand verlangen würde –, als daß er mit ihm in der quälenden Monotonie des Alltagslebens einen neuerlichen Ausbruch von Mihos Krankheit befürchtet. Anders gesagt: der Leser ist wie der Erzähler stets mitten im Geschehen, er sieht es nicht von außen. Dieses spezifische Verhältnis von Autor, Erzähler, Protagonist und Leser macht offenbar die Charakteristik des *shishōsetsu* aus.

Einige der bisherigen Beobachtungen zum *shishōsetsu* haben erkennen lassen, daß ein europäischer Leser möglicherweise Schwierigkeiten mit dem Verständnis eines solchen Textes haben könnte. Offenbar sind die europäischen Lesegewohnheiten und Lesererwartungen in einigen Punkten sehr anders, und dies macht uns nur bewußt, wie sehr der *shishōsetsu* Teil eines kulturellen Gefüges oder auch eines literarischen Kommunikationssystems ist, aus dem heraus es erst verständlich wird. Sehen wir uns daher dieses System ein wenig genauer an. Welche Rolle kommt in ihm etwa dem Autor zu und welche Bedeutung hat das Abfassen eines *shishōsetsu* für ihn selbst?

Es gibt zahlreiche Aussagen von japanischen Schriftstellern, die darauf hindeuten, daß ein starker innerer Drang, ein überschäumendes Mitteilungsbedürfnis die Grundmotivation zum Schreiben bilden. Dies ist für sich genommen natürlich nichts Außergewöhnliches, sondern könnte für jeden Schriftsteller gelten. Das Besondere im Falle des *shishōsetsu* ist jedoch, daß der Schreiber ja sein eigenes Leben zum Gegenstand nimmt und bevorzugt düstere und krisenhafte Situationen schildert, die ihn nicht selten in ein recht ungünstiges Licht rücken. Was treibt den Autor aber zu dieser Bekennerwut, zu diesem oft geradezu peinlich wirkenden Ausschlachten privater Kalamitäten? Mehrere Aspekte lassen sich herausschälen. Da ist zum einen die tagebuchartige Funktion dieser Literatur als Möglichkeit des »Sich-von-der-Seele-Schreibens« von Problemen, eine Form der Aufarbeitung, die in vielen Kulturen angewendet wird, die in Japan aber eine besonders lange und lebenspraktische Tradition aufweisen kann, denn sie dient hier in besonderem Maße der Selbstfindung angesichts verschwimmender Ich-Grenzen.[11] Daneben hat das Niederschreiben, wie viele Autoren gestehen, auch eine starke kathartische Wirkung. Andererseits genießt dieser Beichtgestus in der japanischen Kultur aber auch einen besonderen ethischen Wert. Die Selbstentblößung gilt nachgerade als eine moralische Handlung, denn sie dokumentiert die absolute Aufrichtigkeit des Schreibenden, und Aufrichtigkeit ist die zentrale Tugend der *shishōsetsu*-Schreibweise, die in der eingangs vorgestellten Definition in der Form des gattungskonstitutiven Faktizitäts-Elements bzw. Echtheits-Postulats erschien.

Damit ist der »Gewinn«, den der *shishōsetsu*-Autor aus seinem Beichtimpuls schöpft, nicht nur »privater« Natur. Er kann sich darüber hinaus an der Bewunderung seiner Leserschaft weiden. Seine Selbstbestätigung wächst mit dem Grad an Offenheit in seinen Schilderungen, die das Publikum mit gesteigerter Wertschätzung honoriert, und je schmerzvoller die geschilderten Erfahrungen ausfallen, desto größer ist auch der Trost, den der Autor aus der antizipierten Anteilnahme der Leser schöpft.

Aus der Sicht des japanischen Rezipienten macht diese Leidensbereitschaft eine der wichtigsten Qualitäten des *shishōsetsu* aus. Man erwartet von seinem Protagonisten heutzutage wie ehedem ein problembeladenes Leben. Armut besitzt offensichtlich den stärksten demonstrativen Effekt, daher stünde Wohlstand einem *shishōsetsu*-Autor schlecht zu Gesicht. Um es mit den Worten des Literaturwissenschaftlers und Kritikers Toyama Shigehiko zu sagen:

> Ein Autor, der einen ausländischen Wagen fährt und Golf spielt und der *shishōsetsu* schreibt, das paßt irgendwie nicht zusammen (...) Es kommt zwangsläufig dazu, daß ein *shishōsetsu* in dem Maße uninteressant wird, wie sich die wirtschaftliche Lage des Autors bessert.[12]

Andererseits hat sich die soziale und damit auch die wirtschaftliche Position des Schriftstellers in der japanischen Gesellschaft seit Beginn dieses Jahrhunderts grundlegend gewandelt. Aus dem armen Intellektuellen, der unter vielen Entbehrungen die öffentliche Achtung für sein Metier mühsam erkämpfen mußte, ist inzwischen eine allseits angesehene Figur mit hohem Bekanntheitsgrad und gutem Einkommen geworden. Was also, wenn die äußeren Bedingungen einem *shishōsetsu* zuwiderlaufen oder wenn etwa keine Krise im Anzug ist, aus der der Stoff zum Schreiben erwächst?

Die Vermutung liegt nahe, daß der Künstler sich in diesem Fall gezwungen sieht nachzuhelfen, daß er bisweilen Zuflucht zur Inszenierung und Stilisierung nimmt, um für literarischen Stoff zu sorgen. Hier offenbart sich ein logisches Dilemma, das Autoren, Literaturkritiker und Leser in Japan möglichst zu verdrängen suchen, denn es rüttelt an den Grundfesten der Vorstellungen über das Wesen des *shishōsetsu*. Während man einerseits nämlich auf dem Echtheits-Prinzip beharrt und fordert, daß ausschließlich authentische Erfahrungen geschildert werden dürfen, beherrscht andererseits der Mythos vom Leben für die Kunst, vom sich verzehrenden Künstler das Bild des Schriftstellers. Schonungslose Aufrichtigkeit, wie sie von allen Seiten vorausgesetzt wird, müßte im Fall der Inszenierung aber zum Eingeständnis der Konstruiertheit führen. Damit würde sich das betreffende Werk jedoch zugleich als Nicht-*shishōsetsu* zu erkennen geben, denn es kann nicht mehr als spontane Lebensäußerung anerkannt werden.

Wenden wir uns nun der Figur des Lesers und seinem Verhältnis zu dieser Literatur zu. Der *shishōsetsu* enthält zahllose Faktoren, die das Interesse des Publikums an der Individualität des Autors wecken, die unübersehbar auf sie verweisen und die z. T. nur aufgrund von biographischen Vorkenntnissen vom Leser verstanden werden können. So fordert er zu einer Leseweise heraus, der das Auditorium nur zu gern nachkommt. Es kann kein Zweifel darüber bestehen, daß ein wichtiger Grund für die Beliebtheit der Gattung der mit ihr sanktionierte öffentliche Voyeurismus ist, dem in Japan eine besonders große Bedeutung zuzukommen scheint. Diesen charakteristischen Grundzug kann niemand übersehen, der sich etwa mit japanischen Massenmedien beschäftigt. Der enorm große Anteil an Gesellschaftsnachrichten in Tageszeitungen und Zeitschriften aller Art oder auch der Filmstar-ähnliche Status japanischer Schriftsteller sind vielleicht die auffälligsten Indizien für diese Tendenz.

Die Ansicht, daß die Befriedigung des voyeuristischen Interesses am Privat-Biographischen und Pikanten einen wichtigen Teil des Lesevergnügens bildet, wobei dieses durch die Gattung als Institution öffentliche Legitimation erfährt, finden wir auch bei Toyama Shigehiko:

Das »Ich« eines anderen zu belauschen, ist unanständig, aber wenn man selbst das eigene »Ich« nicht gut versteht, übt das »Ich« eines anderen die Rolle eines Spiegels aus. Das eigene »Ich« will man niemandem zeigen, aber das »Ich« eines anderen will man heimlich beobachten und sich selbst danach korrigieren. Ein solches Gefühl existiert mehr oder weniger unterbewußt in den Herzen der Leser literarischer Werke. Ein Reiz auch des *shishōsetsu* liegt darin, daß das Belauschen öffentlich erlaubt ist.[13]

Mit seiner Interpretation liefert Toyama gleichzeitig eine Beschreibung exemplarischer *shishōsetsu*-Lektüre. Wenn der Leser den Romanhelden als »Spiegel« betrachtet und sein eigenes Verhalten daran überprüft, so sieht er in dieser Literatur eine realistisch-mimetische Abschilderung der ihn umgebenden Realität, und das betreffende Werk besitzt einen exakt definierbaren Gebrauchswert als Lebenshilfe. Diese Lebenshilfe kann, wie von Toyama beschrieben, in der Möglichkeit zur Überprüfung eigener Verhaltensweisen oder, allgemeiner, in dem Identifikationsangebot liegen, das der *shishōsetsu* darstellt. Beobachten wir einmal, wie diese Identifikation durch die gesamte Anlage eines solchen Textes unterstützt wird:

Das Publikum ist mit vielen Einzelheiten im Werk vertraut. Es erkennt Personen und Lokalitäten wieder. Auch mit wachsendem Zeitabstand zwischen der Gegenwart des Konsumenten und der des literarischen Geschehens bleibt die Aktualität erhalten, denn geschildert werden wahrhaft zeitlose Begebenheiten wie Eheprobleme, Geldsorgen, Krankheiten und Liebschaften. Besondere Überzeugungskraft gewinnt der *shishōsetsu* für den japanischen Leser dadurch, daß er darin in großem Umfang seine eigene Lebenswelt wiedererkennt. Die Probleme des Ich-Erzählers sind so allgemeiner Natur, daß sich praktisch für jeden Einzelnen Verbindungspunkte zu seiner eigenen Existenz ergeben. Hinzu kommt, daß der Erzähler im allgemeinen keine Reflexionen über das eigene Künstlertum oder das Schreiben einflicht, so daß auch in dieser Hinsicht kein Abstand zu einem durchschnittlichen bürgerlichen Leben sichtbar wird. Die im *shishōsetsu* präsentierte Wirklichkeit gewinnt dadurch ihren besonderen, paradigmatischen Stellenwert, daß der japanische Leser in ihrer Struktur die Struktur seiner Lebenserfahrung wiedererkennt.

Welche Rolle also kommt der Gattung *shishōsetsu* im literarischen Leben Japans zu? Wir erkennen, daß diese Werke für Leser wie für Autoren offenbar ähnliche Funktionen erfüllen. Literaturwissenschaftlich gesprochen, können wir von einer weitgehenden Autor-Leser-Homologie ausgehen. Die Ventilfunktion dieser Literatur, ihr psychohygienischer Effekt, entfaltet sich gleichermaßen auf der Sender- wie auf der Empfängerseite. Eine tröstende und heilende Wirkung geht von der Produktion und von der Rezeption des *shishōsetsu* aus, und er bietet Raum zum passiven Ausleben von Frustrationen und zur Regression auf der Stufe, in der das Leben weniger komplex erscheint.

Wir könnten nun in einem weiteren Analyseschritt die spezifischen Eigenschaften des *shishōsetsu* und die entsprechenden Lesererwartungen und Reaktionen auf das kulturelle System Japans als Ganzes bzw. auf bestimmte Wertsetzungen beziehen, die uns deutlich machen würden, daß der *shishōsetsu* mit japanischen Vorstellungen einer idealen, reifen Persönlichkeit ebenso im Einklang steht wie mit der Bewertung bestimmter Erlebnisweisen, daß er also Erlebnismuster, affektive Schemata und auch Bewertungen widerspiegelt, die z. T. eine lange Tradition aufweisen und auch heute noch von tragender Bedeutung sind. Um dies im einzelnen auszuführen, müßte jedoch weiter ausgeholt werden. Wir können an dieser Stelle dagegen die Beobachtung sozusagen umdrehen und feststellen, daß diese Verwurzelung im kulturellen Kode ganz offensichtlich der wesentliche Grund dafür ist, daß sich der *shishōsetsu* auch gegenwärtig in Japan trotz aller Kritik, die an ihm geäußert wurde und wird, so großer Beliebtheit erfreut. Die Prognose des Kritikers Isoda Kōichi, für den der *shishōsetsu* sich mit einem Leben im traditionellen Haus mit Tatami-Matten und Papierschiebetüren und seiner symbolischen Trennung von öffentlich und privat verbindet und der dieser »nostalgischen« Gattung daher angesichts veränderter Wohnverhältnisse keine produktive Zukunft mehr einräumt, ist offenbar kurzsichtig, auch wenn sie auf scharfsinnigen Beobachtungen beruht.[14] Dem *shishōsetsu* ist es nämlich allem Anschein nach gelungen, sich auch in der äußerlich veränderten Umwelt der achtziger Jahre zu behaupten, indem sein spezifischer »approach« sich auch an neuen Themen und in einem geweiteten Horizont entfaltet, genauso, wie sich die Werthaltungen und Erlebnisweisen japanischer »Durchschnittsbürger« auch im Zeitalter der sogenannten Internationalisierung nicht wesentlich gewandelt haben. Im Gegenteil, man ist mit gestiegenem nationalem Selbstbewußtsein mittlerweile auch um so mehr bereit, das japanische Erbe des *shishōsetsu* im positiven Sinne anzuerkennen.

Da erscheint es schon aufschlußreich, daß selbst Autoren, die nicht mit diesem Genre assoziiert werden, gern mit seinem Namen spielen. Ein Beispiel ist die Erzählungssammlung *Shishōsetsu* von Nosaka Akiyuki (erschienen 1979) – das erste Zeichen im Titel wird allerdings nicht mit dem Zeichen für »ich«, sondern mit dem für »Tod« geschrieben. Ein anderes Beispiel ist Setouchi Harumis 1985 erschienener »Roman« *Watakushishōsetsu.* Die junge Hayashi Mariko, seit 1986 ein Star der gehobenen Unterhaltungsliteratur, veröffentlichte 1988 ebenfalls eine Erzählung mit dem Titel *Shishōsetsu,* in der sie auf anschauliche Weise viele der Mechanismen schildert, die zu den Bedingungen der Produktion und der Rezeption eines *shishōsetsu* zählen, obwohl das Werk selbst nicht eigentlich zu dieser Gattung gerechnet werden kann.[15] Es ist vielmehr eine unterhaltsame Insider-Story, die recht wirklichkeitsnah beschreibt, wie eine erst jüngst etablierte junge Erfolgsautorin einer ehemaligen Kommilitonin den Weg zu einer Karriere ebnet, die einmal der eigenen gleichen soll. Dennoch ist das Kokettieren mit den Lesegewohnheiten eines *shishōsetsu* unübersehbar, denn der Leser wird die vielen Fakten, die er bereits aus dem Leben der Autorin kennt, sogleich an den im Werk präsentierten messen und eine unabweisbare Kongruenz ausmachen. Hayashi kann sich mit wenigen gezielten Hinweisen begnügen, denn sie kann sicher sein, daß ihre Hauptfigur Kazumi im Kopf des Lesers unweigerlich die Züge von Hayashi Mariko tragen wird. Hinzu kommt, daß Kazumis Bestsellerroman, aus dem eine Partie in dieser Erzählung zitiert wird, ebenso autobiographisch ist wie die Manuskripte, mit denen die Freundin und künftige Konkurrentin Yōko durch Kazumis Vermittlung ihre erste Anerkennung als Autorin erlebt.

Wie dieses Spiel mit der Beliebtheit und den Konventionen des *shishōsetsu* beweist, zeigt das Genre offenbar keine Ermüdungserscheinungen. Nicht nur, daß, wie es auch in Hayashis Erzählung wiederholt heißt, ständig neue Generationen von Autoren nachwachsen, die von der »Schreibkrankheit« (*Kakitagaru-byō*)[16] als einem Beichtimpuls befallen sind, sondern es scheint, als könnten sich auch die japanischen Leser nicht sattlesen an solchen Selbstentblößungen. In diesem Sinne wird der *shishōsetsu* wohl auch in Zukunft ein zentrales Genre der japanischen Erzählprosa bleiben und uns hautnahe Einblicke vermitteln in das Fühlen und Denken japanischer Menschen der Gegenwart.

1 Vgl. Kitada Reiichirō: *Hachijū nendai no bungaku o kangaeru,* in: *Shin Nihon bungaku* 3/1980, S. 63–67, hier S. 65.
2 Vgl. Aeba Takao, Saeki Shōichi, Ueda Miyoji, Isoda Kōichi: *Kyōdō tōgi: Shishōsetsu,* in: *Bungakkai* 2/1980, S. 148–175, hier S. 149.
3 Vgl. Shinoda Hajime: *Bungei jihyō, nigatsugō,* in: *Bungei nenkan* 1980, hg. v. Nihon bungeika kyōkai. Tōkyō: 1980, S. 69–72, hier S. 71 f.
4 Die »Jahrbücher für Literatur« (Bungei nenkan) dokumentieren jeweils die wichtigsten und repräsentativsten Kritiken zu Neuerscheinungen des betreffenden Jahres und sind eine Fundgrube für Aussagen dieser Art, man vgl. etwa Nakajima Makoto in *Bungei nenkan* 1980, S. 61 f., 64, Akiyama Shun in *Bungei nenkan* 1981, S. 97, Akiyama Shun in *Bungei nenkan* 1982, S 77, 59, 88 f., 116, etc.
5 Im Beiblatt (shiori) seines Romans, der bei Shinchōsha 1980 erschien.
6 Vgl. etwa *Shūkan Yomiuri* v. 24. 7. 1983, S. 28 sowie den Bildteil in *Shūkan Yomiuri* v. 31. 7. 1983.
7 Vgl. etwa Shinoda Hajimes Studien zum Roman der Gegenwart *Nihon no gendai shōsetsu,* Tōkyō 1980, S. 320, 493 ff., 504 ff. etc.
8 Sämtliche Zitate sind mit Quellenangaben angeführt in meiner Studie: *Selbstentblößungsrituale. Zur Theorie und Geschichte der autobiographischen Gattung »Shishōsetsu« in der modernen japanischen Literatur,* Wiesbaden 1981.
9 Die von mir benutzte Taschenbuchausgabe *Shi no toge* erschien 1980 im Shinchōsha Verlag, der 1977 auch die gebundene Ausgabe herausbrachte.
10 Vgl. die »Einführung« sowie die Kommentare von Kathryn Sparling, die sechs Erzählungen des Autors übersetzt hat, darunter die Titelgeschichte des »Romans«: *The Sting of Death and Other Stories by Shimao Toshio, Translated, with introduction und interpretive comments by Kathryn Sparling,* Ann Arbor University of Michigan 1985, insbesondere S. 7: »Reading the text becomes an experience analogous to the process it depicts.«
11 Vgl. hierzu etwa die Beobachtungen eines Sozialanthropologen und eines Psychologen: William A. Caudill and Doi Takeo: *Interrelations of Psychiatry, Culture and Emotion in Japan,* in: *Man's Image in Medicine and Anthropology,* hg. v. Iago Galdston, New York 1963, S. 374–412, hier S. 390. Zur Tradition des literarischen Tagebuchs und der »Tagebuch-Literatur« *(nikki bungaku)* s. meine *Selbstentblößungsrituale,* a. a. O., S. 229 ff.
12 Toyama Shigehiko: *Shishōsetsu dokusha ron,* in: *Waseda bungaku* 7/1977, S. 25–27, hier S. 26.
13 Toyama, ebd. S. 25.

14 Vgl. Isoda Kōichi: *Sengoshi no kūkan,* Tōkyō 1983, S. 193 ff. Er faßt seine Thesen zum »anachronistischen Reiz« des shishōsetsu auch in englischer Sprache zusammen: *The Historical Context of Postwar Japanese Literature,* Part I, in: *The Japan Foundation Newsletter* 12, 1 (1984), S. 1–9, hier S. 8.

15 Hayashi Mariko: *Shishōsetsu,* in: *Ōru yomimono* 9/1988, S. 145–169.

16 Vgl. ebd. S. 160 und 169. Zur »Schreibkrankheit« als wichtigstem schriftstellerischen Impuls bekannte sich bereits Akutagawa Ryūnosuke, vgl. hierzu im einzelnen meine *Selbstentblößungsrituale,* S. 205 ff.

Der japanische Diskurs über Literatur

IX. Die nicht existenten Probleme der modernen japanischen Literaturgeschichtsschreibung*

Eine Literaturgeschichte, die die moderne japanische Literatur beschreibt, hat für uns nicht nur den Wert einer Einführung in einen in Umfang und Diversität kaum zu überschauenden Gegenstand – dies wäre eine sozusagen pädagogische Funktion –, sondern, als Wissenschaft betrieben, müßte sie uns einen Einblick in die geschichtlichen Wandlungsprozesse literarischer Gebilde vermitteln. Die moderne japanische Literaturgeschichtsschreibung erfüllt m. E. allenfalls die »pädagogische« Aufgabe, wobei aber die Selektion, die sie notgedrungen vornimmt, sowie ihre kanonbildende Funktion unreflektiert bleiben. Als eine wissenschaftliche Disziplin scheitert Literaturgeschichtsschreibung, wo sie sich darauf beschränkt, mehr oder weniger chronologisch geordnete Eindrücke und Urteile über einzelne Werke wiederzugeben oder sich in Aufzählungen von Schulen und geistesgeschichtlichen Strömungen erschöpft, wie dies in japanischen Literaturgeschichten, die allgemein als repräsentativ gelten, der Fall ist. Die japanische Literaturwissenschaft hat sich dieser Problematik m. W. bisher verschlossen.[1] Dies hängt mit ihrem anderen Selbstverständnis zusammen. Die Japanologie außerhalb Japans kann jedoch bereits aus dem Grunde nicht einfach japanische Vorstellungen übernehmen, weil sie ständig mit dem hiesigen, völlig unterschiedlichen Wissenschaftsbegriff konfrontiert wird. Abgesehen davon, daß Selbstreflexion eine conditio sine qua non jeder wissenschaftlichen Disziplin ist, drängt sie sich der (außerjapanischen) Japanologie schon allein deshalb auf, weil die Diskrepanz zwischen japanischer und nichtjapanischer Sichtweise überdeutlich ist, und es kann nicht im Interesse der Sache liegen, diesen Unterschied zu vertuschen.

Von Problemen ist die Rede, die für die japanische Literaturgeschichtsschreibung nicht existieren. Wir sehen uns also zu dem Unterfangen aufgerufen, diese »nicht existenten« Probleme zu be-

* Zuerst erschienen in: *Referate des IV. Deutschen Japanologentags in Tübingen, Mitteilungen der Gesellschaft für Natur- und Völkerkunde Ostasiens* LXXIII (1978), S. 45–53.

nennen und an Beispielen zu belegen. Das Thema ist so umfangreich und der Probleme sind so viele, daß hier nur eine Auswahl stellvertretend für den angesprochenen Fragenkomplex präsentiert werden kann. So soll z. B. nicht von den bewußten Verfälschungen, Beschönigungen und Verschweigungen die Rede sein, die ganze Kapitel der jüngsten literarischen Vergangenheit wie die »Konversion« *(tenkō)* oder die politische Rolle der Schriftsteller im letzten Krieg in einen geheimnisvollen Nebel hüllen. Auch historischen Fiktionen wie der »tierischen Freude« japanischer Literaten über die Erlösung von der als »dunkle Unterdrückung« empfundenen Phase des Militarismus durch die Amerikaner[2] soll hier nicht nachgegangen werden, da sie einer ausführlicheren Untersuchung bedürfen, die sich in diesen Rahmen nicht einfügen läßt. Beschränken wir uns hier auf Probleme der modernen Literaturgeschichtsschreibung, die sich einfacher darstellen und an Beispielen aus einem relativ eng umgrenzten Zeitraum, nämlich der Literaturgeschichte seit dem Zweiten Weltkrieg, belegen lassen.

Die Darstellungen der Nachkriegsliteratur bedienen sich eines Gerüsts, über dessen Verbindlichkeit in Japan ein allgemeiner Konsens besteht. Es handelt sich um das Schema einer Abfolge literarischer Generationen, durch das die Geschichte der Literatur seit dem Zweiten Weltkrieg sehr einfach darzustellen ist. Man spricht durchweg von fünf oder sechs Generationen, die die folgenden Bezeichnungen tragen: 1. *Dai ichi-ji sengo-ha* (»Erste Nachkriegsgruppe«), 2. *Dai ni-ji sengo-ha* (»Zweite Nachkriegsgruppe«), 3. *Dai-san-no shinjin* (»Die dritte neue Generation«), 4. die *Ningen-to-shite-* (»Als Mensch«-) oder die *Warera-no-bungaku-*(»Unsere Literatur«-)Gruppe – gemeint ist eine Gruppe engagierter Schriftsteller, die oft auch nur mit dem Namen einiger ihrer Vertreter wie Ishihara Shintarō, Ōe Kenzaburō und Kaikō Ken bezeichnet wird[3] –, und schließlich 5. *Naikō-no sedai,* die »Introvertierte Generation«.

Zuweilen wird das Schema leicht modifiziert, indem von der »Ersten Nachkriegsgruppe« noch eine sog. »Kunst-Gruppe« abgespalten wird.[4] Somit hätten wir sechs »Generationen«. Andererseits werden Erste und Zweite Nachkriegsgruppe oft auch zusammengefaßt. In keinem Fall aber entfernt man sich von diesem Schema, denn es bietet einen unschätzbaren Vorteil. Hat man sich nämlich einmal auf eine solche Rahmenkennzeichnung verständigt, so besteht die Aufgabe der Literaturgeschichtsschreibung nur noch darin, die einzelnen Autoren und Werke den verschiedenen Gruppen zuzuschlagen. Um die große Anzahl der vorhandenen Autoren den wenigen Rubriken zuordnen zu können, muß ihre Charakterisierung so allgemein formuliert werden, daß sie zu nichtssagenden Gemeinplätzen degeneriert. Dies etwa ist Nakamura Mitsuos Kriterium der Zugehörigkeit zur Sengo-ha (»Nachkriegsgruppe«):

Die nach dem Kriege bekannt gewordenen Autoren schrieben unabhängig voneinander. Dann wurden Ōoka Shōhei, Nakamura Shin'ichirō, Katō Shūichi, Fukunaga Takehiko, Mishima Yukio u. a. nacheinander in der literarischen Welt bekannt. Daraus läßt sich ersehen, daß die Situation (in den literarischen Zirkeln) komplexer geworden war, aber das Gemeinsame an diesen Schriftstellern ist, daß sie fest an die Nachkriegsgesellschaft als Prämisse ihrer Arbeit glaubten. Dies ist der Grund dafür, daß man sie unter dem Begriff der Nachkriegsliteratur zusammenfaßt. Wie sie die »Nachkriegs(zeit)« auffaßten und ob sie die neuen Zustände und Vorstellungen lediglich mit Interesse verfolgten oder ob sie darin ernsthaft einen Lebenssinn zu finden versuchten – darin entscheidet sich der Wert ihrer Literatur, aber dies gilt nicht nur für diese begrenzte Epoche, sondern es läßt sich von jeder Zeit sagen.[5]

Wie wir sehen, kapituliert Nakamura hier selbst vor seiner Definition der »Nachkriegsgruppe«. Gerechterweise muß jedoch betont werden, daß andere Literaturwissenschaftler dieselben Schwierigkeiten mit diesem und anderen Begriffen haben. Wenn sogar ein einschlägiges Lexikon, das *Gendai Nihon bungaku daijiten*, die Begriffe »Erste« und »Zweite Nachkriegsgruppe« nur anführt, um dann zuzugeben, daß sie schwer zu definieren seien, und selbst auf eine Zuordnung von Autoren zu der jeweiligen Gruppe verzichtet, da »die Grenze zwischen ihnen unklar ist«[6], so sollte dies eigentlich Anlaß zu der Frage sein, welchen Sinn solche Begriffe dann überhaupt haben können. Und noch ein drittes Beispiel sei angeführt: Yamamoto Kenkichi gilt als Urheber des Terminus *Daisan-no shinjin* (»Dritte Neue Generation«). Es erscheint uns schwer begreiflich, daß Yamamoto selbst behauptet: »... was dieses ›dai-san‹ (»dritte«) für eine Bedeutung hat, ist mir völlig unklar«.[7] Daß er diese Neuprägung damit nicht der Lächerlichkeit preisgab, sondern daß sie sich sofort einen festen Platz im Arsenal der literaturwissenschaftlichen Argumentation eroberte, gehört in das Kapitel der rätselhaften Wege der japanischen Literaturgeschichtsschreibung.

Wie sehr man sich bei dem Versuch der Einordnung in dieses starre Schema von den historischen Gegebenheiten entfernt, zeigt uns das oben zitierte Beispiel. Nakamura würde sicher in jedem anderen Zusammenhang die Behauptung weit von sich weisen, daß ein Schriftsteller wie Mishima Yukio »fest an die Nachkriegsgesellschaft als Prämisse (seiner) Arbeit glaubte (...)«. Das Gegenteil hat sich als Standardmeinung über Mishima schon seit den fünfziger Jahren durchgesetzt. Man spricht bei Mishima stets von seinem bewußten Abstand, ja von der Verachtung der Nachkriegsgesellschaft, keinesfalls aber von einer positiven Einstellung, und Nakamura selbst reproduziert diese Standardmeinung in einem Aufsatz über Mishima.[8] Trotz aller Gewalt, die man einzelnen Werken und Autoren mit dieser rücksichtslosen Konstruktion von Schemata auch antut – eine Zuordnung gelingt gleichwohl nicht immer. Für diesen Fall wartet man dann mit nichtssagenden Floskeln von der Individualität und Originalität eines Autors auf oder man erfindet so seltsame Begründungen wie für das Beispiel Fukazawa Shichirōs, dessen Erscheinen man der Eigenart der Gegenwart zuschreibt, Mutationen hervorzubringen.[9] Gibt es jedoch gleich mehrere Schriftsteller, die sich partout einer Schematisierung widersetzen, so sieht man nur den Ausweg, vom »chaotischen Zustand« der japanischen Gegenwartsliteratur zu reden, den Okuno Takeo in seiner modernen Literaturgeschichte *(Nihon bungakushi: Kindai-kara gendai-he)* durch das Erscheinen von nichtklassifizierbaren Autoren wie Nosaka Akiyuki, Itsuki Hiroyuki und Shōji Kaoru symbolisiert sieht.[10] Die japanische Literaturwissenschaft ist offenbar eher bereit, von der Krise der modernen Literatur zu reden, als sich einzugestehen, daß die eigenen Kriterien und Beschreibungskategorien zur Erfassung der Realität nicht genügen. Zum Begriffsgerüst der Literaturgeschichtsschreibung der Nachkriegszeit ließe sich noch viel sagen. Begnügen wir uns mit der folgenden Zusammenfassung:

1. Die Termini sind ursprünglich relativ beliebige ad-hoc-Formulierungen nach sehr unterschiedlichen Gesichtspunkten, die sich kaum vergleichen lassen. Die ersten drei Begriffe bis zu der »Dritten Neuen Generation« verweisen auf den Zeitpunkt bzw. die Reihenfolge des Bekanntwerdens der einzelnen Autoren, wodurch sie unabhängig von ihrem Lebensalter einer literarischen Generation zugerechnet werden.

2. Die Zugehörigkeit zu einer solcherart definierten literari-

schen Generation hat keinerlei Erkenntniswert.[11] Sie erfordert im Gegenteil vom Literaturgeschichtsschreiber im nachhinein, wie wir an dem oben zitierten Definitionsversuch Nakamura Mitsuos sahen, eine mühsame Rechtfertigung, die nun wiederum an der Haltung der Autoren bzw. am »Inhalt« der Werke festgemacht wird – Kriterien also, die bei der Erfindung des Begriffs überhaupt nicht berücksichtigt wurden.

3. Die Fragwürdigkeit eines Terminus wie *Geijutsu-ha* (»Kunstgruppe«) ist wohl offensichtlich, aber auch die anderen Begriffe sind problematisch genug. *Warera-no bungaku* – »Unsere Literatur« etwa ist der Titel einer im Verlag Kōdansha von 1965 bis 1967 erschienenen Prosa-Anthologie, die Werke von dreißig Schriftstellern enthält, darunter auch von Autoren der Ersten und Zweiten Nachkriegsgruppe.[12] Nachträglich versucht man nun, diesen Begriff zur Bezeichnung engagierter Literatur umzufunktionieren.[13] Er überschneidet sich mit dem Terminus *Ningen-to-shite* (»Als Mensch«), der wiederum der selbstgewählte Titel einer von einigen linksliberalen Schriftstellern zwischen 1970 und 1973 herausgegebenen Zeitschrift ist. *Naikō-no sedai* (»Introvertierte Generation«) schließlich ist eine von dem marxistischen Literaturwissenschaftler Odagiri Hideo geprägte, durchaus kritisch gemeinte Bezeichnung, die sich jedoch inzwischen als literaturwissenschaftlicher Terminus etabliert hat.

Dieses auf kaum miteinander vergleichbaren Termini fußende Gerüst der Literaturgeschichte der Nachkriegszeit zu überdenken, wäre m. E. eine vordringliche Aufgabe der japanischen Literaturwissenschaft.

Es gibt jedoch noch weitere terminologische Probleme, denen wir uns im folgenden zuwenden wollen. Die japanische Literaturgeschichte bedient sich einer Fülle von Kategorien zur näheren Beschreibung einzelner Autoren und Werke, die wie die oben referierte Gruppeneinteilung nach diversesten Gesichtspunkten erstellt und somit inkompatibel sind. Greifen wir einmal in die Literaturgeschichte der Meiji-Zeit zurück. Termini wie *kannen shōsetsu* (»Ideenroman«) und *hisan shōsetsu* (»tragischer Roman«) werden in einer Definition dem *katei shōsetsu* (»Familienroman«), einer Untergruppe des *tsūzoku shōsetsu*, des »Trivialromans« gegenübergestellt, wobei der *katei shōsetsu* eine weitere Präzisierung als *kōmyō shōsetsu* (»leuchtender oder Lichtblick-Roman«) erfährt.[14] Man kann diesen terminologischen Wirrwarr nicht damit entschuldigen, daß es sich um historische Begriffe handelt, denn die heutige Literaturwissenschaft bedient sich ihrer weiterhin unreflektiert. Dieselbe moralisierende Tendenz, die dem Begriff »Lichtblick-Roman« in der Meiji-Zeit innewohnte, zeigt nämlich Senuma Shigekis Definition des Begriffs *Katei shōsetsu* im *Nihon bungaku shōjiten.* Wir lesen:

Katei shōsetsu bezeichnet nicht einen Trivialroman, der sein Material aus der Familie bezieht, sondern vielmehr ein gesundes Lesestück, das sich an Familienleser wendet.[15]

Neben dem »Familienroman« gibt es natürlich auch noch einen »Ehepaar-Roman« *(fūfu shōsetsu)*[16], doch wenden wir uns einem anderen Begriff zu, um zu zeigen, mit welcher Besessenheit man Kategorisierungen vornimmt und welchen geringen Erkenntniswert diese für sich beanspruchen können. Der *Sararīman shōsetsu* (»Angestellten-Roman«), eine Gattung des Trivialromans, wird unterteilt in einen »sozialen Kriminalroman« *(shakai-ha suiri-shōsetsu),* einen »Unternehmensroman« *(kigyō shōsetsu)* und einen »Wirtschaftsroman« *(keizai shōsetsu).*[17] Hier artet die Kategorisierung zu einer reinen Spielerei ohne jede sinnvolle Beschreibungsfunktion aus.

Es gibt eine solche Fülle von Termini dieser Art in den japanischen Literaturgeschichten, die z. T. grotesk, absurd oder auch regelrecht geschmacklos sind, daß es mir gestattet sei, noch zwei von ihnen vorzustellen. Als *Byōsai-mono* – wörtlich »Kranke-Ehefrauen-Stücke« – bezeichnet man Romane (sind es *fūfu shōsetsu* – »Ehe-Romane«?), in denen – wie sollte es anders sein – die Krankheit der Ehefrau des Protagonisten ein wichtiges Thema ist.[18] Der Begriff »Lepra-Literatur« *(rai-no bungaku)* wird u. a. auf Werke des an Lepra erkrankten Schriftstellers Hōjō Tamio angewandt.[19] Daß man Literatur mit solchen Termini eher abstempelt als beschreibt und analysiert, ist offensichtlich.

Wie erklärt sich aber der unwiderstehliche Reiz solcher Termini? Er liegt in der Leichtigkeit, mit der man den Gegenstand durch diese Wortschablonen in den Griff zu bekommen scheint. Eine interessantere Erklärung für diesen Begriffsfetischismus läßt sich jedoch aus der folgenden Betrachtung des Literaturkritikers Takahashi Hideo ableiten. Er meint, daß

das wahre Wesen eines Phänomens erst dann erkennbar wird, wenn man eine Bezeichnung dafür gefunden hat.[20]

Ein Kommentar erscheint hier überflüssig, nicht aber der Wunsch, die japanische Literaturwissenschaft möge ihre »hermeneutische Unschuld« verlieren.

Nicht existente Probleme der modernen japanischen Literaturgeschichtsschreibung aufzuzeigen ist Aufgabe dieses Beitrags. Zu diesen Problemen gehören auch die impliziten Wertungen, die bereits in der Klassifizierung der Werke in *jun-bungaku* (»reine Literatur«), *chūkan-* (»Zwischen-«) und *taishū-bungaku* (»Massenliteratur«) sichtbar werden. Es wäre auch noch auf die ahistorische und auf die geschichtsphilosophisch teleologische Betrachtungsweise einzugehen.

Wichtig ist nur, daß meine Ausführungen nicht als polemischer Frontalangriff auf die japanische Literaturwissenschaft um des Angriffs willen mißverstanden werden, sondern daß sie das Anliegen erkennen ließen, zu einer Metakritik anzuregen und beizutragen im Sinne dessen, was Hans Georg Gadamer in die folgenden Worte kleidete:

> Nicht überall mehr wird der Fortgang der Forschung im Schema der Erweiterung und des Eindringens in neue Gebiete oder Materialien verstanden, sondern statt dessen in der Erreichung einer höheren Reflexionsstufe der Fragestellung.[21]

Anmerkungen

1 Aus kritischen Analysen wie z. B. den Arbeiten von Uchino Gorō hat sie jedenfalls keine Konsequenzen gezogen.

2 Nakamura Mitsuo: *Nihon-no gendai shōsetsu*, Tōkyō ^{4}1970 (1968), S. 113, 115.

3 Vgl. z. B. die in *Kaishaku-to kanshō* 9/1977 (No. 545) durchgängig verwandte Einteilung.

4 Vgl. z. B. Takahashi Hideo: »Warera-«no bungaku-to »naikō-« no bungaku, übersetzt als: Die »Wir-Literatur« und die »Introvertierte Literatur« (Kurzfassung), in *Kagami*, Neue Folge Jg. 3, 1 (1976), S. 67–105, hier S. 70.

5 Nakamura Mitsuo (s. Anm. 2), S. 126.

6 *Gendai Nihon bungaku daijiten (zōtei shukusatsuban)*, Tōkyō 1968, S. 628, Stichwort Sengoha bungaku.

7 Zitiert nach Ikeda Jun'ichi: *Bungaku sedai meimei-no ikisatsu*, in: *Kaishaku-to kanshō*, 9/1977 (No. 545), S. 156–165, hier S. 163.

8 Nakamura Mitsuo: *Mishima Yukio*, in: *Nakamura Mitsuo sakkaronshū* 3, Tōkyō 1957, S. 228–295, hier S. 288 f.
9 Okuno Takeo: *Nihon bungakushi: Kindai-kara gendai-he*. Tōkyō ^{10}1976 (1970), S. 246.
10 Okuno Takeo (s. Anm. 9), S. 245.
11 Vgl. auch die grundsätzlichen Einwände gegen den Gebrauch des Generationsbegriffs in der Literaturgeschichtsschreibung bei René Wellek u. Austin Warren: *Theorie der Literatur*, Frankfurt/M. 1971, S. 294.
12 So sind z. B. auch Noma Hiroshi, Shiina Rinzō, Umezaki Haruo, Shimao Toshio und Mishima Yukio in *Warera-no bungaku* vertreten.
13 Vgl. Takahashi Hideo (s. Anm. 4), S. 71.
14 Oka Yasuo: *Katei shōsetsu*, in: *Kaishaku-to kanshō* 7/1970 (No. 438), S. 34.
15 *Shinchō Nihon bungaku shōjiten*, Tōkyō ^{5}1975 (1968), S. 245, Stichwort Katei shōsetsu. (Sperrung von mir, I. H.-K.)
16 *Bungei yōgo-no kiso chishiki*, in: *Kaishaku-to kanshō* 3/1976 (No. 523), S. 89, Stichwort Katei shōsetsu.
17 *Bungei yōgo-no kiso chishiki* (s. Anm. 16), S. 170, Stichwort Sararīman shōsetsu.
18 Vgl. z. B. Jay Rubin: Rez. v. The Family, in: *The Journal of Asian Studies* Vol. 37, 1 (1977), S. 148–150, hier S. 148.
19 Vgl. etwa *Gendai Nihon bungaku daijiten* (s. Anm. 6), S. 1022, Stichwort Hōjō Tamio.
20 Zitiert nach der Übersetzung von A. Piper und O. Benl in *Kagami* (s. Anm. 4), S. 77.
21 Hans Georg Gadamer: *Wahrheit und Methode: Grundzüge einer philosophischen Hermeneutik*, Tübingen, 2., durch einen Nachtrag erweiterte Aufl. 1965, S. 269.

X. Theoriedefizit und Wertungswut
Die nicht existenten Probleme der modernen japanischen Literaturgeschichtsschreibung (2)*

Wieder eine Polemik?

Die Ziffer hinter dem Untertitel dieses Beitrages läßt darauf schließen, daß er nicht der erste dieser Art ist. Wenn bei dieser Gelegenheit wieder von methodologischen Problemen die Rede sein soll, so aufgrund der Überzeugung, daß sie bisher noch nicht annähernd die Beachtung fanden, die sie verdienten, und aufgrund der Erfahrung, daß die Beschäftigung mit ihnen in vielerlei Hinsicht von Nutzen sein kann.

Worum geht es? Im Mittelpunkt unserer Überlegungen steht die wissenschaftliche Disziplin, deren Gegenstand die japanische Literatur bildet, ein Fach, das man in Japan »kokubungaku« nennt und das wir in Ermangelung eines deutschen Äquivalents etwas umständlich als die Wissenschaft von der japanischen Literatur bezeichnen wollen.[1]

Die Definition des Faches von seinem Gegenstand her läßt keine Unterscheidung im Hinblick auf die Nationalität der Forscher zu. In vergleichbaren Disziplinen wäre sie auch nicht denkbar. Wir gehen davon aus, daß beispielsweise der neugermanistische Zweig innerhalb der amerikanischen Germanistik mit dem ebenso bezeichneten Gegenstandsbereich der in Deutschland beheimateten Germanistik als Fach identisch ist. Ein Blick auf die Praxis der verglichenen Disziplinen gibt allerdings zu erkennen, daß der postulierten übernationalen Einheit im Falle der Wissenschaft von der japanischen Literatur nicht ein zu erwartender Landes- und Kontinentgrenzen überschreitender Diskussionszusammenhang entspricht, zumindest erreicht er auch nicht annähernd das Ausmaß, das in anderen humanwissenschaftlichen Fächern üblich ist. Die Gründe hierfür sind so zahlreich wie vielgestaltig, doch soll ihnen hier nicht nachgegangen werden. Es mag genügen, wenn wir feststellen, daß die Bruchkante sich wie so oft um die japanischen Inseln zieht, d. h., eine heimliche Trennlinie sondert die einheimi-

* Zuerst erschienen in: *Bochumer Jahrbuch zur Ostasienforschung*, Band 2 (1979), S. 286–306.

sche von der auswärtigen Forschung ab. Von der japanischen Seite her läßt sich die Differenzierung bereits am Sprachgebrauch ablesen. Ein Wissenschaftler anderer Nationalität kann demzufolge nie »kokubungaku«, sondern allenfalls »Nihon bungaku« (»japanische Literaturwissenschaft«) betreiben, lieber bezeichnet man ihn aber noch als »japanorojisuto« (»japanologist«) oder umschreibt ihn mit anderen Fremdwörtern, die ihn exotisieren und in gebührenden Abstand zur japanischen Philologie bringen. Die linguistische Sonderbehandlung beschränkt sich allerdings nicht etwa auf die Literaturwissenschaftler, sondern sie entspricht dem japanischen Denkschema einer »identification of the race and the language«[2], so daß japanischsprechende Ausländer automatisch immer nur auf »Nihongo«, Japaner dagegen auf »kokugo« konversieren.[3] Mögliche praktische Konsequenzen aus diesem Apartheiddenken zeigt Ōki Ryūji auf, der vorschlägt, »kokugo« weiterhin für die Einheimischen zu reservieren und »Nihongo« als eine Art Pidgin-Japanisch für den internationalen Verkehr zu propagieren.[4]

Ohne der »kokubungaku« analoge Überlegungen zu unterstellen, wollen wir uns nun der Tatsache zuwenden, daß der Zaun auch von nichtjapanischer Seite her aufgerichtet und aufrechterhalten wird, was sich schon darin äußert, daß die japanischen Arbeiten, die naturgemäß den größten Anteil an der japanischen Literaturforschung ausmachen, im Ausland nicht in entsprechendem Maße berücksichtigt werden. Es kann sich m. E. nicht um einen glücklichen Zustand handeln, wenn der wissenschaftliche Austausch durch offen zugegebene oder auch uneingestandene Barrieren blockiert wird. Doch diese lassen sich erst aus dem Weg räumen, wenn ihre Ursachen erkannt sind, und hierin liegt die für diesen Beitrag gestellte Aufgabe: Ausgehend von der Beobachtung, daß innerhalb der Wissenschaft von der japanischen Literatur in der Tat eine Kluft existiert, über die man auch nicht dadurch hinwegtäuschen kann, daß man sich außerhalb Japans allenfalls selektiv auf die einheimischen Forschungsergebnisse beruft, solange sie in das eigene Konzept passen, und ansonsten die »kokubungaku« »kokubungaku« sein läßt, wollen wir die Andersartigkeit des von hier aus gesehen hinter dem Graben liegenden Bereichs beleuchten.

Es geht folglich nicht etwa darum, einen Mängelkatalog zu erstellen und anschließend die eigene als »neuere« oder »bessere«

Methode für verbindlich zu erklären, sondern darum, die Prämissen und Verfahrensweisen der »kokubungaku« kennenzulernen. Diesem Zweck soll eine Auseinandersetzung mit der modernen japanischen Literaturgeschichtsschreibung dienen, in der auf eine ausführliche Darlegung einzelner Punkte zugunsten eines stichpunktartigen Überblicks über möglichst zahlreiche und heterogene Aspekte verzichtet wird. Weder der vorliegende Aufsatz noch die anderen Untersuchungen zu dieser Thematik, auf die wiederholt zurückgegriffen werden muß, um angesichts der gebotenen Kürze die hier vorgetragenen Thesen durch ein ausreichendes Maß an Belegstellen absichern zu können, tragen den Charakter einer Polemik. Sie bilden vielmehr Vorarbeiten zu einer umfassenden und systematischen Auseinandersetzung mit der japanischen Literaturwissenschaft, deren Sinn nicht zuletzt in der daraus abzuleitenden Bestimmung des eigenen Standorts liegt.[5]

Rubrizieren und Etikettieren – Reiz und Gefahren des Schubladendenkens

Wollte man den Stand der japanischen Philologie an ihrem fachterminologischen Repertoire ablesen, so müßte man sie wahrscheinlich als die am weitesten entwickelte Disziplin bezeichnen, die man sich vorstellen kann. Sie verfügt über eine unüberschaubare Zahl an Spezialausdrücken zur Benennung literarischer Strömungen und Schulen, an Gattungsnamen und Varianten für poetologische Kategorien, mit denen sie ihre Wertung vornimmt. Das gesamte Vokabular der europäischen Philologen steht ihr ebenso zur Verfügung wie der reichhaltige Schatz an »ästhetischen Stereotypen«[6] aus der jahrhundertelangen eigenen Tradition, die – z. T. unter neuen Namen – in der modernen »kokubungaku« weiterleben. Dieser ohnehin schon umfangreiche Fundus an Fachbegriffen scheint die japanischen Philologen zu weiterer Kreativität zu beflügeln, so daß die Literaturgeschichte dieses Jahrhunderts von einem äußerst feinmaschigen terminologischen Netz überzogen ist, einem Schubladensystem, das jedem Autor und jedem Werk einen festen Platz zuweist. Mit welcher Manie man dabei zu Werke geht, zeigen beispielsweise Monographien von Ōba Shunsuke oder Hasegawa Izumi[7], aber auch jede beliebige moderne Literaturgeschichte könnte als Exempel herhalten. Bei Ōba geht die

Auffächerung bisweilen so weit, daß jedes Einzelwerk eine eigene Abteilung bildet. So besitzt *Der Shōsetsu der Übergangsperiode der frühen Meiji-Zeit* insgesamt dreiundzwanzig Untergruppen, von denen etwa die »Liebesgeschichten-Stücke« (jōwamono) eine Untergruppe vierten Grades darstellen.[8]

Manche dieser Kategorisierungen haben etwas Zwanghaft-Mechanistisches an sich. So besteht z. B. eine starke Tendenz zur Bildung von Dreiergruppen. Ein bekanntes Modell ist die »Dreifuß-Theorie« (sanpa-teiritsu), mit der Hirano Ken die Literatur der Taishō – und der frühen Shōwa-Zeit in Shishōsetsu, »Proletarier-Literatur« und »Modernismus« bzw. »Neoperzeptionisten« (Shinkankakuha) untergliederte.[9] Einen analogen Entwurf stellte der Schriftsteller Akutagawa Ryūnosuke bereits für die vierziger Jahre der Meiji-Zeit vor. Er unterschied drei Hauptrichtungen entsprechend der von ihnen proklamierten Ideale, des »shin«/ »makoto« (»Tatsache«/»wahr«/»echt«) der Naturalisten (Shizenshugi), des »bi« (»Schönheit«/»Ästhetik«) der Ästhetizisten (Yuibishugi bzw. Tanbishugi) und des »zen« (»das Gute«) der humanistisch geprägten Shirakaba-Gruppe.[10]

Katō Shūichi will diese Dreiteilung sogar für die gesamte Geschichte der japanischen Literatur seit der Heian-Zeit gelten lassen:

> Tatsache ist, daß die Heian-Periode drei verschiedene Literaturgattungen hervorgebracht hat, die durch die Werke von Kūkai, durch das »Kokinshū« und das »Konjaku Monogatari« veranschaulicht werden können. Dieselbe Dreiteilung, die sich in der Heian-Zeit als nützlich erwiesen hat, ist auf die gesamte japanische Literatur anwendbar.[11]

Die Trias findet in den Darstellungen der Literaturgeschichte seit dem Zweiten Weltkrieg ihre Fortsetzung.[12]

Nun soll hier keineswegs der Wert solcher Kategorisierungen grundsätzlich in Frage gestellt werden. Im Gegenteil, im Erkennen von Strukturen in historischen Gegenständen und Prozessen liegt ja eine wesentliche Bestimmung der Philologie als einer Humanwissenschaft. Es geht vielmehr darum, auf Probleme aufmerksam zu machen, die aus der japanischen Rubrizierungspraxis erwachsen.

Die unüberschaubare und ständig weiter wachsende Zahl an Klassifizierungen und die beschriebene Tendenz zum Zahlenfetischismus wecken den Verdacht, daß die Etikettierung in der »kokubungaku« eine Eigenbewegung entwickelt hat, die sich nicht mehr am Sinn und Erkenntniswert orientiert. Wenn das Rubrizieren zum Selbstzweck wird, führt es sich ad absurdum. Die Begriffe schütten die Sache zu, statt zu ihrem Verständnis zu dienen. Sie erschlagen die Gegenstände, machen sie allenfalls zu beliebig verfügbaren Objekten des nie zu stillenden Klassifizierungswahns, der die Illusion nährt, man habe eine Sache im Griff, sobald man für sie ein Schubladenfach gefunden hat. Die Frage nach dem wirklichen Aussagewert tritt angesichts der Befriedigung darüber in den Hintergrund, daß der neue Begriff die Literaturgeschichte wieder um ein Stückchen überschaubarer gemacht hat. Wenn ein Autor wie Dazai Osamu in verschiedenen Darstellungen jeweils einer anderen Kategorie zugeschlagen wird – er zählt z. B. zur »buraiha« (den »Libertins«[13]), zur »dentōha« (»Traditions-Schule«[14]) oder zur »Nihon rōmanha«, der »Romantischen Schule«[15], so läßt sich die Frage nach den Klassifikationskriterien nicht mehr abweisen, denn erst im Anschluß daran ließe sich ein Urteil über den Nutzen jeder einzelnen dieser Kategorien fällen.

Auch der historische Kontext eines Begriffs müßte mehr als bisher Berücksichtigung finden, denn welchen Sinn kann es haben, das »Tosa nikki«, das erste bekannte Denkmal der Tagebuch-Literatur (nikki-bungaku), verfaßt um das Jahr 935, als Werk zu bezeichnen, das »auf der Basis einer Art gesakuhaften Flairs von Humor und Pathos durchzogen ist«?[16] Man bezahlt den Versuch, das »Tosa nikki« zu charakterisieren, mit der Ent-Historisierung beider Vergleichspunkte, des Tagebuchs und der Gattung Gesaku[17] der späteren Edo- und frühen Meiji-Zeit, die bezeichnenderweise auch noch mit europäischen Fremdwörtern (»humor« und »pathos«) inhaltlich umschrieben wird. Der Verlust an Präzision durch das leichtfertige Aus-dem-Kontext-Reißen von Begriffen wiegt in jedem Falle schwerer als der – zumeist ohnehin fragwürdige – Gewinn für die Deskription.

Amulett-Wörter und Sprachmagie – Terminologie als Verzauberung

Die Probleme des Sprachgebrauchs beschränken sich nicht auf die Fachterminologie, denn was für die Literaturwissenschaft insgesamt zutrifft, hat natürlich ebenso für die »kokubungaku« Geltung, der Umstand nämlich, daß sie Aussagen über ein sprachliches Objekt trifft, indem sie sich desselben Mittels – derselben Sprache – bedient. Das »Reden mit Erkenntnisgewinn (ist aber) nur möglich..., sofern die dabei verwendete Sprachform nicht identisch bzw. ihrem Charakter nach nicht identisch ist mit der Sprachform, über die gesprochen werden soll, wenn also eine gewisse Übersetzung/Umcodierung stattfindet«.[18]

Diese Feststellung trifft ins Mark der japanischen Philologie, die sich nicht nur weigert, ihre von ihr selbst entwickelte Begrifflichkeit zu erläutern oder festzulegen, da sie es einesteils für überflüssig hält aufgrund des logischen Zirkelschlusses, nach dem die gemeinte Sache den Begriff erhellt und dieser wiederum die Sache verdeutlicht[19], da sie andererseits aber auch die Meinung vertritt, Definitionen seien ein unfruchtbares Geschäft, das nichts einbringt, weil sie den Erkenntnisprozeß selbst nicht reflektiert. Das Problem liegt noch tiefer. Es hat seine Ursache in den völlig anderen Auffassungen vom Sinn der Literaturwissenschaft in Japan. Wenn man nämlich davon ausgeht, daß die »kokubungaku« gleich der Kritik (hyōron) ein Kunstgenre ist, daß der Philologe auf derselben Stufe steht wie der Künstler und daß eine Abhandlung über einen Autor oder ein Werk einen »logischen abstrakten Roman« darstellt, wie Isoda Kōichi meint[20], dann findet genau die Umcodierung nicht statt, die zuvor als Voraussetzung für erkenntnisstiftendes Reden erläutert wurde. Die japanische Literaturwissenschaft hält weitgehend an ihrem Kunstpostulat fest. Nicht alle Forscher äußern sich so dezidiert wie etwa Saegusa Yasutaka, denn dies setzt die Reflexion solcher Fragen voraus, die zumeist unterbleibt. Saegusa verkündet:

Ein japanischer Literaturwissenschaftler muß meiner Meinung nach in erster Linie Literat und erst in zweiter Linie Wissenschaftler sein. Es versteht sich von selbst, daß eine wissenschaftliche Abhandlung nicht ohne Beweiskraft, Logik und Historizität[21] auskommt. Aber ich glaube nicht, daß es die Aufgabe eines japanischen Literaturwissenschaftlers sein kann, fehlerfreie Ergebnisse aufgrund solcher sozusagen vom wissenschaftlichen Geist (getragenen) Produkte hervorzubringen. Ich bin vielmehr der Überzeugung, daß jede einzelne Abhandlung letztlich ein literarisches Werk darstellt, jeder Autor seinen individuellen Stil besitzt und daß sich sein persönlicher seelischer Schmerz (sono kokoro no itami) irgendwo verbergen muß...

Mit literarischem Werk meine ich nicht unbedingt die im allgemeinsprachlichen Sinne so bezeichneten Sorten Dichtung, Roman oder Drama. Vielmehr möchte ich von den japanischen Literaturwissenschaftlern fordern, ihre Abhandlungen als literarisches Werk zu betrachten.[22]

Auch wenn keine Äußerungen dieser Art vorliegen, so macht doch die Sprachverwendung in der »kokubungaku« besser als alle Proklamationen deutlich, daß das Kunstpostulat für die überwiegende Mehrzahl der japanischen Forscher die unausgesprochene Grundlage ihres Schaffens darstellt. Nach diesem Verständnis liegt der Hauptakzent auf dem Schönschreiben über Schöne Literatur, im kongenialen Nachdichten literarischer Schöpfungen. Nicht von ungefähr sind die meisten japanischen Literaturkritiker, gerade auch die berühmten, zugleich auf künstlerischem Gebiet produktiv. Die Grenzen sind nicht nur fließend, sie werden bewußt nicht gesetzt.

Somit erklärt sich auch der literatursprachliche Charakter der japanischen Forschung, die gar nicht erst intendiert, eine Metasprache zu entwickeln, sondern auf der Ebene der Sprache bleibt, über die gesprochen werden soll.[23] Zentrale Begriffe werden aus dem künstlerischen Text in den Kritikerdiskurs übernommen, statt sie zum Gegenstand der Betrachtung zu machen, wodurch sie als Schlüssel zum Verständnis des Werks fungieren könnten.[24] Dadurch entsteht eine Art Nachdichtung. Der japanische Philologe paraphrasiert in einem Gemisch aus eigenen und Dichterworten das Kunstwerk. Doch wem ist damit gedient? Dem Werk selbst am allerwenigsten, denn welchen Sinn kann es haben, dieses durch etwas anderes repräsentieren zu wollen? Das Nacherzählen des japanischen Kritikers impliziert die Vorstellung, man könne das im Werk Gesagte auch anders sagen, z. B. einfacher oder klarer, um es jedem Leser nahezubringen, und verkennt dabei, daß das Wesen des sprachlichen Kunstwerks in der Bedeutungshaltigkeit aller seiner Elemente liegt, so daß es unmöglich wäre, von ihm einen Sinn zu subtrahieren. Es kann also weder vornehmlich um das Was noch um das Wie der Aussage gehen, denn beide bedingen einander. Diese Komplexität der Bedeutungsproduktion im Kunstwerk durch eine Nachdichtung imitieren zu wollen, wie es die »kokubungaku« allzu häufig versucht, ist ebenso unmöglich wie unsinnig. Ihre Aufgabe bestünde vielmehr darin, das »Funktionieren« des Kunstwerks aufzuzeigen. Statt dessen eifert sie den Künstlern nach.

In der japanischen Literaturbetrachtung, deren Sprache markiert ist von »powerful word-fetishes with their murky emotional aura and hazy lyrical magic«[25], stoßen wir bei genauer Beobachtung auch auf Begriffe, die dem nahekommen, was Ivan Morris in einem anderen Zusammenhang einmal als Amulett-Wörter bezeichnete – Begriffe, deren Denotat verschwommen und sogar widersprüchlich sein kann, deren wesentliche Funktion aber in dem Gefühl der Sicherheit liegt, das sie ihrem Benutzer verschaffen.[26] In unserem Fall handelt es sich um Begriffe, die vorspiegeln, Erklärung zu sein, klare und deutliche Aussagen zu beinhalten, ohne diesen Anspruch jedoch einlösen zu können. Ein solcher Begriff ist der Terminus »naiteki hitsuzensei« (»innere Notwendigkeit«, »Zwangsläufigkeit«), der immer dann einspringen muß, wenn sich keine Deutung anzubieten scheint.[27] Erst beim zweiten Hinsehen erkennt man, daß mit »innerer Notwendigkeit« eigentlich gar nichts gesagt ist, solange man nicht ihre Wirkfaktoren namhaft macht. Mit ihrer Benennung liegt jedoch ein Erklärungsansatz vor, der es wiederum überflüssig machte, zu einer Schein-Erklärung wie »naiteki hitsuzensei« Zuflucht zu nehmen.

Ähnlich verhält es sich mit dem Begriff »hibungakuteki« (»unliterarisch«), der zumeist zur Spezifizierung eines dezidiert negativen Urteils herhalten muß. Doch was spezifiziert er eigentlich? Darüber gehen die Meinungen derjenigen, die dieses Verdikt aussprechen, weit auseinander. »Hibungakuteki« kann der mißglückte Versuch einer Neubearbeitung klassischer Themen sein, etwas, das grotesk wirkt[28], wobei das entsprechende Positiv auf einen Literaturbegriff hinausliefe, der Groteskes oder etwa eine verfremdende Wirkung von vornherein ausschließt. »Unliterarisch« ist nach Meinung eines anderen Wissenschaftlers dagegen etwas, auf das sich die Sehnsucht des Literaten richtet.[29] In diesem Fall wäre »literarisch« der negative Pol, der Lebensferne und Realitätsfremdheit konnotieren soll, während das Gegenteil als Wunschziel die Deckungsgleichheit von Literatur und Leben anzudeuten scheint.

Schon ein Vergleich dieser beiden Beispiele zeigt, daß »hibungakuteki« nicht allein divergierende Auffassungen zum Ausgangspunkt hat, sondern sich auf völlig verschiedene Bereiche des Gegenstandes »Literatur« beziehen kann – einmal die innerliterarische und zum anderen die Ebene der Beziehung zwischen Literatur und Realität. Mit einem dritten Beispiel stoßen wir auf einen dritten semantischen Aspekt. Signifikant ist hier die Produzenten-Ebene, nämlich die Unterscheidung von Literaten und Nicht-Literaten; »hibungakuteki« ist folglich ein Text, der von »Durchschnittsbürgern« (ippan shakaijin) verfaßt wurde.[30] In allen drei Fällen impliziert der Begriff auch ein Werturteil, das entsprechend dem jeweils thematisierten semantischen Bereich einen unterschiedlichen Aussageanspruch in bezug auf Reichweite und Ausschließlichkeitsgrad beinhaltet.

All dies wird in der japanischen Literaturwissenschaft jedoch nicht reflektiert, denn das Besondere an »hibungakuteki« wie an »naiteki hitsuzensei« liegt gerade darin, daß sie scheinbar eine fest umrissene referentielle Bedeutung besitzen und semantisch gesehen in der unmittelbaren Nachbarschaft des Basisvokabulars der »kokubungaku« angesiedelt sind. Dieser hohe Verbindlichkeitsgrad und die leichte Eingängigkeit prädestinieren sie zu der Funktion, die wir mit derjenigen der (politischen) Amulett-Wörter verglichen.

Eingebettet in die schillernde, assoziationsreiche Sprache der »kokubungaku« mit ihren irisierenden Begriffen und dekorativen Metaphern ordnen sich die literaturwissenschaftlichen Amulett-Wörter der Verzauberungs-Absicht der als Kunst betriebenen japanischen Literaturbetrachtung unter. Es entsteht ein »Schloß der Wörter« (»kotoba no shiro«, Matsumoto Tsuruo[31]), das nicht mehr auf das Erkennen eines Gegenstandes, des gewählten Ausschnitts aus dem Sachbereich japanische Literatur ausgerichtet, sondern vielmehr darauf angelegt ist, beim Rezipienten »Rührung« (kandō) zu erzeugen. Besonders eindrucksvolle Beispiele hierfür sind die Texte von Kobayashi Hideo, an denen sich nachweisen läßt, daß die Sprachmagie bisweilen einer bewußten Verschleierung des Auszusagenden gleichkommt[32], die jedoch als der eigentliche Reiz seiner Arbeiten empfunden wird. Wenn daher ein fast ebenso berühmter japanischer Literaturwissenschaftler, Etō Jun, eine Zentralfigur des gegenwärtigen kulturellen Lebens, zu verstehen gibt, daß in eben diesem Erzeugen von »Rührung« (kandō) der tiefste Sinn der Literaturbetrachtung liege, und dieser sei nun einmal nicht durch »Wissenschaftlichkeit« und »neue Methoden« zu erreichen[33], so ist diese Zielsetzung mit derjenigen der japanischen Kunstliteratur absolut identisch.[34]

Daß es der japanischen Philologie eher ums Werten als ums Erkennen geht, zeichnet sich bereits aus dem bisher Gesagten ab. Sie würde allerdings ins Feld führen, daß das Werten das Erkennen miteinschließt. Tragischerweise verfällt sie hierin wieder ihrem Zirkeldenken und der »hermeneutischen Unschuld«, von der an anderer Stelle die Rede war.[35]

Nehmen wir ein Beispiel aus dieser Wertungspraxis: Yoshida Seiichi behauptet in einer Diskussion (zadankai), es sei ausgeschlossen, daß sich die Einschätzung eines erstklassigen Schriftstellers (ichiryū sakka) aufgrund neuentdeckten Materials ändern könnte.[36] Dabei scheint er völlig zu übersehen, daß die Kategorie »erstklassiger Schriftsteller« bereits eine Wertung impliziert und nicht etwa eine »naturgegebene« Einteilung darstellt. Es ist also seine Klassifizierung, nicht der Gegenstand selbst, der einer etwaigen Umbewertung im Wege steht.

Mit Werturteilen ist man schnell bei der Hand, denn wo man die Hauptaufgabe im Zensurenverteilen sieht, da genießt es verständlicherweise Vorrang. Die Scheidung von Böcken und Schafen braucht nicht immer den Charakter eines Schnellgerichtsverfahrens wie in zahllosen »zadankai« und Monatssammelrezensionen (geppyō, bungei jihyō) zu haben[37], stets aber läuft sie nach gleichbleibendem Muster ab. Einzelne Werke oder Autoren werden rundweg für gut (»ii«, »meibun«, »kessaku«) oder für schlecht bzw. nicht gut (»yokunai«, »amari yokunai«) erklärt, ohne daß dies einer Begründung bedarf. Damit ist man den »guten« Werken ebensowenig gerecht geworden wie den »schlechten«, man hat sie gleichermaßen abgeurteilt und ad acta gelegt, da man das Wichtigste, was es dieser Auffassung nach über sie zu sagen gibt, ausgesprochen hat.

Neben den verbreiteten Leerformeln wie »interessant«/»reizvoll« (»omoshiroi«), »frisch« (»sawayaka«, »shinsen«), »klar« (»senmei«) oder »leer« (»munashii«) ist es vor allem die Hygiene-Metaphorik, mit der man pauschal die literarische Spreu vom Weizen zu trennen sich anschickt. Ein »gesundes« Werk ist allemal besser als sein Gegenteil, selbst wenn es sich als »zu gesund« erweisen sollte.[38]

Ein weiteres wichtiges Gegensatzpaar, mit dem man Wertungen vornimmt, ergibt sich aus der Kategorie »künstlich« (»jinkōteki«,

»tsukurimono«) bzw. »unnatürlich« (»fushizen«), die nur auf der Folie eines (positiv konnotierten) Verständnisses von »Natürlichkeit« bzw. »Nicht-Konstruiertheit« oder »Echtheit« denkbar ist.[39] Der leitende Gedanke dabei ist die Vorstellung, daß eine künstlerische Schöpfung gewissermaßen »von selbst« entsteht und auf diese Weise die Realität am vollkommensten abzubilden vermag. Jeder Eingriff in den möglichst unbewußt ablaufenden Schaffensprozeß in Form von Planung und der Entwicklung verschiedener Entwürfe wird als Störfaktor empfunden, der die »Spontaneität« und »Natürlichkeit« des Opus gefährdet. Kein Wunder also, daß etwa im Falle des rational vorgehenden Autors Mishima Yukio, von dem bekannt ist, daß er seine Werke sorgfältig plante, der Vorwurf der »Künstlichkeit« zu den zentralen Topoi in der Sekundärliteratur zählt.[40]

Das Labyrinth der Normen

Die Sicherheit und Selbstverständlichkeit, mit der die professionellen japanischen Zensurenverteiler zu Werke gehen, steht in einem seltsamen Widerspruch zu der Verschwiegenheit, die sie in bezug auf ihre Kriterien wahren. Zwar sind die Vertreter der »kokubungaku« offenbar der Überzeugung, daß es in jedem Falle eindeutig möglich ist, zwischen gut und schlecht zu unterscheiden[41], doch es liegt ihnen fern, daraus die Verpflichtung für sich abzuleiten, die von ihnen zugrunde gelegten Normen auch bekanntzugeben. Z. T. werden sie allen Ernstes als »Berufsgeheimnis« betrachtet.[42] Der weitgehende Konsensus über die gefällten Werturteile in einer literarischen Öffentlichkeit, die sie selbst repräsentieren, gibt keinen Anlaß zum Nachdenken über die sie steuernden Prinzipien. Jeder, der diese Notwendigkeit mit Nachdruck propagierte, müßte mit einem an das Argument gekoppelten Verweis rechnen, solche intellektualistischen Sandkastenspiele brächten nichts ein – eine durchaus logische Argumentation im Kontext einer pragmatisch orientierten Disziplin, die, blind für den Zusammenhang zwischen Erkenntnis und Interesse, Erfolge ausschließlich an konkreten Ergebnissen abliest, ohne nach den Bedingungen ihres Zustandekommens zu fragen.

Schließt man von den Werturteilen und Kategorisierungen in der modernen Literaturgeschichtsschreibung auf die sie leitenden

Normen, so stößt man auf eine Vielfalt einander z. T. widersprechender Prinzipien japanischer und europäisch-westlicher Provenienz. Am häufigsten begegnen werkästhetische bzw. produktionsästhetische Wertungen, die sich auf traditionelle wie auf importierte Ansichten stützen können. Der individuelle Sprachgebrauch eines Schriftstellers gilt vielen japanischen Literaturwissenschaftlern als das wesentlichste Element eines Werks. Wo das Schwelgen in schönen Formulierungen nicht möglich ist, wie z. B. bei Übersetzungen, entgeht einem daher nach Ansicht von Nakamura Mitsuo das eigentliche Kunsterlebnis und nur eine oberflächliche, schnell vergehende intellektuelle Neugier wird gestillt.[43]

Die in Japan verbreitete mechanistische Trennung von Stil und Inhalt[44], die sich über die Interdependenz dieser beiden Größen hinwegsetzt, hat zur Folge, daß das Geschmäcklerische, Dekorative und Stimmungsvolle im Rennen um die Gunst des Kritikers Vorsprung besitzt, der indes durch andere interferierende Normen wieder zunichte gemacht werden kann, etwa durch die Forderung nach realistischer Personenzeichnung oder stringenter Handlungsführung, hinter der man unschwer das Vorbild des europäischen Romans des neunzehnten Jahrhunderts erkennt. Wie hartnäckig sich die am europäischen Realismus orientierten Prinzipien in der japanischen Literaturwissenschaft bis heute behaupten, mag man angesichts der Tatsache ermessen, daß bereits Nakamura Mitsuos 1950 erschienener Kritik am japanischen Roman dieses Jahrhunderts *(Fūzoku shōsetsu ron)* die unzulässige Anwendung solcher Kriterien vorgeworfen wurde.[45] Dessenungeachtet geistern sie jedoch weiterhin durch neueste Literaturgeschichten und Abhandlungen und machen sich selbst in Arbeiten breit, deren Autor sich eigens die Abwendung von einer europazentrierten Betrachtungsweise zum Ziel gesetzt hat.[46] Marleigh C. Ryan hat zweifellos recht mit ihrer Kritik am »literarischen Imperialismus« vieler westlicher Forscher[47], doch dies ist nur eine Seite des Problems. Die nicht minder gewichtige liegt in der Tatsache, daß die »kokubungaku« ihre Nationalliteratur oft mit denselben europäischen Maßstäben mißt, ohne daß sie dies auch nur annähernd so kritisierenswert findet wie Ryan.

Der japanische Normenkatalog weist jedoch noch weitere Kriterien auf. Eine Art gesellschaftsbezogener Wertung praktiziert Nakamura Mitsuo, der von der Literatur fordert, sie müsse das

Ideal einer Epoche oder aber einen überzeitlichen Geist verkörpern.[48] Über die Literatur der Nachkriegszeit weiß er dagegen zu berichten, daß sie ihre »ethische Charakteristik« (»rinriteki shihyō«) verloren habe, da Werte wie die Freiheit des Individuums oder die Gleichheit der Geschlechter, für die sich die Literaten seit der Meiji-Zeit eingesetzt hätten, plötzlich verwirklicht worden seien[49], doch ist er wie viele andere Wissenschaftler nicht bereit, in der Unterhaltung die Hauptbestimmung der Schönen Literatur zu sehen. Elitäres Denken spricht aus den oft geäußerten Befürchtungen, die Qualität der Literatur sinke mit ihrer »Vermassung« (»taishūka«), die mit »Trivialisierung« (»tsūzokuka«) einhergehe, ein Gedanke, der nicht nur Nakamuras Literaturgeschichte prägt[50], sondern der in vielerlei Gestalt den Tonfall der gegenwärtigen »kokubungaku« bestimmt.[51]

Für die eine Kritikergruppe haben literarische Werke einfach zu sein[52], ein Postulat, das in dieser undifferenzierten und unreflektierten Form genauso willkürlich ist wie etwa die sehr verbreitete und mit den unterschiedlichsten Implikationen versehene Forderung nach »fuhensei« (»Verallgemeinbarkeit«/»Universalität«), deren Ursprung größter Wahrscheinlichkeit nach in Europa zu suchen ist.[53] Auch ideologiekritische Wertungen sind in der »kokubungaku« geläufig.[54] Sie lassen den Standpunkt und die Wertungskriterien des Schreibers am leichtesten durchblicken, doch sind auch sie häufig mit diversen werkästhetischen Prinzipien gekoppelt. Wie man sieht, ist das hiermit keinesfalls vollständig abgesteckte Dickicht der Normen nur schwer zu durchforsten.

Die Autonomie des Kunstwerks

Wie die meisten prinzipiellen Vorentscheidungen, die man nicht reflektiert, weil man sie nicht als solche erkennt, sondern für naturgegebene Sachverhalte hält, wird auch das Postulat einer Autonomie des Kunstwerks nicht explizit hervorgehoben, doch es bildet gleichwohl eine der wichtigsten Arbeitsgrundlagen der »kokubungaku«. Die große Beliebtheit der »sakuhinron« (»Abhandlungen über ein Werk«), die gegenwärtig ihren Gipfel erreicht zu haben scheint[55], erklärt sich nicht allein aus der optimalen kommerziellen Verwertbarkeit dieses »Genres«, sondern sie basiert auf der Grundannahme, daß das »Kunstwerk als ein selbständiges

›Ding‹«[56] existiert. Methodisch gesehen beschränken sich die meisten »sakuhinron« jedoch keineswegs auf eine intratextuelle Analyse. Typischer ist eine Werkparaphrase in Verbindung mit einem weitläufigen Spaziergang durch die daran anknüpfenden Assoziationsfelder des Interpreten.[57]

Für die Literaturgeschichtsschreibung hat das Kunstautonomie-Postulat die fatalsten Folgen, denn indem man von der prinzipiellen Vergleichbarkeit aller Texte ausgeht, verzichtet man auf die Frage nach dem konkreten historischen Sinn eines Werks und dem Bezug seiner semantischen Strukturen zu dem jeweiligen soziokulturellen Kommunikationssystem. Diesen Mangel kann weder die Gliederung der modernen Literaturgeschichten in eine chronologische Abfolge verschiedener »Schulen« noch der Versuch verdecken, das politische Tagesgeschehen dem literarischen punktuell gegenüberzustellen, solange man es unterläßt, die hiermit suggerierte einseitige oder wechselseitige Einwirkung zu spezifizieren. Japanische Literatur scheint in einem zeit- und geistesgeschichtlichen Vakuum zu entstehen, so daß es ohne weiteres möglich wird, durch Jahrhunderte voneinander getrennte Werke oder Gattungen unmittelbar einander gegenüberzustellen. Der in der außerjapanischen wie in der japanischen Literaturwissenschaft gleichermaßen beliebte Topos von der japanischen Sensibilität, die man am vollkommensten im *Genji monogatari*, einem Epos aus dem frühen elften Jahrhundert, verwirklicht sieht und als deren international bekanntester Repräsentant der Nobelpreisträger Kawabata Yasunari gilt, atmet die gleiche Geschichtslosigkeit wie all die anderen Interpretationsmuster und Vergleichsschemata, bei denen man nicht nach den historischen Bedingungen solcher scheinbar identischer Phänomene fragt.[58]

Die japanische Philologie, die einzelne Werke unabhängig von ihrem Kontext betrachten zu können glaubt und sie zu Mustern erklärt, an denen sie andere Werke mißt, verkennt die Tatsache, daß es sich nicht um unveränderbare Größen handelt.

> ... durch jede Verschiebung in der Zeit, im Raum und in der sozialen Umwelt verändert sich die aktuelle künstlerische Tradition, durch deren Prisma das Werk wahrgenommen wird, und unter dem Eindruck dieser Verschiebungen verändert sich auch das ästhetische Objekt, das im Bewußtsein der Mitglieder des jeweiligen Kollektivs dem materiellen Artefakt, der Schöpfung des Künstlers entspricht. Ein bestimmtes Werk, mag es auch in zwei voneinander entfernten Perioden gleichermaßen positiv

gewertet worden sein, ist dennoch jedesmal ein anderes ästhetisches Objekt, also in bestimmtem Sinne ein anderes Werk. Es ist natürlich, daß sich bei diesen Verschiebungen des ästhetischen Objekts oftmals auch der ästhetische Wert verändert.[59]

Die verletzte Autonomie des Kunstwerks

Oft sind die Autoren, welche davon ausgehen, daß ein literarisches Werk als autonome Schöpfung unmittelbar zugänglich ist, dieselben, die es andererseits nur als Reflex der Seelengeschichte des Schriftstellers gelten lassen wollen. Darauf, daß man Literatur in Japan allzugern auf die subjektiven Bedingungen des Schaffensprozesses reduziert, daß man einem Biographismus huldigt, der oft mit psychoanalytischem Vokabular garniert wird, habe ich bereits an anderer Stelle aufmerksam gemacht.[60] Doch auch die psychoanalytische Literaturwissenschaft, die diesen Namen verdient und die in Japan vorwiegend von Psychoanalytikern betrieben wird[61], vermag den literarischen Charakter eines Werks, das mehr ist als Selbstausdruck oder »eine Kopie des Lebens«[62], nicht zu erfassen. Ein solcher Reduktionismus ist in der japanischen Philologie gleichwohl weit verbreitet. Insgesamt neigt sie zu monolinearen Erklärungsmustern, indem sie aus der Fülle der möglichen Wirkfaktoren die individuelle Konstitution der Autorpersönlichkeit als einzig relevante aussondert und im Stile eines simplen Ursache-Folgen-Schemas argumentiert. Eine Ableitung wie die nachstehende, die als Beispiel für viele gelten darf, mag zwar unmittelbar einleuchten, sie ist nichtsdestoweniger aber problematisch im Sinne des zuvor Gesagten und im Hinblick auf die implizierten Grundannahmen wie z. B. die Vorstellung, daß Literatur nur Mimesis selbsterlebten Lebens sein könne:

Für den Literarhistoriker Nakamura Mitsuo ist Hori Tatsuos schwache Gesundheit der Schlüssel zu dessen Literatur. Sie habe seine Lebenserfahrung eingeschränkt und damit den Charakter seiner Werke geprägt.[63] Krasser noch verdeutlicht in ihrer Geschmacklosigkeit die folgende Aussage über die Autorin Enchi Fumiko den Unsinn dieses plumpen Positivismus:

> It was after she had developed cancer of the womb, and had been deprived of her sexual ability through an operation that she became really productive as a sensuous aesthetic writer.[64]

Weder wirkt Krebs grundsätzlich als Literatur-Auslöser noch läßt diese Feststellung einen Zusammenhang zwischen der Krankheit und den spezifischen Qualitäten ihrer Romane erkennen.[65]

Oft werden biographische Fakten und Werkinhalte auch nur suggestiv einander gegenübergestellt, und es bleibt dem Leser überlassen, die angedeuteten Verbindungslinien durchzuziehen. Das Werk spiegelt das Leben, und das Leben erhellt das Werk eines Autors. Nach diesem Muster findet sich für alle auftauchenden Fragen eine Antwort, oder besser gesagt: Es tauchen nur Fragen auf, die sich auf diese Weise beantworten lassen. In diesem Punkt ist in der »kokubungaku« eine Verletzung der Autonomie des Kunstwerks erlaubt.

Die Schlüsselbegriffe »kaishaku« und »kanshō« und was sie erschließen

Statt wie bisher von der literaturwissenschaftlichen Praxis auf die theoretischen Prämissen zu schließen, wäre auch der umgekehrte Weg denkbar. Hierzu eignet sich eine kurze Betrachtung der Termini, die für »kokubungaku« von zentraler Bedeutung sind, was schon die Tatsache belegt, daß sie für so selbstverständlich gehalten werden, daß man sie in der Mehrzahl der einschlägigen Lexika nicht anführt. Die Begriffe »kaishaku« (»Interpretation«, »Deutung«) und »kanshō« (»Würdigung«) erscheinen u.a. im Titel wichtiger Fachzeitschriften. Sie bezeichnen wesentliche Stufen im Arbeitsprozeß der Textanalyse, die nach japanischer Auffassung etwa folgendermaßen abläuft: Der Lektüre schließt sich eine »dokkai« (»Auslegung«) oder »kaishaku« genannte eingehende Beschäftigung mit dem Text an, die auch »kenkyū«, d.h. »Forschung« im Sinne des Erkundens von Entstehungsbedingungen, des biographischen Hintergrunds u.ä., beinhalten kann. Die höchste und wichtigste Stufe bildet das darauf aufbauende »kanshō«, das sich nach Miyoshi Yukio gegebenenfalls aller philologischen Methoden und Arbeitsweisen bedient, diese aber letztlich zu Hilfsmitteln der »Würdigung« degradiert. »Kanshō« besteht in der vollkommenen Übereinstimmung des Rezipienten mit der Werkstruktur, die eine kongeniale Gleichgestimmtheit mit dem Produzenten nahezulegen scheint, und in der Tat spricht Miyoshi im Anschluß an Takada Mizuho davon, daß man bei der Lektüre

»das Innere«/»die Absicht (kokoro) des Autors in sich aufzunehmen« habe.[66]

In diesem Punkt herrscht offensichtlich weitgehende Übereinstimmung, denn es lassen sich zahlreiche ähnlich lautende Aussagen anführen. Begnügen wir uns hier mit der folgenden Definition von »kanshō«: »Das Leben der Kunst gemeinsam mit dem Autor erfahren und die Emotionen genießen, die sich daraus ergeben.«[67]

Das »Mit-dem-Autor-Leben«[68] als zentrale Bestimmung der »kokubungaku« beinhaltet aber nicht nur eine stark affektiv gefärbte, individualistische Erfahrung, die nichts mehr mit dem zu tun hat, was wir unter wissenschaftlichem Vorgehen verstehen, von dem wir u. a. Systematik und Nachprüfbarkeit verlangen, sondern die Betonung des Erlebnisaspekts gibt darüber hinaus zu erkennen, daß das literarische Werk nicht eigentlich Gegenstand ist, sondern nurmehr Anlaß und auslösender Faktor für psychische Vorgänge beim Rezipienten. Dabei haben wir über die weiteren fragwürdigen Implikationen dieser »Würdigungs«-Theorie noch gar nicht nachgedacht, so etwa über die Annahme, daß die beste Lesart eines Textes die des Autors sei, oder auch die damit kollidierende Vorstellung, das Werk sei ungeachtet räumlicher oder zeitlicher Distanz unmittelbar aus sich selbst heraus zu verstehen (Kunstautonomie!).[69] Ebensowenig ist der Zusammenhang mit der davorgeschalteten Stufe des »kaishaku« geklärt[70], das oft genug einem wahllosen Heruminterpretieren gleichkommt, ferner die Beziehung zu der sich anschließenden Stufe der »Kritik« (»hihyō«).[71]

Eine genaue Beschäftigung mit diesen Begriffen, welche die Bandbreite ihres Verständnisses in Japan abzustecken hätte, würde auch die große Affinität zur hiesigen Schule der Werkinterpretation herauszustellen haben, die sich auf die Diltheysche Theorie des Verstehens durch das Sichhineinversetzen in fremde Sinngebilde beruft. Wichtige Vertreter dieser Schule wie Emil Staiger und Wolfgang Kayser sind auch in Japan bekannt, und mir scheint, daß diese Richtung dem japanischen Intuitionismus besonders entgegenkommt. So ließen sich auch von den als zentral erkannten termini technici her die Basisentscheidungen und die daraus abgeleiteten Verfahrensweisen der »kokubungaku« erschließen.

Die neu zu entdeckende Einheit der Wissenschaft von der japanischen Literatur

Brechen wir hier unseren im Eiltempo absolvierten Marsch durch die zuweilen unwegsamen Gefilde der »kokubungaku« ab. Es versteht sich von selbst, daß viele wichtige Probleme nicht angesprochen werden konnten und dieser Entwurf fragmentarischen Charakter trägt. Aber auch abgesehen davon bietet sich keine Gelegenheit zu zufriedenem Händereiben, denn eine Kritik an der japanischen Philologie bedeutet immer zugleich ein In-Frage-Stellen der eigenen Position. Es wäre unaufrichtig, wollten wir verschweigen, daß viele der beanstandeten Punkte in mehr oder minder starker Ausprägung auch die außerjapanische Literaturwissenschaft kennzeichnen.

Ein wesentlicher Unterschied bleibt allerdings festzuhalten: Die auf einem europäischen Wissenschaftsverständnis basierende Philologie versteht sich nicht als Kunst, und deshalb kann und darf sie die Prämissen der »kokubungaku« nicht unbefragt übernehmen. An dieser Stelle wäre der Einwand denkbar, daß auch innerhalb Japans eine Differenzierung angebracht erscheint. Die an den Universitäten betriebene »Forschung« (»kenkyū«) lasse sich nicht mit »hyōron«, der »Kritik«, in einen Topf werfen. Ich habe eine solche Unterteilung bewußt vermieden, da m. E. allenfalls ein gradueller, nicht eindeutig bestimmbarer, keinesfalls aber ein prinzipieller Unterschied besteht. »Kenkyū« wird allgemein weniger geachtet; man sieht in ihm »no more than a reorganization of obvious facts«, während die echte, kreative Auseinandersetzung mit der Literatur in der »Kritik« stattfinde.[72] Dieser Sicht stimmt letzten Endes sogar ein »Forscher« wie Miyoshi Yukio zu, wenn er »kenkyū« zum Hilfsmittel des »kanshō« erklärt.[73]

Angesichts dieser völlig anderen Voraussetzungen wäre jeder missionarische Eifer fehl am Platze. Es kann uns gar nicht darum gehen, die »kokubungaku« auf methodologische Schwächen aufmerksam zu machen oder sie durch den Hinweis auf ihre »hermeneutische Unschuld« ins grelle Licht der Selbsterkenntnis zu stoßen. Die »kokubungaku« besitzt ein anderes Selbstverständnis und einen anderen Wissenschaftsbegriff, die ihren Sinn aus der Zuordnung zum soziokulturellen Gesamtsystem Japans beziehen, das sich – und diese Einsicht dürfte »Japanforschern« nicht schwer fallen – vom europäisch-westlichen unterscheidet. Hiermit wäre der Bruch zwischen der japanischen Philologie und den »japanorojisuto«s endgültig besiegelt. Wie läßt er sich überwinden?

Die Frage provoziert einen Zwischenruf: Muß er denn überwunden werden? Wäre es nicht möglich oder sogar sinnvoll, auf zwei Gleisen zu fahren und auf den wissenschaftlichen Austausch zu verzichten? Die Antwort kann nur für den Bereich diesseits der Bruchkante gegeben werden, und hier lautet sie: Eine Selbstisolation käme der Selbstaufgabe nahe, denn die Erforschung der japanischen Literatur ist ohne Einbeziehung der »kokubungaku« nicht denkbar. Erst durch das Studium der Reaktion auf die Texte gewinnen wir Einsicht in die ihnen korrespondierenden Rezeptionsweisen und können unseren »literarischen Imperialismus« ablegen, indem wir lernen, sie nach ihren eigenen Kriterien zu beurteilen. Die »kokubungaku« wiederum dürfte von der ausländischen Forschung Einblicke in das »kulturell Unbewußte«[74] erwarten, das sich aus dem Blickwinkel eines kontrastierenden kulturellen Vorverständnisses leichter wahrnehmen läßt.

Die Überwindung der Spaltung zeichnet sich nun als reelle Möglichkeit ab. Voraussetzung dafür ist das Bestreben, die »kokubungaku« von ihren Bedingungen und Prämissen her zu verstehen, wie es auch der vorliegende Beitrag unternahm. Die metakritische Reflexion ermöglicht die Synthese, denn durch sie gelingt die Einbeziehung der japanischen Sekundärliteratur in den literaturwissenschaftlichen Erkenntnisprozeß. Die »kokubungaku« bleibt Richtschnur – nicht im Sinne fragloser Übernahme ihrer Arbeitsergebnisse oder als Beglaubigungsinstanz im Falle identischer Aussagen, sondern als unersetzbarer Zugang zu einem Gegenstand, der nicht für sich existiert. Wenn es der außerjapanischen Literaturwissenschaft gelänge, mittels dieses reflektierten Vorgehens, das immer auch die eigenen Prämissen überprüft, neue Impulse zu setzen, dann bestünden gute Aussichten und die besten Bedingungen dafür, daß ein um so lebhafterer Gedankenaustausch die eingangs beschriebene heimliche Kluft innerhalb des Faches zum Schwinden bringt.

1 »Kokubungaku« – wörtlich »Landes- bzw. nationale Literatur« bezeichnet sowohl die Disziplin selbst als auch ihren Gegenstand. Die Identität der Termini kommt dadurch zustande, daß man von einer Verdoppelung des letzten Bestandteils der Zeichenverbindung absah, die sich ergäbe, wenn man »gaku« in der Bedeutung »Gelehrsamkeit« an »kokubungaku« angefügt hätte. Der Terminus »Nihon bungeigaku« ist weniger geläufig; für einige Wissenschaftler bezeichnet er auch eine spezielle Forschungsrichtung innerhalb der »kokubungaku«.

2 Roy Andrew Miller: *The Japanese Language in Contemporary Japan: Some Sociolinguistic Observations*, Washington, D. C. 1977, S. 71 ff.

3 Diese Feststellung mag überspitzt klingen, da man sich eine direkte Konfrontation der beiden Konzepte in dieser Form kaum vorstellen kann. Die Tendenz ist jedoch nachweislich vorhanden. So würde man das dem hiesigen Schulfach Deutsch entsprechende »kokugo« (»Japanisch«) aller Wahrscheinlichkeit nach in »Nihongo« umtaufen, falls man nichtjapanische Schüler darin unterrichten wollte, selbst wenn die Lehrinhalte identisch wären.

4 Ōki Ryūji: *The Japanese Language – It Is Not Difficult At All*, in: *Japan Quarterly* XXV, 4 (1978), S. 439–444.

5 Es handelt sich um die folgenden Arbeiten, auf die künftig mit Nennung der Jahreszahl des Erscheinens verwiesen wird: *Kritische Bemerkungen zur japanischen Literaturkritik*, in: *Ostasienwissenschaftliche Beiträge zur Sprache, Literatur, Geschichte, Geistesgeschichte, Wirtschaft, Politik und Geographie*, Wiesbaden 1974, S. 50–64; den Forschungsbericht in: *Mishima Yukios Roman »Kyōko-no ie«: Versuch einer intratextuellen Analyse*, Wiesbaden 1976; *Die nicht existenten Probleme der modernen japanischen Literaturgeschichtsschreibung*, 1978 in diesem Band sowie *Selbstentblößungsrituale. Zur Theorie und Geschichte der autobiographischen Gattung »Shishōsetsu« in der modernen japanischen Literatur*, Wiesbaden 1981.

6 *»Aesthetic stereotypes«, Hisamatsu Sen'ichi: The Vocabulary of Japanese Literary Aesthetics*, Tōkyō 1963.

7 Ōba Shunsuke: *Nihon bungaku no keitō*, Tōkyō 1965; und Hasegawa Izumi: *Kindai Nihon bungaku shichō-shi*, 4. Aufl., Tōkyō 1967.

8 Vgl. Ōba, a. a. O., S. 180.

9 Die einzelnen Termini wurden der Einfachheit halber wörtlich übersetzt. Sie bedürfen gesonderter Erläuterung, die uns in diesem Zusammenhang jedoch zu weit vom Thema abbringen würde.

10 Akutagawa Ryūnosuke: *Taishō hachinendo no bungeikai*, in: *Akutagawa Ryūnosuke zenshū*, Bd. 5, 7. Aufl., Tōkyō 1964, S. 231–243, hier S. 231–233.

11 Katō Shūichi: *Ein Beitrag zur Methodologie der japanischen Literatur-*

geschichte, in: *Asien: Tradition und Fortschritt: Festschrift für Horst Hammitzsch zu seinem 60. Geburtstag*, hg. v. Lydia Brüll und Ulrich Kemper, Wiesbaden 1971, S. 232–244, hier S. 241.

12 Vgl. hierzu etwa Takahashi Hideo: *Die »Wir-Literatur« und die »Introvertierte Literatur«*, Kurzfassung, übersetzt von A. Piper und O. Benl, in: *Kagami* III, 1 (1976) S. 67–105, besonders S. 70 mitsamt Anmerkungen.

13 Über den Inhalt des von Dazai selbst angeblich als japanische Version von »Libertin(s)« geprägten Begriffs und die Definition der so bezeichneten literarischen Strömung besteht weitgehende Unklarheit, vgl. etwa Sekii Mitsuo: *Buraiha*, in: *Yōrei ni miru kindai bungakushi yōgo jiten, Kaishaku to kanshō* 7/1970 (erweiterte Sonderausgabe), S. 226f.

14 Vgl. etwa Hasegawa Izumi, a. a. O. (s. Anm. 7), S. 224ff.

15 Vgl. etwa Tōgō Katsumi: *Nihon rōmanha, hito to sakuhin: Dazai Osamu – ironī to shite no shōsetsu*, in: *Kaishaku to kanshō* 1/1979, S. 140–145.

16 Imai Takauji, in: *Shinchō Nihon bungaku shōjiten*, 5. Aufl., Tōkyō 1975, S. 883.

17 »Im Scherz gemacht«, »Werke zum Zeitvertreib«; zur Entstehung des Begriffs vgl. etwa Wolfgang Schamoni: *Die Sharebon Santō Kyōden's und ihre literaturgeschichtliche Stellung*, Bonn 1970, S. 30f.

18 Karl Eimermacher: *Zum Problem einer literaturwissenschaftlichen Metasprache*, in: *Sprache im technischen Zeitalter* 48 (1973), S. 255–277, hier S. 257.

19 Vgl. hierzu auch die Ausführungen in I. Hijiya-Kirschnereit 1981, Teil III, Kap. 4.

20 Vgl. das vollständige Zitat in I. Hijiya-Kirschnereit 1976, S. 23.

21 »Rekishisei«, eventuell im Sinne von historischer Korrektheit bzw. Kontextangemessenheit.

22 Wörtlich: »... die Absicht fordern, ihre Abhandlungen als literarische Werke herausbringen zu können«. Saegusa Yasutaka: *Atarashii hassō no jigen e (gakkai sunpyō*, 44), in: *Kaishaku to kanshō* 10/1975, S. 196f., hier S. 196.

23 Die mangelnde Präzision vieler fachterminologischer Begriffe resultiert auch daraus, daß sie diese Funktion nur auf den ersten Blick erfüllen, in Wirklichkeit aber von vornherein auf anspielend-literarische Vieldeutigkeit angelegt sind.

24 Ein Beispiel für dieses Vorgehen zitiere ich 1976, S. 28.

25 Anthony Liman über die traditionelle Sprachverwendung in japanischer Kunstprosa, vgl. *The Comic and the Cosmic in Ibuse Masuji's Style*, in: *Studies on Japanese Culture*, I, hg. v. The Japan P. E. N. Club, Tōkyō 1973, S. 293–300, hier S. 293.

26 Ivan Morris: *Nationalism and the Right Wing in Japan: A study of*

postwar trends, London, New York, Toronto 1960, S. 427. Logische Widersprüche bergen vor allem die als »double protection amulets« bezeichneten politischen Slogans, vgl. S. 148.

27 Beispiele hierfür in I. Hijiya-Kirschnereit 1976, S. 223, Anm. 120; zu einem parallelen Falle, der »historischen Notwendigkeit«, in: I. Hijiya-Kirschnereit 1981, Teil III, Kap. 1.3.

28 Vgl. Sugiura Mimpeis Kritik an Mishima Yukios »Überführung« der griechischen Klassik in die japanische Literatur in seinem Mishima Yukio ron, in: *Gunzō* 1/1955, S. 260–273, hier S. 263.

29 Matsumoto Tsuruo: *Mishima Yukio ni okeru buntai no tokushitsu,* in: *Kaishaku to kanshō* 12/1972, S. 66–71, hier S. 68.

30 Inagaki Tatsurō, in: *Gendai Nihon bungaku daijiten, zōtei shukusatsuban,* Tōkyō 1968, S. 510.

31 A. a. O. (s. Anm. 29), S. 68.

32 Vgl. hierzu etwa Edward G. Seidensticker: *Kobayashi Hideo,* in: *Tradition and Modernization in Japanese Culture,* hg. v. Donald Shively, Princeton 1971, S. 419–462; und I. Hijiya-Kirschnereit 1981, Teil II, Kap. 2.1., in dem ich einzelne Textausschnitte und ihre divergierenden Exegesen vorführe.

33 Etō Jun: *Seiyō no kage,* vgl. den Textausschnitt in Yoshida Seiichi: *Hyōshaku gendai hyōron zuisō,* Tōkyō 1968, S. 296–298.

34 Auf das Erzeugen von Rührung als einem zentralen Motiv in der japanischen Poetik der Prosa dieses Jahrhunderts möchte ich in einem anderen Zusammenhang ausführlicher eingehen.

35 Vgl. I. Hijiya-Kirschnereit 1978, in diesem Band S. 161.

36 Kokai Eiji, Honda Shūgo, Miyoshi Yukio und Yoshida Seiichi: *Sengo bungaku no mondai,* in: *Gendai Nihon bungaku kōza, hyōron zuihitsu,* Band 3, Geppō 12/1963, S. 9–12, hier S. 11.

37 Ein besonders beredtes Beispiel ist in diesem Zusammenhang eine Diskussion über »Wesen und Problematik des Shishōsetsu«, denn obwohl es hier eigentlich nicht um das Werten von Einzelwerken gehen sollte, werden im Laufe des Gesprächs allein vier Werke für gut und eins für schlecht befunden – ein Indiz dafür, wie ausgeprägt das Bedürfnis ist, die Literatur abzustempeln. Vgl. Yoshida Seiichi, Nakamura Mitsuo, Takami Jun und Hirano Ken: *Shishōsetsu no honshitsu to mondaiten,* in: *Kaishaku to kanshō* 12/1962, S. 60–76, hier S. 69, 70, 71 und 73.

38 Vgl. das Beispiel B 23 in I. Hijiya-Kirschnereit 1974, S. 56.

39 Zur Problematik der Vorstellung von einem »natürlichen« Schreiben vgl. meine Rezension zu Miyoshi Masao: *Accomplices of Silence: The Modern Japanese Novel,* Berkeley, Los Angeles, London 1974, in: NOAG 121/122 (1977), S. 151–160, hier S. 152f.

40 Mir fallen auf Anhieb, d. h. ohne systematisch danach gesucht zu haben, zehn Belegstellen aus der Mishima-Forschung ein, deren ausführliche Zitation hier allerdings zu weit führen würde. Es sei mir daher die

Kurzzitation mit Autorname und dem Erscheinungsjahr der betreffenden Studie gestattet. Die vollständigen Angaben enthält das Literaturverzeichnis in I. Hijiya-Kirschnereit 1976: Isoda Kōichi 1971, S. 31; Muramatsu Takeshi 1960, S. 147 und ders. 1963, S. 272 ff., Hino Keizō 1968, S. 76, Muramatsu Shin'ichi 1969, S. 233. Tsuda Takashi 1966, S. 255, Aeba Takao 1966, S. 205, Itagaki Naoko 1962, S. 99, Hoshō Masao 1970, S. 220, Etō Jun und Nakamura Mitsuo 1971, S. 247.

41 Man vergleiche hierzu auch die Meinung, im Literaturunterricht sollten möglichst klare Aussagen zu dem betreffenden Werk formuliert werden, damit die Lernenden folgen könnten. Hiermit wird die im Kunstwerk angelegte Verschiedenverstehbarkeit durch Propagierung einer Lesart – derjenigen des Unterrichtenden, die immer auch seine Wertung beinhaltet – aufgehoben. Vgl. Kokai Eiji u.a., a.a.O. (s. Anm. 36), S. 12.

42 Maruyama Shizuka: *Hihyōron no kokoromi,* in: *Atarashii hihyō,* hg. v. Morikawa Tatsuya und Watanabe Hiroshi, Tōkyō 1971, S. 23–59, hier S. 36.

43 Vgl. den Ausschnitt aus: *Bungaku no kaiki,* in: Yoshida Seiichi: *Hyōshaku gendai hyōron zuisō,* Tōkyō 1968, S. 294, und die sich anschließende Auslegung Yoshidas.

44 Weitere Beispiele enthält I. Hijiya-Kirschnereit 1974, S. 56.

45 Vgl. hierzu etwa Aeba Takao: *Kaigai no eikyō kara mita sengo hihyō,* in: *Kaishaku to kanshō* 5/1972, S. 24–33.

46 Vgl. etwa Miyoshi Masaos Studie zum modernen japanischen Roman und die Beobachtungen hierzu in meiner Rezension, a.a.O. (s. Anm. 39), S. 160.

47 Marleigh G. Ryan: *Modern Japanese Fiction: »Accommodated Truth«,* in: *Journal of Japanese Studies* 2, 2 (1976), S. 259–266, hier S. 254.

48 Nakamura Mitsuo: *Shōsetsu nyūmon,* 23. Aufl., Tōkyō 1977, S. 111.

49 Nakamura Mitsuo: *Nihon no gendai shōsetsu,* 4. Aufl., Tōkyō 1970, S. 174.

50 Vgl. etwa ebd., S. 108.

51 Ein Exempel wären etwa Ogawa Kazusukes Bemerkungen zum Kleinbürgertum der großen Lesermassen und zu der »beträchtlichen Niveausenkung« des Literaturbewußtseins in seinem Artikel *Shōsetsu no yomikata: Mishima Yukio »Shōsetsu to wa nani ka« kara,* in: *Kokubungaku* 3/1977, S. 156f.

52 So etwa Satō Haruo, der die Literatur mit einem berühmten Garten vergleicht. So wie dieser sich nicht durch Exzentrizität, sondern durch die Unauffälligkeit und Natürlichkeit der Anordnung auszeichne, so müsse auch die Literatur ein gewöhnliches Alltagsleben darstellen, um darin die Wahrheit des menschlichen Lebens einzufangen. Vgl. den Textausschnitt aus dem Essay *Meien mizukara bettenchi ari,* in: Yoshida Seiichi: *Hyōshaku gendai hyōron zuisō,* Tōkyō 1968, S. 273f.

53 Die Manifestationen dieses in der westlichen Poetologie seit Aristoteles geläufigen Topos in der modernen japanischen Literaturgeschichte bedürfen einer gesonderten Analyse.

54 Als Beispiele können ideologiekritische Auseinandersetzungen mit dem Shishōsetsu dienen, wie ich sie 1981 in Teil V, Kap. 5 vorstelle.

55 Kamiya Tadataka spricht von einem »sakuhinron-Boom«, vgl. *Gunshō sakka to wa nani ka* (Gakkai sumpyō, 74), in: *Kaishaku to kanshō* 4/1978, S. 196f.

56 Isoda Kōichi: *Sengo no bungaku,* in: *Nihon kindai bungakushi,* hg. v. *Nihon kindai bungakukan,* Tōkyō 1966, S. 238–256, hier S. 255. Zwar nimmt Isoda für sich in Anspruch, in seinem Artikel auf die »Art der Bezüge von Autoren (bzw. – Generationen) zur Realität« eingegangen zu sein, doch propagiert auch er die voraussetzungslose Vergleichbarkeit einzelner Werke.

57 Als Gegenbeispiel für die Mehrzahl solcher essayistischen »sakuhinron« können die in *Sakuhinron no kokoromi* gesammelten Aufsätze Miyoshi Yukios (4. Aufl. Tōkyō 1970) gelten. Mit einem Beitrag daraus setzte ich mich 1976 (S. 26ff.) auseinander.

58 Ein typisches Beispiel für die Anwendung solcher ahistorisch verstandenen Interpretationsnormen ist Eleanor Kerkham: *The Classic and the Contemporary in Modern Japanese Fiction: Are Japanese Writers Changing their Perspectives?,* in: *The Japan Foundation Newsletter* IV, 3 (1978), S. 7–16. Zwar wird man ihr sicher keinen »literarischen Imperialismus« vorwerfen können, aber ihre z. T. etwas gezwungen wirkende Reduktion japanischer Literatur auf ein typisch japanisches Ästhetik-Empfinden und buddhistische Einflüsse, die sie auch in der Gegenwartsliteratur ausmacht, ist trotz manch wertvoller Einsichten und Denkanstöße viel zu undifferenziert, vgl. auch S. 124 in diesem Band.

59 Jan Mukařovský: *Kapitel aus der Ästhetik,* Frankfurt/M. 1970, S. 7–112, zitiert nach Felix V. Vodička: Die Konkretisation des literarischen Werks, in: *Rezeptionsästhetik: Theorie und Praxis,* hg. v. Rainer Warning, München 1975, S. 84–112, hier S. 88f.

60 I. Hijiya-Kirschnereit 1976, S. 17ff. Was dort für das Beispiel der Mishima-Forschung galt, läßt sich durchaus verallgemeinern.

61 Eine kurze Auseinandersetzung mit dieser Forschungsrichtung im Fall des Schriftstellers Dazai Osamu enthält I. Hijiya-Kirschnereit 1981, Teil IV, Kap. 2.7.2.

62 René Wellek und Austin Warren: *Theorie der Literatur,* Frankfurt/M. 1971, S. 77.

63 Nakamura: *Nihon no gendai shōsetsu* (s. Anm. 49), S. 98f.

64 *Introduction to Contemporary Japanese Literature – Synopses of Major Works – 1956–1970,* hg. v. Kokusai bunka shinkōkai, Tōkyō 1972, S. 24. Natürlich bleibt es der Autorin freigestellt, ihr Leben in diesem

Sinne zu interpretieren, eine literaturwissenschaftliche Argumentation sollte sich dagegen auf einer anderen Ebene bewegen.

65 Wer meine Interpretation im Blick auf den Gesamtzusammenhang der Aussage zu einseitig findet, der mag sie auf die Feststellung reduziert sehen, daß die Literaturwissenschaft sich an der Selbstdeutung der Autorin orientiert. Von dieser fragwürdigen Praxis her gesehen bekäme auch meine Kritik an dem In-Bezug-Setzen von Literatur und Krebs neues Gewicht.

66 Miyoshi Yukio: *Sakuhinron no kokoromi* (s. Anm. 57), S. 12.

67 Ikeda Kikan, Saeki Umetomo und Yoshida Seiichi: *Kokubun kaishaku no hōhō to gijutsu: shinkijun junkyo,* 8. Aufl., Tōkyō 1967, S. 203.

68 Diese Vorstellung kann als eine Art Topos in der japanischen Literaturwissenschaft gelten, vgl. etwa Sako Jun'ichirō: *Bungaku wo dō yomu ka,* 39. Aufl., Tōkyō 1976, S. 42, oder das Abe Masamichi-Zitat in I. Hijiya-Kirschnereit 1976, S. 16f.

69 Das Nicht-Zustandekommen einer Gleichgestimmtheit des Rezipienten mit dem Werk ist entsprechend dieser Vorstellung entweder eine Frage der »Qualität« des Werks oder des »Würdigungsvermögens« (»kanshōryoku«) des Rezipienten, nicht aber eine Frage der historischen oder geographischen Distanz. Vgl. Miyoshi: *Sakuhinron* ..., S. 13.

70 Miyoshi behauptet einerseits, es sei nicht möglich, »kaishaku« und »kanshō« in zwei aufeinanderfolgende Vorgänge aufzulösen, tut jedoch letztlich genau dies, indem er ein Rezeptionsmodell propagiert, das in Abhängigkeit von der Ausgangssituation bis zu vier Phasen aufweist. Vgl. ebd., S. 12ff.

71 Nach Miyoshi ist »hihyō« die Alternative zu »kanshō« für den Fall, daß die angestrebte Übereinstimmung des Rezipienten mit dem Autor nicht zustande kommt. Üblicherweise wird sie jedoch hinter »kanshō« geschaltet.

72 Etō Jun: *Modern Japanese Literary Criticism,* in: *Japan Quarterly* XII, 2 (1965), S. 177–186, hier S. 177.

73 Vgl. Anm. 66.

74 Pierre Bourdieu: *Zur Soziologie der symbolischen Formen,* Frankfurt/M. 1974, S. 115.

XI. Wissenschaft als Kunst*
Zur Anatomie einer aktuellen Kontroverse in der japanischen Philologie[1]

Die Wissenschaft in Japan wird von bestimmten Bedingungen mitgeprägt, in denen sich soziale Grundmuster der japanischen Gesellschaft widerspiegeln. So findet das Loyalitätsprinzip und die Tendenz zur Gruppenbildung in den »gakubatsu«, den akademischen Cliquen, ihren Ausdruck, und diese sind wie alle Gruppen in Japan streng hierarchisch nach Senioritätsregeln, dem »senpai-kōhai«-Muster, organisiert. Dieses Rangordnungsdenken stellt einen wesentlichen Ordnungs- und Kontrollfaktor im sozialen Leben dar. Das »senpai-kōhai«-Verhältnis, das sich im Falle der Universität nach der jeweiligen Zugehörigkeitsdauer definiert – d. h., je länger man Mitglied einer akademischen Gruppe ist, desto höher der Rang –, und natürlich die Lehrer-Schüler-Beziehung bleiben während der gesamten wissenschaftlichen Karriere unangetastet. Auch wenn der Schüler berühmter werden sollte als sein Lehrer, so hat dies keinen Einfluß auf die mit Beginn der Beziehung etablierte Ranghierarchie mit all ihren sozialen und sogar sprachlichen Konsequenzen.

Diese soziale Struktur hat für die wissenschaftliche Praxis weitreichende Folgen. Selbst in einem Fachgespräch kann ein Rangniederer einem höher Eingestuften schwerlich widersprechen. Einwände könnte er nur höchst vorsichtig und verschlüsselt vorbringen. In den meisten Fällen aber wird er es vorziehen zu schweigen. Sachbezogenes Argumentieren und logisches Erörtern können sich unter dem ständigen Zwang zur Berücksichtigung der Sprecher-Hierarchie kaum entfalten. Die soziale Situation »überschattet« sozusagen das Thema, die Logik entwickelt sich nicht aus dem Gesprächsgegenstand, sondern wird von den Umständen diktiert.

Wenn innerhalb der kleinen wissenschaftlichen Cliquen, die sich zumeist um einen Lehrer scharen, keine Diskussion möglich ist, wie schwierig gestaltet sich dann erst der Gedankenaustausch über die Gruppenzäune hinweg? Ein großes Hindernis für eine freie wissenschaftliche Diskussion ist in der Tat die Selbstgenüg-

* Zuerst erschienen in: *Bochumer Jahrbuch zur Ostasienforschung*, Band 4 (1981), S. 144–165.

samkeit, Abgeschlossenheit, ja der Provinzialismus der vielen »gakubatsu«. Kein Wunder, daß es so selten zum internationalen Austausch mit Japanern kommt, wenn diese in ihrem eigenen Land in selbstgewählter Isolation nebeneinander herforschen!

Die bisherigen Betrachtungen entstammen verschiedenen Kapiteln des bekannten Buches *Tateshakai no ningen-kankei – Zwischenmenschliche Beziehungen in der vertikal strukturierten Gesellschaft* (1967) von Nakane Chie, Professorin für Sozialanthropologie an der Universität Tōkyō.[2] Sie kennt die Welt, die sie beschreibt, von innen, und so wird man ihr wohl eher Glauben schenken als einem nichtjapanischen Wissenschaftler, der auf Lebenszeit davon ausgeschlossen bleibt.

Natürlich sind diese Aussagen überspitzt, wie immer, wenn es um die Verdeutlichung bestimmter Tatbestände geht, in diesem Fall etwa des für die japanische Gesellschaft charakteristischen Cliquen-Denkens und der hierarchischen »senpai-kōhai«-Struktur. Daß sie unrecht hat, wird man aber schwerlich behaupten können, denn viele Beobachtungen, die man auch als nicht unmittelbar am japanischen Wissenschaftsbetrieb Beteiligter anstellen kann, stützen das soeben Gesagte. Offenkundig für jeden Philologen – um hiermit die bisher pauschal gemachten Aussagen auf den eigenen Erfahrungs- und Forschungsbereich einzuschränken – sind große Unterschiede in den akademischen Konventionen. In Abhandlungen und Aufsätzen nimmt man nur selten Bezug auf andere Arbeiten, und falls dies geschieht, werden sie eher zur Bestätigung und Beglaubigung der eigenen Ansicht herangezogen. Abweichende Auffassungen zitiert man wenig, und kritische Auseinandersetzungen mit der einschlägigen Forschung haben Seltenheitswert. Insgesamt ergibt sich so der Eindruck einer weitgehend isoliert betriebenen, die innerfachliche Diskussion nicht eigens anstrebenden Wissenschaftspraxis. Auch Fachbuch-Rezensionen bestätigen dieses Bild – ein freundlich-zustimmender Ton herrscht vor. Nach sensationellen Verrissen oder auch nur kritischen Seitenhieben wird man lange Ausschau halten müssen. Bedeutet dies, daß in Japan Diskussionen überhaupt nicht stattfinden? Ist intellektuelles Leben ohne Dissens eigentlich denkbar? Und ist nicht die Auseinandersetzung mit anderen Lehrmeinungen ein wesentlicher Bestandteil wissenschaftlicher Aktivität?

Zweifellos existiert in den japanischen Humanwissenschaften ein wenn auch lockerer als hier gestrickter Kommunikationszusammenhang, nur daß sich seine Formen und Interaktionsmuster von den hiesigen z. T. stark unterscheiden.

Betrachten wir die japanische Wissenschaftspraxis, in diesem Fall die Philologie, genauer, so entdecken wir bestimmte Diskursformen oder »Genres«, die, zumindest wenn man europäische Verhältnisse zum Vergleich dagegenhält, als besonders charakteristisch für Japan gelten können. Am auffälligsten ist sicher die große Bedeutung von »zadankai«, von Diskussionsrunden, die nicht nur viel häufiger stattfinden, sondern denen auch ein sehr hoher wissenschaftlicher Aussagewert zuerkannt wird, was sich etwa darin äußert, daß man sie ohne redaktionelle Bearbeitung in wortwörtlicher Form publiziert. Diese Expertengespräche sind ein obligatorischer Bestandteil fast jedes Sonderteils einer Fachzeitschrift, und häufig erscheinen mehrere thematisch zusammenhängende Diskussionen auch in Form einer Monographie. Round-Table-Gespräche von Fachleuten, die anschließend für ein interessiertes Publikum veröffentlicht werden, gibt es selbstverständlich auch außerhalb Japans, nur sind »zadankai« keine Round-Table-Gespräche, denn die soziale Hierarchie der Teilnehmer ist auch dem Leser der Aufzeichnung in jeder Passage bewußt. Abgesehen von dem fein abgestuften Gebrauch der Höflichkeitssprache läßt sie sich an so äußerlichen Faktoren wie der Häufigkeit und der durchschnittlichen Länge der Wortmeldungen eines Teilnehmers ablesen. Würde man »zadankai« einmal textlinguistisch im Hinblick auf bevorzugte Dialogformen analysieren, so ergäbe sich, daß reaktive Dialoge, in denen ein Partner die Äußerungen des anderen kommentiert, viel häufiger sind als sachbezogene aktive Dialoge.[3] Ein weiteres Charakteristikum der »zandankai«-Form, die man übrigens auch in Japan selbst für etwas Nationaltypisches hält[4], ist die Art der thematischen Verknüpfung. Statt logischer Progression oder dem Gegenspiel von Pro und Contra bestimmen freie Assoziationen, die Nichteingeweihte, wie uns Europäer, an Brainstorming erinnern, und ein häufiger, durch keine sachbezogenen Beschränkungen gehinderter Wechsel zwischen verschiedenen thematischen Ebenen den Verlauf. Die Atmosphäre einer »zadankai« ist freundlich und entspannt. Ein Grundkonsens wird vorausgesetzt, und sollten sich Meinungsverschiedenheiten im Laufe der Debatte ergeben, so werden diese doch auf keinen Fall – wie wir sagen würden – »ausdiskutiert«, ein Wort, vor dem man sich in Japan schütteln würde.

Es gibt noch eine andere typisch japanische »Textsorte« in der Wissenschaft, den »ronsō«, die Kontroverse zwischen zwei oder mehreren Kontrahenten über politische, kulturelle oder – in diesem Fall – literarische bzw. literaturwissenschaftliche Fragen, wobei auch hier wieder die Art der Austragung das eigentliche Charakteristikum bildet. Sie ist zumindest in den Humanwissenschaften die einzige »Gattung«, die eine direkte Kommunikation über strittige Fragen vorsieht, der einzige legitime, da institutionalisierte Rahmen für das Austragen von Meinungsverschiedenheiten. Das macht sie für uns natürlich besonders interessant.

Es mag auf den ersten Blick paradox erscheinen, daß ausgerechnet in einer Umgebung, in der Konflikte um jeden Preis umgangen werden und in der das Harmonie-Prinzip den höchsten Orientierungswert bildet, Kontroversen an der Tagesordnung sind. So ist die Geschichte der japanischen Literatur und Philologie dieses Jahrhunderts zugleich auch eine Geschichte der Debatten und literarischen Streitfälle, die in mehreren Anthologien, den sogenannten »ronsō-shi«, sorgfältig dokumentiert wurden.[5] Doch ganz ohne Divergenzen würde intellektuelles Leben auch in einer sozialen Umwelt wie Japan verkümmern; sie sind der deutlichste Beweis für eine lebendige Geisteskultur. Hinzu kommt, daß die Bedingungen eines »ronsō« sich in wesentlichen Punkten von denen einer »zadankai« unterscheiden. Ein »ronsō« kommt nur zwischen bekannten und annähernd ranggleichen Persönlichkeiten zustande; der Bekanntheitsgrad der Beteiligten steht für die Bedeutung der Kontroverse – Thema und Inhalt sind insofern sekundär –, und im Falle eines allzu großen Rangunterschiedes wäre sie von vornherein ausgeschlossen. Kritisiert ein Lehrer einen Schüler, so wagt dieser nicht zu widersprechen. Hätte aber ein junger Wissenschaftler den Mut, einen etablierten Gelehrten anzugreifen, so sähe dieser ungeachtet der Qualität der Argumente seines Herausforderers in ihm kein Gegenüber.

Uns als Außenstehenden bieten die »ronsō« eine Möglichkeit, die japanische Philologie auf eine besonders effektive Weise kennenzulernen, zum einen, weil darin Dinge zur Sprache kommen, zu denen man sich sonst nur selten äußert. Dies sind vor allem Fragen allgemeiner und grundlegender Natur, über die man sich aufgrund der vorherrschenden pragmatischen Orientierung in Japan verhältnismäßig wenig Gedanken macht. Zugleich sind die Kontrahenten aufgefordert, ihren Standpunkt zu erläutern und zu begründen, was sich im Falle einer harmonischen Gesprächsrunde im »zadankai«-Stil erübrigt. Auch dieser eher ungewöhnliche Umstand macht den »ronsō« zum lohnenden Studienobjekt, denn angesichts der besonderen Situation, der Konfrontation von Herausforderer und Angegriffenen, werden die Dinge in ungewohnter Deutlichkeit und pointierter Klarheit ausgesprochen. Unser Abstand erweist sich hier als Vorteil, denn wir besitzen mit einer anderen Perspektive auch die Chance, bestimmte Wesenszüge und Zusammenhänge zu durchschauen, die jemandem, der demselben Diskussionskontext angehört, aufgrund seiner Befangenheit entgehen. In Japan selbst wurden philologische »ronsō« m. W. bisher nicht analysiert und »verarbeitet«, sondern nur inhaltlich paraphrasiert. Wir wollen versuchen, aus einem »ronsō« zu lernen.[6]

Unser Beispiel ist eines der jüngsten in der Geschichte der japanischen Philologie – der sogenannte »Miyoshi-Tanizawa-ronsō«, eines der Hauptereignisse in der literarischen Welt des Jahres 1977, benannt nach den beiden Kontrahenten, die weit über akademische Kreise hinaus bekannt sind. Miyoshi Yukio, Ordinarius für japanische Literatur an der Philologischen Fakultät (bungakubu) der Universität Tōkyō, ist Spezialist für die Moderne. Tanizawa Eiichi, seines Zeichens Ordinarius an der Kansai-Universität, vertritt das gleiche Gebiet. Der Streit war ungewöhnlich hart und heftig. Er zog sich über ein halbes Jahr hin und wurde dann von Miyoshi beendet, ohne daß sich ein eindeutiger Sieger ausmachen ließe. Beide Seiten mußten Federn lassen, verstrickten sich in Aporien und blieben wichtige Begründungen schuldig. Seinen Höhepunkt erreichte der Kampf gleich in der ersten Runde, die nachfolgenden Erwiderungen nehmen immer mehr den Charakter von Rückzugsgefechten an.

Wie beurteilt man in Japan diese Kontroverse, in der es um zentrale Fragen des Fachs ging? Im Jahre 1980 schreibt Minamoto Gorō, ohne zuvor die Positionen der Gegner angedeutet zu haben: »... wagen wir es, die Sache zusammenzufassen, so läßt sich sagen: beiden [Kontrahenten] gemeinsam war das Bewußtsein, daß die moderne Literaturforschung wohl noch keine eigene Forschungsmethode besitzt und die Warnung vor der daraus resultierenden Beliebigkeit [von Forschungsergebnissen]«.[7]

In Anbetracht der unüberbrückbaren Kluft, die sich gleich zu Beginn zwischen den Parteien auftat und die im Laufe des Streits nicht etwa schmaler wurde, wirkt dieser diplomatische Kommentar seltsam nichtssagend, obwohl er für sich genommen natürlich eine bemerkenswerte Erkenntnis beinhaltet. Doch wenn man so weit abstrahiert, erweisen sich zum Schluß sämtliche literarischen Kontroversen in Japan als identisch, zumal die Essenz dieser Feststellung ja nichts anderes besagt, als daß jeder Streit über diesen Gegenstand sich erübrigt, da es dafür noch keine gemeinsam akzeptierte Argumentationsbasis gibt. Aber wer weiß, vielleicht hat Minamoto mit seinem salomonisch gemeinten Urteil, ohne es zu merken, den Nagel auf den Kopf getroffen. Wir werden später noch darauf zurückzukommen haben. Doch sehen wir uns den Streit nun endlich aus der Nähe an.

Es begann damit, daß Miyoshi Yukio im November 1976 eine Folge der Serie »Bungaku no hiroba«, etwa: »Forum der Literatur«, der Zeitschrift Bungaku übernommen hatte, in der sich jeden Monat ein anderer Literaturwissenschaftler zu einem frei gewählten Thema äußert. Miyoshi nutzte die Gelegenheit, um eines der schwierigsten und zugleich fundamentalsten Probleme seiner Disziplin ins Bewußtsein eines größeren Publikums zu rücken, die Frage, wie sich Literaturwissenschaft als eine Wissenschaft konstituiert. Sein Artikel beginnt mit einem für japanische Leser sicherlich überraschenden Bekenntnis.

In einer Rezension wurde eine meiner Arbeiten mit den folgenden Worten beurteilt: »er hat die Forschung zur Literatur erhöht« [kenkyū o bungaku ni takameta]. Der Rezensent ist ein Wissenschaftler, den ich sehr schätze. Ich zweifle nicht an seinem Wohlwollen, und man verstand sofort, daß es als Lob gemeint war. Ich hätte mich also wohl freuen sollen, aber statt dessen hat mich diese Formulierung bitter berührt, denn es liegt doch auf der Hand, daß Literatur das Objekt, der Gegenstand der Literaturforschung [...] ist.[8]

Miyoshi erläutert sein Befremden anhand eines einleuchtenden Vergleichs.

Es gibt wohl niemanden, der Medizin und Krankheit verwechselt. Und wenn z. B. ein Soziologe, wie es übrigens schon geschehen ist, Tōsons Roman »Ie« [Die Familie] auf die darin zutage tretende japanische Familienstruktur hin untersuchen würde und jemand diese Untersuchung mit den Worten rezensierte: du hast die [soziologische] Forschung zur Literatur erhöht, so würde er sich damit sicher lächerlich machen.

In jeglicher wissenschaftlichen Disziplin sind Subjekt und Objekt der Forschung klar getrennt. Im Fall der Literaturwissenschaft sieht es allerdings so aus, als ob sie zu ihrem Gegenstand, der Literatur, in einem unklaren, leicht vertauschbaren Verhältnis stünde.[9]

Von dieser allgemeinen Frage nach den Möglichkeiten einer literaturwissenschaftlichen Metasprache leitet Miyoshi zu Problemen seines Fachs, der »kindai bungaku kenkyū«, der modernen japanischen Literaturwissenschaft, über. Der Übersichtlichkeit halber wird Miyoshis Argumentation hier in komprimierter und abstrahierter Form, jedoch unter Beibehaltung ihrer logischen Struktur, vorgetragen.

Die moderne Literaturwissenschaft bedarf laut Miyoshi der Abgrenzung von der »kokubungaku«, der Disziplin, die sich mit vormodernen Texten (koten) befaßt und die man im wesentlichen mit positivistischer Textkritik gleichsetzt. Bisher stellt die japanische Neuphilologie jedoch nur ihre Verlängerung in den Bereich der Moderne dar. Um sich als Wissenschaft selbständig behaupten zu können, müßte sie eine eigene Methodologie entwickeln und darin vor allem den Stellenwert des für die Altphilologie zentralen »jisshō«, des Faktennachweises bzw. des positivistischen, streng am Text orientierten Arbeitens, klären. Nun beobachtet Miyoshi in der jüngsten Zeit in seiner Disziplin aber auch eine Gefahr aus der entgegengesetzten Richtung. Als Folge der Unzufriedenheit mit der herkömmlichen japanischen Philologie, die in geradezu autistischer Weise den Faktennachweis zum Selbstzweck erhoben habe, verfallen nun besonders die jüngeren Wissenschaftler ins andere Extrem, indem sie einer – wie er es nennt – »Literarizität« (bungakusei) frönen und sich mit existentiellen und eschatologischen Fragen schmücken, wobei sie die handwerkliche Seite völlig vernachlässigten. Um seine allgemeine Kritik an einem konkreten Fall zu verdeutlichen, greift er einen kurz zuvor gelesenen Aufsatz eines jungen Wissenschaftlers über »Texteditorische Probleme der Tōkoku-Gesamtausgabe« heraus. »Mein spontaner Eindruck nach dem Lesen«, schreibt Miyoshi, »war der einer grobschlächtigen Tollkühnheit, die blind ist für die Tücken der Textkritik.« Viele grundlegende textkritische Probleme, von denen er einige aufzählt, seien überhaupt nicht in das Blickfeld geraten, und dies zeige wiederum, wie viele zentrale Verfahrensfragen von der modernen Literaturwissenschaft bisher nicht beantwortet wurden.

Nach zwei Seiten hat sich die moderne japanische Literaturwissenschaft damit laut Miyoshi abzugrenzen: Sie muß sich vor dem engen Positivismus der »kokubungaku« ebenso hüten wie vor den künstlerischen Ambitionen ihrer jüngeren Vertreter, die Literatur und Literaturwissenschaft allzugern miteinander verwechseln.

Die moderne japanische Literaturforschung kann sich als eine Wissenschaft nur behaupten, sofern sie nachprüfbare, nachvollziehbare und theoretisch fundierte Ergebnisse präsentiert.

Dies ist in groben Zügen der Inhalt von Miyoshis Artikel, der in außergewöhnlicher Deutlichkeit ein ganzes Bündel von Problemen zur Sprache bringt. Auch aus unserer Sicht handelt es sich dabei um Kernfragen des Faches, die man in Japan jedoch bisher weitgehend ignorierte. Dem unvoreingenommenen Beobachter leuchtet ohne weiteres ein, daß dieser Beitrag, wenn nicht darauf angelegt, so doch dazu geeignet ist, eine Diskussion in Gang zu setzen. Nahezu jeder japanische Philologe ist, ob er es will oder nicht, aufgefordert, Stellung zu beziehen, nicht nur, weil eine Art Grundsatzdebatte nun unumgänglich scheint, sondern auch, weil sich jeder persönlich getroffen fühlen müßte, vor die Wahl gestellt, sich entweder zu den trockenen Positivisten oder den narzißtischen Schönschreibern des Fachs zu zählen. Reaktionen könnten theoretisch gesehen aus allen Ecken und Lagern kommen. Ablehnung und Zustimmung in jedem nur denkbaren Mischungsverhältnis sind möglich. Und was geschieht nun wirklich?

Die Januarnummer des Jahres 1977 derselben Zeitschrift enthält einen sechs Seiten langen Artikel von Tanizawa Eiichi, dessen Überschrift an Direktheit nichts zu wünschen übrigläßt. Sie lautet, geradezu programmatisch formuliert: »In der Literaturforschung kann es weder Systematik noch Methodologie geben!« (Bungaku kenkyū ni taikei mo hōhōron mo arienai[10]). Die Konfrontation ist also vorgezeichnet. Tanizawa hat die Herausforderung angenommen. Man ist gespannt, wie er zu Werke geht. Zunächst einmal rügt er Formalien in Miyoshis Beitrag. Es zeuge von mangelnder Gewissenhaftigkeit und schüre zugleich den Verdacht, man fürchte die Gegenrede, wenn man wie Miyoshi einen Autor kritisiere, ohne ihn beim Namen zu nennen. Tanizawa stürzt sich also auf das Beispiel, mit dem Miyoshi die mangelnde philologische Sorgfalt besonders der jüngeren Wissenschaftlergeneration illustrierte. Wir erfahren, daß der Verfasser des von Miyoshi kritisierten Aufsatzes über texteditorische Probleme eine Doktorandin namens Hashizume Shizuko ist.[11] Und nun macht sich Tanizawa daran, die wenigen Sätze, die Miyoshi in diesem Zusammenhang äußerte, einzeln zu zerpflücken. Wir können die Details dieser nicht immer sachlichen Kritik überspringen, um uns ausführlicher mit Tanizawas Äußerungen zum zentralen Thema von Miyoshi zu befassen. Tanizawa nimmt auch hier kein Blatt vor den Mund, wenn er seinem Kollegen vorwirft, er habe es versäumt, der von ihm kritisierten Frau Hashizume konkrete Hinweise zu geben. Statt dessen fuchtele er nur mit unklaren Ausdrücken wie »die Tücken der Textkritik« herum und warte auch noch mit so nebulösen und anachronistischen Konzepten wie »Systematik« und »Methodologie« auf!

Vergegenwärtigen wir uns kurz den Gang der Argumentation: Während Miyoshi eine allgemeine Thematik in den Mittelpunkt stellte und den Aufsatz von Frau Hashizume als ein aktuelles Beispiel heranzog, steigt Tanizawa bei diesem Illustrationsobjekt ein und zieht, von ihm ausgehend, Miyoshis allgemeine Thesen in Zweifel. Die Argumentationen sind nahezu gegenläufig angelegt, wobei Tanizawa nicht weniger weit als Miyoshi ausholt, wenn er nun nach Definitionen für Philologie bzw. Literaturwissenschaft Ausschau hält.[12] Das Durchforsten allgemeiner und einschlägiger Lexika bringt jedoch – wie könnte es anders sein – wenig Klarheit. Immerhin meint Tanizawa, mit der Erklärung, es handele sich um die »kritische Behandlung sprachlicher Dokumente« (bunken no ›hihanteki shochi‹) einen Ausgangspunkt für seine Auseinandersetzung mit Miyoshi gefunden zu haben. Er kann nun zum Hauptstoß ansetzen. Seine Argumente lauten, der Übersichtlichkeit halber von mir in drei Punkten zusammengefaßt: (1) Die »kritische Behandlung« von Texten ist für sich genommen bereits eine Methode, doch als solche nur ein Instrument. Erst durch die Ergebnisse aus der Anwendung dieser Methode konstituiert sich strenggenommen die Philologie als Wissenschaft.[13] (2) Die Methode kann nicht von außen an den Gegenstand herangebracht werden, sondern sie entwickelt sich aus der Praxis, in der Beschäftigung mit dem konkreten Einzelfall. Jeder Text verlangt seine eigene Methode. (3) Eine allgemeine Methodenlehre und Systematik der kritischen Textbehandlung kann es nicht geben, es sei denn im Sinne von lehrbuchartigen praktischen Anweisungen für Anfänger.

Diese Thesen werden von Tanizawa mit großer Vehemenz vorgetragen. Um einen Eindruck von der Heftigkeit zu vermitteln, mit der er seinen Frontalangriff gegen Miyoshi ausführt, sei eine kurze Passage wiedergegeben:

Miyoshi spielt mit sinnleeren Vokabeln wie »die Möglichkeiten einer Methodenlehre der Neuphilologie« herum. Zuerst einmal: so etwas Nebulöses wie eine moderne Philologie für die gesamte moderne japanische Literatur kann und wird es nie geben. Und so etwas wie eine Methodologie für die gesamte Neuphilologie ist nichts als Blödsinn. Es gibt auch keine Methodologie der Textkritik, die für alle Bände des »Man'yōshū« gilt. Und in der modernen Literatur muß man sich ebenso unter Berücksichtigung der Entstehungsbedingungen für jedes einzelne Werk die angemessenste Behandlungsart ausdenken (...)

Nicht nur für die Philologie, sondern in jeder Wissenschaft gilt, daß man Behandlungsweisen für den konkreten Einzelfall zu entwickeln hat. Da bleibt für solche leeren Späße wie Methodologie und Ähnliches keine Zeit mehr.

Eine Systematik in der kritischen Behandlung von Texten ist von Anfang an ausgeschlossen. Es gibt in der Literaturforschung grundsätzlich keine Systematik. Die Grundlage der Literaturforschung ist die Interpretation von Texten (kaishaku). Und die Interpretation kann nicht systematisch sein.

Soweit Tanizawa. Der Gegensatz zu Miyoshi ist größer nicht denkbar. Hier wird eine von Grund auf konträre Position bezogen, wobei der Kontrast durch polemische Formulierungen noch verstärkt wird. Bemerkenswert ist, daß Tanizawa »Systematik« oder »Methode« nur als Selbstrechtfertigung derjenigen auffaßt, die, anstatt Interpretation und damit Literaturforschung zu treiben, dem Text einen fremden Rahmen aufzwingen. Wissenschaftlichkeit ist hier also gleichbedeutend mit Systemlosigkeit, die Anwendung theoretischer Konzepte dagegen läßt auf einen freien, essayistischen Umgang mit Texten (hyōron) schließen. Geradezu spiegelgleich dazu war Miyoshis These aufgebaut: Für ihn waren Methode und Systematik Kennzeichen der Wissenschaft, der Literaturkritik räumte er dagegen das Recht ein, Werke ohne irgendwelche theoretischen Vorgaben zu deuten.

Zurück zu Tanizawa. Im letzten Teil seines Artikels schießt er eindeutig über das Ziel hinaus, und wir können vorwegnehmen, daß auch Miyoshi in seiner Erwiderung die hier geäußerten Beschuldigungen als völlig abwegig bezeichnet und sich daher weigert, auf sie einzugehen. Trotzdem seien sie hier kurz nachgezeichnet, denn sie lassen wichtige Rückschlüsse auf den Stand der theoretischen Reflexion zu.

Für Tanizawa sind »Methodenglaube« und »Systemhörigkeit (...) Überbleibsel eines schlechten Geisteskults« (ashiki seishinshugi no idoku). Damit meint er eine angebliche Selbstüberschätzung und einen gewissen Hochmut der Geisteswissenschaftler, die sich damit brüsteten, ihr Gegenstand sei etwas Besonderes, sie betrieben eine »tiefgründige Alchimie des Geistes«. In Wirklichkeit jedoch sei ein literarisches Werk nichts anderes als die gezielte Anwendung von sprachlicher Ausdruckstechnik durch einen Autor. Tanizawa bemüht sich hier um eine Art materialistischer Gegenstandskonstitution, um die Philologie mit den Naturwissenschaften gleichsetzen und zum letzten Gegenschlag ausholen zu können. »Das Mark der Literaturforschung ist die Technik. Naturwissenschaften wie Humanwissenschaften bestehen in der Anwendung von Technik. Sie unterscheiden sich lediglich durch ihre Gegenstände, die jeweils andere Techniken erforderlich machen.« Tanizawa schließt mit der Bekräftigung: »In dem Forschungsvorgang, in dem das literarische Werk der Ausdruckstechnik des jeweiligen Autors entsprechend individuell so genau wie möglich interpretiert wird, ist kein Platz für dieses leere Gerede, das sich als Systematik, Methodologie u. ä. ausgibt.«[14]

Dies also war Tanizawas Konterattacke. Die Schärfe und Aggressivität, mit der sie vorgetragen wurde, verblüfft, fast fühlt man sich überrumpelt von dem agitatorischen Schwung. Es wird notwendig sein, die Argumente zu sortieren, um einen besseren Überblick zu erhalten, doch sehen wir uns zunächst den Fortgang der Auseinandersetzung an. Der angegriffene Miyoshi antwortet umgehend in der Februarnummer. Sein Artikel trägt den Titel *Über die »Tollkühnheit aus Blindheit gegenüber den Tücken der Textkritik«*.[15]

Zunächst einmal drückt er sein Erstaunen darüber aus, daß Tanizawa so leidenschaftlich und ausführlich für die wissenschaftliche Arbeit eines Dritten Partei ergreift, während die Angegriffene selbst schweigt. – Wir können an dieser Stelle, sozusagen in Klammern, konstatieren, daß die »ronsō«-Teilnahmebedingungen, die eingangs angedeutet wurden, hierdurch wieder einmal Bestätigung finden: – Was, so fragt Miyoshi, steckt dahinter, daß Tanizawa sich auf das Beispiel konzentriert, das nur der Untermauerung der These diente? Viel eher hätte man von ihm doch eine abschließende Beurteilung der allgemeinen Problematik, um die es eigentlich ging, erwartet, doch die blieb er schuldig.

Während Miyoshi die Spannung seiner Leser erhöht, indem er nun das Thema wechselt und einige von Tanizawas spitzen Bemerkungen pariert, können wir die Antwort vorwegnehmen: Er enthüllt, daß Tanizawa die von ihm angegriffene Arbeit in einem am

30. Oktober 1976 erschienenen Werbeblatt eines Verlags »epochemachend« genannt hat, was er, als er in der zweiten Oktoberhälfte seinen Artikel aufsetzte, jedoch nicht wissen konnte. Nun bedarf es nur noch eines ironischen Winks, um die Motivation für die zwanzig Manuskript-Seiten-lange Reaktion auf zehn Zeilen als eine rein persönlich begründete abzutun. Wie peinlich! möchte man sagen und ist geneigt, nun doch lieber wegzuschauen und die Streitenden sich selbst zu überlassen, denn unter diesem Aspekte gewinnt das Zuschauen leicht etwas Voyeuristisches. Nun meint man zu verstehen, warum Tanizawa so heftig und z. T. etwas ausfallend klang.

Doch die überraschende Wendung hat vielleicht noch eine weiterreichende Konsequenz. Dürfen wir, nachdem wir nun den Hintergrund kennen, den Disput überhaupt ernstnehmen, wenn er womöglich nicht durch Divergenzen in Sachfragen, sondern persönliche Ehrverletzung ausgelöst wurde? Ich meine, dieser Vorbehalt kann entfallen, denn zum einen bestimmen nicht Anlaß und private Motive im Hintergrund, sondern der Inhalt selbst die Bedeutung einer Debatte, und zum anderen handelt es sich um einen »ronsō«, d. h. um eine über einen längeren Zeitraum hinweg geführte Kontroverse vor einem Leserpublikum, nicht etwa um eine hitzige Diskussion, in der vorschnelle Äußerungen fallen könnten, die nachher wieder zurückgenommen werden müßten, doch uns ist gleichzeitig klar, daß die Schärfe, mit der dieser »ronsō« geführt wird, in einer »zadankai« undenkbar wäre. Auch Miyoshis Entgegnungen dampfen übrigens förmlich vor beißender Ironie. – Darüber hinaus wäre es sicher einseitig, Tanizawas Reaktion ausschließlich auf verletzten Stolz zurückführen zu wollen. Wir wären damit vielleicht Miyoshis Taktik aufgesessen, dem natürlich daran gelegen ist, diesen Hintergrund besonders zu beleuchten. (Das ist sein gutes Recht!) Mein Verdacht ist vielmehr, daß Tanizawa sich noch viel tiefer getroffen fühlte als nur in dieser eher sekundären Angelegenheit eines Angriffs auf einen von ihm protegierten Dritten. Warum hätte er sich sonst so ausführlich und in so leidenschaftlicher Form zu den Grundfragen des Fachs geäußert? Eine persönliche Betroffenheit in seiner Reaktion auf Miyoshis Thesen ist zu spüren, und es stünde uns nicht gut an, wollten wir ihm ein geringeres Maß an Ernsthaftigkeit in der Sache unterstellen.

Wir haben nun allerdings insgesamt vier verschiedene thematische Ebenen in diesem Miyoshi-Tanizawa-ronsō zu unterscheiden. Da ist 1. die Diskussion um das von Miyoshi angeführte und kritisierte Einzelbeispiel, den Aufsatz von Frau Hashizume; 2. die Frage nach den Bedingungen und Möglichkeiten der Textedition, eines Teilbereichs der Literaturwissenschaft, der aus Anlaß der Kritik am Hashizume-Aufsatz ins Blickfeld rückte, 3. die Grundsatzdebatte mit der Kernfrage: Kann die Literaturwissenschaft eine Methodologie besitzen? Die vierte Diskussionsebene ist die der Metakommunikation, d. h. des Sprechens über den geführten Dialog, das in diesem »ronsō« einen breiten Raum einnimmt. Da geht es z. B. um die Argumentationsweise des Gegners, seine Auswahl von Beispielen und Zitaten oder seine Motive.

In der Folgezeit verlagert sich der Streit immer mehr auf die ersten beiden Ebenen. Die Grundsatzdebatte wird dabei aus den Augen verloren. Der Streit büßt nichts von seiner Härte ein, weiterhin fallen starke Worte, doch je mehr man sich festbeißt und in Einzelheiten verrennt, desto mehr entfernt sich die Diskussion von ihrem Ausgangspunkt und zerfasert teilweise in etwas gequälten Rechthabereien. Uns genügt daher ein kurzer Blick auf den weiteren Verlauf der Auseinandersetzung:

Auf Miyoshis Erwiderung vom Februar 1977, in der er seine Kritik am Hashizume-Aufsatz ausführlich erläutert, folgt zwei Monate später Tanizawas Gegenrede unter dem nicht gerade versöhnlich klingenden Titel *Die Struktur des Zynismus, der die Literaturforschung zerfrißt.*[17] Ungeachtet dieser eher allgemein gehaltenen Überschrift, die jedoch auf eine Art moralischer Disqualifizierung des Gegners abgestellt ist, stehen auch hier Detailfragen zu dem umstrittenen Aufsatz und zur Textkritik im Mittelpunkt. In der dritten Runde schließlich, die im Mai 1977 eingeläutet wird, findet der Streit seinen offiziellen Abschluß. Miyoshi erklärt in seinem kurzen Artikel mit der Überschrift *In Umgehung einer Erwiderung*[18], er könne einer Weiterführung des Streits keinerlei produktive Bedeutung mehr abgewinnen und sehe sich außerstande, mit diesem Gegner, der seinerseits mit Zynismus und bewußten Verdrehungen arbeite, ein Fachgespräch zu führen.

Mit diesem letzten Paukenschlag von Miyoshi scheint die Affäre wieder einmal im Sande zu verlaufen. »Wieder einmal«, weil man dies für das Schicksal nahezu aller »ronsō« hält. So bemerkt etwa der amerikanische Japanologe Edward Seidensticker: »... [literarische] Debatten [in Japan] haben es an sich, sich in Luft aufzulösen, noch bevor sich herausstellen konnte, worum es eigentlich ging«.[19]

Woran könnte es liegen, daß dieser Eindruck entsteht? Warum mißglückt die Kommunikation tatsächlich in so vielen »ronsō«? Die Beobachtungen, die sich uns an diesem Fall aus dem Jahre 1977 aufdrängen, treffen auch auf andere »ronsō« zu, sind also verallgemeinerbar. Überblickt man die Auseinandersetzung, so scheinen die Parteien über weite Strecken aneinander vorbeizureden. Die Diskussionsbeiträge greifen oft nicht ineinander, es ist zu viel »Rauschen im Kanal«. Dabei handelt es sich durchaus nicht nur um bewußte Tricks, um von ungünstig erscheinenden Fragen abzulenken, sondern diese Kommunikationsprobleme sind in der Rede der Teilnehmer selbst angelegt. Die allgemeine terminologische Unschärfe eröffnet einen so weiten Interpretationsspielraum, daß Mißverständnisse programmiert sind, und kein, auch nicht der allgemeinste Begriff, scheint ausreichend geklärt, um ihn zur Grundlage einer Verständigung zu machen. Ein typisches Beispiel ist Tanizawas Suche nach einer Definition für »Philologie« (bunkengaku) und sein hilfloser Umgang mit den Begriffsbestimmungen[20], die ihn nicht im geringsten weiterbringen, aber zumeist geraten mögliche Mißinterpretationen unscharf verwendeter oder nicht verbindlich geklärter Begriffe gar nicht erst in den Lichtkegel des Bewußtseins.

Ein unbeteiligter Beobachter wird als weiteren wesentlichen Grund für das Scheitern der Kommunikation in diesem und anderen »ronsō« erkennen, daß nicht eigentlich argumentiert wird, sondern Behauptung gegen Behauptung steht. Man spricht in Ist-Sätzen, die auf Überzeugungen basieren, und diese lassen sich nicht weiter diskutieren.

Solche Probleme sind nicht allein formaler Natur, sondern sie stehen in engem Zusammenhang mit dem Inhalt des Streits. Die Ausführungen der beiden Kontrahenten zu theoretischen Fragen der Disziplin sind ein Gemisch aus höchst heterogenen Elementen von unterschiedlicher Reflexionstiefe. Teils wirken sie wie Versatzstücke aus verschiedenen Theorien, teils sind es offenbar ad hoc formulierte Thesen, und bisweilen schließen die einzelnen Elemente einander logisch aus. Eine solche »Stegreif«-These ist etwa Tanizawas Gleichsetzung naturwissenschaftlicher und geisteswissenschaftlicher Forschung über den Begriff der Technik, seinen Deus-ex-machina, den er einfach an die Stelle der von ihm verdammten Methoden setzt. Man mag erstaunt sein über den manchmal vorkantianischen Bewußtseinsstand, die hermeneutische Unschuld, die allerdings bei Tanizawa noch viel größer ist als bei Miyoshi, der ungleich sensibler auf die Probleme reagiert, die sich hinter den harmlos ausschauenden technischen Fragen verbergen.

Nun erscheint es an dieser Stelle kaum geraten, jeder einzelnen dieser heterogenen Aussagen nachzugehen, denn dazu müßte jeweils ein langer Schwanz an theoretischen Prämissen aufgedröselt werden. Wichtiger ist wohl das Herauskehren der exemplarischen Seiten dieses »ronsō«. Vor allem sollten die zwei Gegenpositionen auf ihren Kern und ihre Basisannahmen hin untersucht werden, um herauszufinden, wo genau der Graben zwischen ihnen verläuft, der von so viel Argumentationsgestrüpp überwuchert wird:

Miyoshis Grundannahmen sind schnell aufgezählt und für uns einfach zu verstehen, denn sie decken sich mit unseren Vorstellungen: Die Literaturforschung bzw. die Neuphilologie ist eine Wissenschaft. Voraussetzung der Wissenschaft aber ist, daß sie die angewandten Verfahren reflektiert und eine Methodologie entwikkelt, die auch das Problem einer Wissenschaftssprache einzubeziehen hat.

Tanizawa dagegen geht von der Annahme aus, daß sich der Gegenstand der Literaturforschung jedem systematischen, reflektierten Zugriff verweigere. Der Philologe, der nach seiner Vorstellung für das Einzelwerk eine jeweils einmalige Behandlungsweise kreieren muß (er spricht selbst in diesem Zusammenhang von »ausdenken«), steht damit auf der gleichen Erkenntnisstufe wie das Werk selbst. Er verschließt sich jeder Einsicht in übergeordnete Zusammenhänge und Gesetzmäßigkeiten. Die kategorische Weigerung zu abstrahieren und zu verallgemeinern steht wissenschaftlichem Interesse diametral entgegen. Tanizawas Irrationalismus mündet in einen umfassenden Agnostizismus. Erinnern wir uns an die zu Beginn wiedergegebene Einschätzung dieses »ronsō« durch Minamoto Gorō, so entlarvt sich nun vor unseren Augen die angebliche Harmonie der Kontrahenten als Schein: Wenn Übereinstimmung darin herrscht, daß die Literaturforschung keine Methodologie besitze, so ist diese doch für Miyoshi ein unverzichtbares Desiderat, während Tanizawa ihre Existenz von vornherein und für alle Zeiten ausschließt, und die »Beliebigkeit [von Forschungsergebnissen]«, für Miyoshi ein bedauerliches Gegenwartsproblem, dem aber durchaus abzuhelfen wäre, ist für Tanizawa ein gegebenes und unabänderliches Faktum. »Vor der Beliebigkeit warnen«, heißt in seinem Falle, den wissenschaftsgläubigen Kollegen die Relativität ihrer Ergebnisse vorzuhalten.

Tanizawas Philologieverständnis weist nicht zufällig eine große Nähe zum Kunstbegriff auf. Literaturwissenschaft als Kunstausübung – auf diese Formel läßt sich tatsächlich das Selbstverständnis der Mehrzahl japanischer Philologen wie auch Tanizawas zurückführen, ohne ihnen damit etwa Gewalt anzutun. Ich habe bereits an anderer Stelle in japanischen Definitionen und Aussagen berühmter Vertreter des Fachs sowie in ihren Verfahrensweisen dieses Kunstpostulat nachgewiesen.[21] Es wird normalerweise nicht direkt ausgesprochen, ist implizit aber auch in Tanizawas Ausführungen gegenwärtig. Wie eng Irrationalismus und Kunstgedanke in der modernen japanischen Literaturwissenschaft miteinander verflochten sind und wie lebendig dieses Selbstverständnis uns jederzeit entgegentritt, sei an einigen aktuellen Beispielen demonstriert: 1974 etwa qualifiziert Matsubara Shin'ichi kritische literaturwissenschaftliche Arbeiten als »theoriegelenkte Oberflächlichkeiten« (riron ni yoru kireigoto) ab. Literaturwissenschaft heißt für ihn, mit einem Autor leben und leiden.[22] 1975 schreibt Saegusa Yasutaka: »Ein japanischer Literaturwissenschaftler muß meiner Meinung nach in erster Linie Literat und erst in zweiter Linie Wissenschaftler sein.«[23] 1979 verkündet Iijima Kōichi, eine Literaturwissenschaft müsse möglichst subjektiv und persönlich geschrieben sein, sonst sei sie langweilig. Je willkürlicher (katte), desto besser.[24] Und 1980 lesen wir in einer Fachbuchrezension von Tsuge Teruhiko, die philologische Beschäftigung mit einem Schriftsteller (sakkaron) sei eine extrem individuelle Angelegenheit. »Führt man diesen Gedanken weiter«, meint Tsuge, »so ist undenkbar, daß Literaturforschung im wahren Sinne eine Wissenschaft sein kann, die Objektivität und Allgemeingültigkeit besitzt; sie kann letztlich nur als ein in sich geschlossenes literarisches Werk existieren.« Dies beweise wieder einmal, »wie unsinnig es ist, von der Literaturforschung als einer Wissenschaft zu reden«.[25] Allmählich ahnen wir die Dimensionen, die der »Miyoshi-Tanizawa-ronsō« uns erschließt. Der Konflikt ist alles andere als individueller Natur. Die Gegner sind in Wirklichkeit nur Exponenten der beiden

Hauptparteien in der japanischen Literaturwissenschaft, und der Graben, der sie trennt, verläuft zuweilen quer durch die etablierten »Schulen«, sei es nun eine ethnologische, eine historisch-soziologische, eine vom New Criticism inspirierte oder wie auch immer sie sich nennen mag.

Japanischen Gepflogenheiten entsprechend müßten wir die beiden Lager nun zuerst einmal etikettieren. Wir könnten sie etwa »gakumon-ha« und »geijutsu-ha«, also die »Wissenschafts-« und die »Kunst-Orientierten« nennen, wobei nun eilig nachgetragen werden muß, daß das Lager der Künstler-Philologen um ein Vielfaches größer ist als das der Wissenschaftler. Wenn Miyoshi in seinem ersten Beitrag, der die Kontroverse auslöste, die künstlerisch Ambitionierten unter seinen Kollegen rügt, so könnte man meinen, er rufe einige Abweichler auf den rechten Weg zurück. In Wirklichkeit repräsentiert jedoch die »Kunstfraktion« den Hauptstrang in der japanischen Philologie, und von den Größenverhältnissen her gesehen ist Miyoshi viel eher der Häretiker.

Bevor wir abschließend fragen, was es wohl damit auf sich hat, müssen wir aber noch einen Blick auf die diachronen Zusammenhänge werfen, denn hält man sich nur an Miyoshis Aussagen, so könnte man folgern, die Kluft bestünde nur in der Gegenwart. In Wirklichkeit aber zieht sich dieser grundsätzliche und unlösbare Konflikt wie ein roter Faden durch die Geschichte der modernen japanischen Philologie. Das Exemplarische an unserem aktuellen Beispiel, dem »Miyoshi-Tanizawa-ronsō«, ist nämlich auch darin zu sehen, daß die hier sichtbar gewordene Grunddichotomie sich in früheren »ronsō« wiederentdecken läßt, auch wenn u. U. ganz andere Sachfragen im Vordergrund stehen. Es ist nicht zu erkennen, wie weit Miyoshi und Tanizawa sich dieser großen Zusammenhänge bewußt sind, und es mag sogar sein, daß sie, wie im übrigen auch wohl die japanischen Beobachter ihres »ronsō«, vor lauter vorgeschalteten Detailfragen den Kern ihrer Auseinandersetzung, den Konflikt zwischen Wissenschafts- und Kunst-Orientierung, gar nicht erkannten. Dies spricht aber nicht gegen die hier vorgetragene Entdeckung einschließlich ihrer historischen Dimensionen. Sie wird, dessen bin ich sicher, eine Kette weiterer faszinierender Erkenntnisse nach sich ziehen, so, wenn man z. B. den »ronsō« zwischen Aono Suekichi und Masamune Hakuchō aus dem Jahre 1926 noch einmal überprüfen würde, von dem aus gesehen manche Elemente im zentralen Konflikt aus unserem aktuellen Beispiel mehr als 50 Jahre später wie eine Spiegelung erscheinen.[26] Die Geschichte dieser Spaltung der japanischen Philologie in eine große Gruppe von Kunstpostulat-Anhängern und eine Minderzahl solcher, die Wissenschaftlichkeit propagieren, ist noch zu schreiben. Auf der einen Seite stehen so prominente Gestalten wie Kobayashi Hideo, für Jahrzehnte die Vaterfigur der japanischen Literaturkritik, wie auch sein »Nachfolger« Etō Jun.[27] Mit Miyoshi stimmen in diesem Punkte Wissenschaftler wie Abe Akio oder Uchino Gorō überein. Eine Diskussion über den Graben hinweg zu führen ist letztlich, wie auch dieser »ronsō« gezeigt hat, unmöglich, denn dafür liegen die Grundannahmen und prinzipiellen Vorentscheidungen zu weit auseinander.

Wagen wir es nun, noch eine Schicht tiefer zu schürfen, um dem geistigen Hintergrund dieser Spaltung auf die Spur zu kommen, so müssen wir erkennen, daß die Mehrheit, nämlich die Vertreter des Kunstpostulats, mit ihren Vorstellungen fest auf dem Boden der japanischen Tradition steht. Sie wird immer wieder von einer Gruppe angegriffen, die ein dieser Tradition völlig fremdes Rationalitätsprinzip und Wissenschaftsideal verkündet, das den ursprünglichen, unausgesprochenen Grundkonsens in Frage stellt. Um auf unser Beispiel, den aktuellen »ronsō«, zurückzukommen: Es ist, als ob Miyoshi an dem Teppich zöge, auf dem Tanizawa und mit ihm die meisten Vertreter des Fachs mit beiden Beinen stehen. Verständlich der Zorn, mit dem er den Angriff abwehrt, verständlich aber auch, daß er seine Waffen nicht dem Arsenal der Wissenschaft entnimmt, die er ja ablehnt. Seine teilweise verwirrenden Ausführungen haben nicht den Status wissenschaftstheoretischer Erklärungen, sie sind nicht Ergebnisse von Metareflexion, deren Sinn innerhalb der japanischen Tradition überhaupt nicht einleuchtet. Diskussion, schreibt Watanabe Masao in seinem Buch *Die Japaner und die moderne Wissenschaft* (1976), ist ein wichtiges Mittel zur Wahrheitsfindung unter der im Abendland gültigen Voraussetzung, daß die Wahrheit etwas Allgemeines sei.[28] Nach japanischem Verständnis aber offenbart sie sich am allerwenigsten dem, der lauthals verkündet, er wisse den Weg oder die Methode. Reden hat in diesem Zusammenhang keine konstruktive Bedeutung, Reden heißt immer nur Zerreden.

So gesehen, mutet die Gattung »ronsō« in der japanischen Umgebung wie ein Fremdkörper an. Sie beruht auf Annahmen, die denen der eigenen Kultur aus gröblichste widersprechen, denn das

Ziel, eine Klärung durch Diskussion zu erreichen, muß demjenigen, der nicht an den Wert eines rationalen Austausches glaubt, wie ein lächerliches und dabei völlig nutzloses Exerzitium erscheinen. Ein »ronsō« über den aufgezeigten Graben hinweg ist von der Seite der größeren Partei aus gesehen nichts als das Abwehren eines ärgerlichen Unruhestifters, den man nur mit seinen Mitteln schlagen kann, da er vorgibt, nur diese »Sprache« zu verstehen. Der »ronsō« ist also nur scheinbar eine Diskussion – ein Disput als ursprünglich westliche Form wird auf japanische Weise, d. h. mit Argumenten, die keine sind, ausgetragen. Eine »zadankai«-Gesprächsrunde ist diesen Bedingungen viel angemessener.

Wie sehr diese Tradition in der akademischen Welt Japans verwurzelt ist, zeigt nicht nur das Beispiel der Neuphilologie. Auch in einer Disziplin, die den exakten Wissenschaften viel näher kommt, der Linguistik, blitzen immer wieder Elemente des genuinen Irrationalismus und Agnostizismus auf, so etwa, wenn man, wie der amerikanische Japanologe Roy Miller feststellt, von der apriori-Annahme ausgeht, daß die Frage nach dem Ursprung der japanischen Sprache sich »von Natur aus jeder wissenschaftlichen Lösung entzieht«.[29] Vernunft hat im Rahmen der japanischen Tradition eine klar umgrenzte Funktion im Sinne von Zweckrationalität und wird als solche auch in Naturwissenschaften und Technik eingesetzt, doch sie ist weder im Alltagsleben und in der Öffentlichkeit noch für die akademische Welt allgemein verbindlicher Orientierungsmaßstab. Wie anders hier die Einschätzungen sind, ließ sich auch aus dem »Miyoshi-Tanizawa-ronsō« ablesen. Wenn etwa Tanizawa vom Hochmut der Geisteswissenschaftler gegenüber den Naturwissenschaftlern spricht, wenn dieser Gedanke überhaupt möglich erscheint, so offenbart sich darin wiederum die andere Tradition, in der es keine Krise der Geisteswissenschaften gegeben hat. Eher erscheint hier ein Komplex der Naturwissenschaften denkbar als ein Legitimationsproblem einer Philologie, die sich nie ernstlich in Frage gestellt sah.

Der Gebrauch des Begriffs »Tradition« in diesem Zusammenhang verweist auf Paul Feyerabend, der durch seine Kritik des Rationalismus als der in Ameroeuropa vorherrschenden Tradition die hier aus der direkten Begegnung und Auseinandersetzung mit Japan gewonnenen Einsichten in einem umfassenderen Rahmen bestätigt.[30] Man braucht nicht mit Feyerabend bis ans Ende seiner Sackgasse zu marschieren, um seine These über die Konkurrenz einer Vielzahl von Traditionen auf diesen konkreten Fall anzuwenden.

Das überkommene japanische Wertesystem sperrt sich gegen das wissenschaftliche Denken. In der japanischen Wissenschaft stehen sich zwei Traditionen gegenüber, die einander gegenseitig ausschließen. Die undogmatische Offenheit des ostasiatischen Systems ermöglicht stellenweise die Absorption von Teilen der fremden Tradition, doch mehr als einen Fuß kann auch ein Wissenschaftler wie Miyoshi nicht außerhalb des großen Teppichs setzen, andernfalls würde er sich selbst aus dem umfassenden Bezugsrahmen seiner Disziplin hinauskatapultieren. Mit seinem Fuß außerhalb des Teppichs steht Miyoshi und stehen mit ihm die Anhänger des Wissenschaftspostulats unseren Vorstellungen nahe, oder genauer: auf unserem Teppich, doch das feste Standbein auf dem Teppich der japanischen Tradition ist der Grund für die Widersprüche in seinen Aussagen, die wir ihm daher nicht vorwerfen können.

Wissenschaft als abendländischer Diskurs, der sich mit der japanischen Tradition letzten Endes nicht harmonisieren läßt; japanische Literaturwissenschaft als Kunst – was bringt uns eine solche Einsicht? Sie eröffnet, so meine ich, mit der Möglichkeit eines tieferen Verstehens des Fremden auch ein Erkennen des Vertrauten. Und gibt dies nicht eine hübsche Rechtfertigung ab für das, was wir hier so treiben?

Anmerkungen

1 Antrittsvorlesung vom 13. November 1980. Angesichts des schwierig darzustellenden Gegenstands, einer literaturwissenschaftlichen Kontroverse, welche die Beschreibung der konträren Standpunkte erforderlich macht, erschien es angebracht, die Form des mündlichen Vortrags hier beizubehalten, denn in dieser lockeren und zugleich konzentrierten Darstellungsweise ist auch für einen Leser die Kohärenz und Dynamik des thematisierten Disputs am ehesten zu erfassen. Eine strenger systematische und auf Details eingehende Darlegung hätte dagegen den Nachteil, daß mit der Übersicht auch der Blick für den Ablauf der Kommunikation verlorenginge. Zusatzerläuterungen und Exkurse wurden daher auf ein Minimum beschränkt und in die Anmerkungen verwiesen.

2 Die englische Übersetzung »Japanese Society« erschien 1970. Ich beziehe mich auf die Seiten 35f., 133f. und 138f. der Penguin-Taschenbuchausgabe von 1973; inzwischen liegt auch eine deutsche Übersetzung vor: Die Struktur der japanischen Gesellschaft. Aus dem Englischen von Jobst M. Spannagel und Heide Günther-Spannagel. Frankfurt/M. 1985.

3 Vgl. hierzu im einzelnen Roland Posner: *Theorie des Kommentierens – Eine Grundlagenstudie zur Semantik und Pragmatik*, München 1972. Zur hier verwendeten Terminologie s. ebd. S. 5 ff.

4 Vgl. etwa Toyama Shigehiko: *Josei no ronri,* Tōkyō 1974, S. 14.

5 Vgl. z. B. *Gendai Nihon bungaku ronsō shi,* 3 Bände, hg. v. Hirano Ken u. a., Tōkyō 17. Aufl. 1975 (1956), Usui Yoshimi: *Kindai bungaku ronsō*, Tōkyō 3. Aufl. 1957 (1956), oder *Sengo ronsō,* 2 Bände, hg. v. Usui Yoshimi (redaktionelle Oberaufsicht), Tōkyō 1972.

6 Auf die Möglichkeit, den »ronsō« auch auf Argumentationsmuster und bevorzugte Strategien hin zu analysieren, wurde hier verzichtet, da sich diese Aspekte nicht für den mündlichen Vortrag eignen. Mit der folgenden Auswahl an konsultierten Titeln sei jedoch der theoretische und praktische Rahmen einer solchen Analyse angedeutet: Jürgen Dittmann, Hg.: *Arbeiten zur Konversationsanalyse,* Tübingen 1979; Karl-Heinz Göttert: *Argumentation – Grundzüge ihrer Theorie im Bereich theoretischen Wissens und praktischen Handelns,* Tübingen 1978; Erving Goffman: *Interaktionsrituale – Über Verhalten in direkter Kommunikation,* Frankfurt/M. 1971; Josef Kopperschmidt: *Methode statt Appell – Versuch einer Argumentationsanalyse,* in: *Der Deutschunterricht* 28/1976, S. 37–58; Johannes Schwitalla: *Zur Einführung in die Argumentationstheorie – Begründungen durch Daten und Begründungen durch Handlungsziele in der Alltagsargumentation,* ebd. S. 22–36 und Stephen Toulmin: *Der Gebrauch von Argumenten,* Kronberg 1975. Diese Studien enthalten vielfältige Anregungen (und eine Fülle weiterführender Literaturangaben) für eine Untersuchung japanischer Texte, seien es »ronsō«, »zadankai«, Interviews oder etwa bestimmter Strategien der japanischen Werbung.

7 Minamoto Gorō: *Kokubungaku kenkyū shi: Kindai* (1977), in: *Kaishaku to kanshō* 2/1980, S. 202.

8 Miyoshi Yukio: *Bungaku no hiroba,* in: *Bungaku* 11/1976, S. 52f., hier S. 52.

9 Ebd.

10 Nicht selten ist in der japanischen Literaturwissenschaft »Methode« (hōhō) gemeint, wenn von »Methodologie« (hōhōron) die Rede ist. Ich habe auch hier den Verdacht, daß »hōhō« zumindest ebenso sinnvoll wäre wie »hōhōron«. Dieser terminologischen Ungenauigkeit entspricht im Deutschen das neuerdings immer häufigere Ersetzen von »Technik« durch »Technologie«.

11 Vgl. Hashizume Shizuko: *»Tōkoku zenshū« kōteijō no shomondai,* in: *Kokubun mejiro* 2/1977, S. 73–83.

12 Tanizawa Eiichi: *Bungaku kenkyū ni taikei mo hōhōron mo arienai,* in: *Bungaku* 1/1977, S. 108–113, hier S. 110. – Tanizawa untersucht dabei interessanterweise den Terminus »bunkengaku«, wobei er unterstellt, daß dies Miyoshis Gegenstand gewesen sei. Miyoshi hat diesen Begriff in der Tat ein- oder zweimal verwendet. Er wird im allgemeinen etwas enger gefaßt als »bungaku kenkyū« (»Literaturforschung«); sein Bedeutungsbereich liegt in der Nähe von »Textkritik«. Nun ist es ein etwas unglückliches Zusammentreffen, daß Miyoshi seine Beispiele aus dem textkritischen Bereich nimmt, so daß man vermuten könnte, er differenziere tatsächlich zwischen »bunkengaku« und »bungaku kenkyū«. Der Gesamtzusammenhang läßt jedoch eindeutig erkennen, daß Miyoshi keinen Unterschied zwischen beiden Begriffen macht bzw. daß die Differenzierung hier keine Funktion besitzt. Sein Thema ist also durchgängig »(kindai) bungaku kenkyū«. Wenn daher Tanizawa, der mit der großzügigen japanischen Praxis der Verwendung teilweise kongruenter Termini für identische Inhalte vertraut sein müßte, den Begriff »bunkengaku« statt »bungaku kenkyū« herausgreift, so ist dies nicht vom Gegenstand her begründet, sondern dient wohl eher dem Aufbau seiner Argumentation, obgleich ihm hier keine Pointierung gelingt. Im übrigen identifiziert auch Tanizawa, wie ja bereits die Überschrift zeigt, die Begriffe.

13 Ebd., S. 110f. Genaugenommen handelt es sich bei diesen Argumenten um Zitate aus zwei 1941 und 1943 erschienenen Büchern des Literaturwissenschaftlers Ikeda Kikan, der sich ausführlich zu Fragen der Methodik altphilologischer Forschung geäußert hat. Es erstaunt, daß Tanizawa seine zentrale Aussage nicht selbst formuliert, sondern auf Zitate zurückgreift, doch sie werden von ihm kaum als solche behandelt. Offensichtlich gehört es zu seinen Eigenarten, aus einem reichhaltigen und weit gestreuten Fundus verschiedener Texte zu zitieren – in diesem sechs Seiten langen Artikel sind es zwölf –, ohne sie in irgendeiner Weise zu relativieren. Sie sind immer wörtlich zu nehmen. Tanizawa selbst spricht aus dem Mund des Zitierten, und so dürfen wir auch in diesem Fall die Argumente Ikedas mit denen von Tanizawa gleichsetzen.

14 Tanizawa, a. a. O., S. 112.

15 Ebd., S. 113.

16 *Bunkengaku no kowasa ni muchina ban'yū« ni tsuite,* in: *Bungaku* 2/1977, S. 98–107.

17 *Bungaku kenkyū o fushoku suru shinishizumu no kōzō,* in: *Bungaku* 4/1977, S. 96–103.

18 *Ōshū o kihi-suru,* in: *Bungaku* 5/1977, S. 127f.

19 Edward G. Seidensticker: *The »Pure« And The »In-Between« In Mod-*

ern Japanese Theories Of The Novel, in: *HJAS* 26 (1966), S. 174–186, hier S. 181 f.

20 Tanizawa zieht allgemeine Lexika und einschlägige Werke heran, was sich jedoch als überflüssig erweist, denn die zitierten Definitionen bringen keine für den Zusammenhang sinnvollen Aspekte und werden von ihm auch kurzerhand beiseite geschoben, indem er sich anschließend für das von ihm selbst nicht weiter erläuterte Ikedasche Konzept einer »kritischen Behandlung (von Texten)« entscheidet, bevor dieser überhaupt erwähnt wurde, vgl. den Gebrauch der Ikedaschen Formel nach der Anführung des Kōjien, Tanizawa in *Bungaku* 1/1977, S. 110.

21 Vgl. etwa I. H.-K.: *Mishima Yukios Roman »Kyōko-no ie«: Versuch einer intratextuellen Analyse*, Wiesbaden 1976: »Der Kunstcharakter der japanischen Literaturkritik«, S. 22 ff.

22 Matsubara Shin'ichi: *»Gusha« no bungaku*, Tōkyō 1974, S. 261.

23 Saegusa Yasutaka: *Atarashii hassō no jigen e* (gakkai sumpyō, 44), in: *Kaishaku to kanshō* 10/1975, S. 196. Einen größeren Ausschnitt hiervon zitiere ich auf S. 168 f. in diesem Band.

24 Akiyama Shun, Iijima Kōichi, Oketani Hideaki und Kuroi Senji: *Zadankai: Warera ni totte no gendai bungaku*, in: *Kaishaku to kanshō* 12/1979, S. 6–30, hier S. 24.

25 *Sakkaron to gakumon* (Rezension von Sakagami Hiro'ichi: Nagai Kafū nōto, und Isoda Kōichi: Nagai Kafū), in: *Kaishaku to kanshō* 1/1980, S. 172 f., hier S. 173.

26 Vgl. *Hihyō hōhō ni kansuru ronsō* (1926) in: *Gendai Nihon bungaku ronsō shi*, Bd. 1, hg. v. Hirano Ken u. a., Tōkyō 17. Aufl. 1975 (1956), S. 247–272.

27 Zu den Auffassungen von Kobayashi und Etō vgl. auch meine kurzen Anmerkungen 1979 (s. Anm. 23), S. 293 und 300.

28 *Nihonjin to kindai kagaku – seiyō e no taiō to kadai*, Tōkyō 1976, S. 192, deutsch als: *Die Japaner und die moderne Wissenschaft*, aus dem Japanischen von Irmela Hijiya-Kirschnereit. Wiesbaden 1981, S. 210.

29 Roy A. Miller: *Egami and Ono, Kodai Nihongo no nazo; Kamei, Nihongo keitōron no michi;* Murayama, *Nihongo no gogen* (Review Article), in: *JJS* 1, 1 (1974), S. 190–216, hier S. 214 f.

30 Vgl. etwa ders.: *Wider den Methodenzwang*, Frankfurt/M. 1976 und *Erkenntnis für freie Menschen*. Veränderte Ausgabe, Frankfurt/M. 1980. Zur Diskussion um Feyerabend vgl. etwa Helmut F. Spinner: *Kritischer Rationalismus heute – Gespräch über Popper und die Politik sowie Feyerabends Versuch, beide abzuschaffen*, in: *Psychologie heute*, 6. Jg., Heft 7, S. 14–21, und Heft 8, S. 41–46, sowie *Versuchungen. Aufsätze zur Philosophie Paul Feyerabends*, hg. v. Hans Peter Duerr, Band 1, Frankfurt/M. 1980, und Band 2, ebd. 1981.

Klassische japanische Literatur in den Verlagen Insel und Suhrkamp

Als wär's des Mondes letztes Licht am frühen Morgen. Hundert Gedichte von hundert Dichtern aus Japan. Herausgegeben und übertragen von Jürgen Berndt. Insel Verlag. Leinen

Das Ise-monogatari. Kavaliersgeschichten aus dem alten Japan. Aus dem Original übertragen und kommentiert von Siegfried Schaarschmidt. Mit Illustrationen nach einer japanischen Ausgabe des frühen 17. Jahrhunderts und Erläuterungen zu den Bildern von Irmtraud Schaarschmidt-Richter. Insel Verlag. Leinen

Yoshida Kenkō: Betrachtungen aus der Stille. Tsurezuregusa. Aus dem Japanischen übertragen, erläutert und mit einem Nachwort versehen von Oscar Benl. Insel Verlag. Leinen und st 1227

Murasaki: Die Geschichte vom Prinzen Genji, wie sie geschrieben wurde um das Jahr Eintausend unserer Zeitrechnung von Murasaki, genannt Shikibu, Hofdame der Kaiserin von Japan. 2 Bände. Nach der englischen Übertragung von Arthur Waley. Deutsch von Herberth E. Herlitschka. Mit zahlreichen farbigen Abbildungen. it 1003

Meister Seami: Die geheime Überlieferung des Nō. Aufgezeichnet von Meister Seami. Aus dem Japanischen übertragen und erläutert von Oscar Benl. Insel Verlag. Leinen

Das Kopfkissenbuch der Dame Sei Shonagon. Auswahl, Anordnung und Nachwort von Helmut Brode. Illustrationen von Irmtraud Schaarschmidt-Richter. IB 998

Vierundzwanzig Nō-Spiele. Ausgewählt und aus dem Japanischen übertragen von Peter Weber-Schäfer. Insel Verlag. Leinen

Zen. Aussprüche und Verse der Zen-Meister. Auswahl und Nachwort von Peter Weber-Schäfer. IB 798

120/1/11.89

Moderne japanische Literatur in den Verlagen Insel und Suhrkamp

Kōbō Abe: Die Frau in den Dünen. Roman. Aus dem Japanischen von Oscar Benl und Mieko Osaki. BS 856

Yasushi Inoue: Die Eiswand. Roman. Aus dem Japanischen von Oskar Benl. st 551

– Eroberungszüge. Gedichte. Mit einem Vorwort von Yasushi Inoue. Ausgewählt, aus dem Japanischen übertragen, mit einem Nachwort und mit Anmerkungen versehen von Siegfried Schaarschmidt. BS 639

– Die Höhlen von Dun-Huang. Roman. Aus dem Japanischen von Siegfried Schaarschmidt. Suhrkamp Verlag. Leinen

– Das Jagdgewehr. Erzählungen. Aus dem Japanischen von Oscar Benl. BS 137

– Meine Mutter. Erzählungen. Aus dem Japanischen von Oscar Benl. Suhrkamp Verlag. Leinen

– Der Stierkampf. Erzählung. Aus dem Japanischen von Oscar Benl. BS 273

– Der Stierkampf. Erzählung. Aus dem Japanischen von Oscar Benl. st 944

– Das Tempeldach. Ein historischer Roman. Übertragung aus dem Japanischen und Nachwort von Oscar Benl. BS 709

Taeko Kōno: Knabenjagd. Erzählungen. Ausgewählt, aus dem Japanischen übersetzt und mit einem Nachwort versehen von Irmela Hijiya-Kirschnereit. Insel Verlag. Gebunden

Mensch auf der Brücke. Zeitgenössische Lyrik aus Japan. Herausgegeben von Eduard Klopfenstein und Cornelius Ouwehand. Insel Verlag. Leinen

Yukio Mishima: Nach dem Bankett. Roman. Deutsch von Sachiko Yatsushiro. BS 488

Mori Ōgai: Im Umbau. Gesammelte Erzählungen. Ausgewählt, aus dem Japanischen übertragen und mit einem Nachwort versehen von Wolfgang Schamoni. Insel Verlag. Leinen

– Vita sexualis. Erzählung. Übertragung aus dem Japanischen und Nachwort von Siegfried Schaarschmidt. BS 813

– Die Wildgans. Roman. Aus dem Japanischen übersetzt und mit einem Nachwort versehen von Fritz Vogelgsang. BS 862

Shimazaki Tōson: Ausgestoßen. Roman. Aus dem Japanischen übersetzt und mit einem Nachwort versehen von Jürgen Berndt. Insel Verlag. Leinen

121/1/11.89

Kultur- und Sozialgeschichte Japans in den Verlagen Insel und Suhrkamp

Roland Barthes: Das Reich der Zeichen. Aus dem Französischen von Michael Bischoff. es 1077

Takeo Doi: Amae – Freiheit in Geborgenheit. Zur Struktur japanischer Psyche. Mit einem Vorwort von Elmar Holenstein. Aus dem Amerikanischen von Helga Herborth. es 1128

Erich Fromm / Daisetz Teitaro Suzuki / Richard de Martino: Zen-Buddhismus und Psychoanalyse. Die Übersetzung besorgte Marion Steipe. st 37

Irmela Hijiya-Kirschnereit: Das Ende der Exotik. Essays zur japanischen Kultur und Gesellschaft der Gegenwart. es 1466

Ikebana. Meisterwerke japanischer Blumenkunst auf 16 Farbtafeln nach Fotografien von Kazuko Hamachi. Mit einer Anleitung zum Blumenstellen. Herausgegeben von Irmtraud Schaarschmidt-Richter. Mit poetischen Kommentaren der Meister. IB 745

Im fernen Osten. Forscher und Entdecker in Tibet, China, Japan und Korea 1689-1911. Herausgegeben von Georg Adolf Narciß. it 853

Im Schatten des Siegers: JAPAN. Vier Bände in Kassette. Herausgegeben von Ulrich Menzel. es 1495-1498

Masao Maruyama: Denken in Japan. Eingeleitet und aus dem Japanischen übertragen von Wolfgang Schamoni und Wolfgang Seifert. es 1398

Ivan Morris: Der Leuchtende Prinz. Höfisches Leben im alten Japan. Aus dem Amerikanischen übersetzt von Ursula Gräfe. Insel Verlag. Leinen

Chie Nakane: Die Struktur der japanischen Gesellschaft. Aus dem Englischen von Jobst-Mathias Spannagel und Heide Günther-Spannagel. es 1204

Nishida Kitarō: Über das Gute. Eine Philosophie der reinen Erfahrung. Aus dem Japanischen übertragen und eingeleitet von Peter Pörtner. Insel Verlag. Leinen

Keiji Nishitani: Was ist Religion? Vom Verfasser autorisierte deutsche Übertragung von Dora Fischer-Barnicol. Insel Verlag. Leinen und Sonderausgabe

Kakuzo Okakura: Das Buch vom Tee. Aus dem Japanischen übertragen und mit einem Nachwort versehen von Horst Hammitzsch. Mit Fotos aus Japan und einem Essay von Irmtraud Schaarschmidt-Richter. it 412

Alan Watts: Vom Geist des Zen. Aus dem Amerikanischen von Julius Schwabe. st 1288

Zen. Aussprüche und Verse der Zen-Meister. Auswahl und Nachwort von Peter Weber-Schäfer. IB 798

122/1/11.89

Japanische Bibliothek
im Insel Verlag

Mensch auf der Brücke. Zeitgenössische Lyrik aus Japan. Herausgegeben von Eduard Klopfenstein und Cornelius Ouwehand. Insel Verlag. Leinen

Mori Ōgai: Im Umbau. Gesammelte Erzählungen. Ausgewählt, aus dem Japanischen übertragen und mit einem Nachwort versehen von Wolfgang Schamoni. Insel Verlag. Leinen

Nishida Kitarō: Über das Gute. Eine Philosophie der reinen Erfahrung. Aus dem Japanischen übertragen und eingeleitet von Peter Pörtner. Insel Verlag. Leinen

Shimazaki Tōson: Ausgestoßen. Roman. Aus dem Japanischen übersetzt und mit einem Nachwort versehen von Jürgen Berndt. Insel Verlag. Leinen

123/1/11.89

Deutschsprachige Literatur in der edition suhrkamp: Prosa

Eva-Maria Alves: Maanja. Meine Freundin, meine Mutter, meine Puppe. Eine Anrufung. Zeichnungen: Alexandra Albrand. es 1159
– Neigung zum Fluß. Mit 16 Fotos von Christiane P. Scharlau. es 1083
Renato P. Arlati: Auf der Reise nach Rom. Prosa. Auswahl und Nachwort von Franz Böni. es 1053
Reinhold Batberger: Drei Elephanten. es 1459
Martin Roda Becher: Unruhe unter den Fahrgästen. ›Aufzeichnungen‹. es 1352
Jürgen Becker: Umgebungen. es 722
Thomas Bernhard: Prosa. es 213
– Ungenach. Erzählung. es 279
Franz Böni: Alvier. Erzählungen. Mit einem Nachwort von Samuel Moser. es 1146
– Hospiz. Erzählung. es 1004
– Der Johanniterlauf. Fragment. es 1198
Nicolaus Bornhorn: Der Film der Wirklichkeit. es 1154
Volker Braun: Berichte von Hinze und Kunze. es 1169
– Es genügt nicht die einfache Wahrheit. Notate. es 799
Bertolt Brecht: Die Geschäfte des Herrn Julius Caesar. Romanfragment. es 332
– Prosa. Bd. 1-4. es 182-185
– Der Tui-Roman. Fragment. es 603
Hans Christoph Buch: Der Herbst des großen Kommunikators. Amerikanisches Journal. es 1344
Michael Buselmeier: Der Untergang von Heidelberg. es 1057
Esther Dischereit: Joëmis Tisch. Eine jüdische Geschichte. es 1492
Hans Magnus Enzensberger: Das Verhör von Habana. es 553
– Der Weg ins Freie. Fünf Lebensläufe überliefert von Hans Magnus Enzensberger. es 759
Gerold Foidl: Scheinbare Nähe. es 1237
Max Frisch: Ausgewählte Prosa. Nachwort von Joachim Kaiser. es 36
Werner Fritsch: Steinbruch. es 1554
Peter Greiner: Wie Bombenleger-Charly leben … Sozialverhalten. Geschichten und Szenen. es 1356
Norbert Gstrein: Einer. Erzählung. es 1483
Reto Hänny: Ruch. Ein Bericht. es 1295
– Zürich, Anfang September. es 1079
Peter Handke: Phantasien der Wiederholung. es 1168
Hermann Hesse: Tractat vom Steppenwolf. Nachwort von Beda Allemann. es 84

300/1/4.89

Deutschsprachige Literatur in der edition suhrkamp: Prosa

Ulrich Holbein: Samthase und Odradek. es 1575
Uwe Johnson: Jahrestage. Aus dem Leben von Gesine Cresspahl. 4 Bde. im Schuber. es 1500
– Karsch, und andere Prosa. Nachwort von Walter Maria Guggenheimer. es 59
– Porträts und Erinnerungen. Herausgegeben von Eberhard Fahlke. es 1499
– Versuch, einen Vater zu finden. Marthas Ferien. Tonkassette mit Textheft. Mit einem editorischen Bericht von Norbert Mecklenburg. es 1416
Bodo Kirchhoff: Body-Building. Erzählung, Schauspiel, Essay. es 1005
Bettina Klix: Sehen Sprechen Gehen. Prosa. es 1566
Alexander Kluge: Gelegenheitsarbeit einer Sklavin. Zur realistischen Methode. es 733
– Lernprozesse mit tödlichem Ausgang. es 665
– Neue Geschichten. Hefte 1-18. ›Unheimlichkeit der Zeit‹. es 819
– Schlachtbeschreibung. Roman. es 1193
Werner Koch: Intensivstation. Erzählung. es 1173
Wolfgang Koeppen: Morgenrot. Anfänge eines Romans. es 1454
Franz Xaver Kroetz: Frühe Prosa / Frühe Stücke. es 1172
Dieter Kühn: Ausflüge im Fesselballon. Roman. Neufassung. es 656
Jürg Laederach: Vor Schrecken starr. Fixierungen, Stechblicke, Obsessionen. es 1503
– Der zweite Sinn oder Unsentimentale Reise durch ein Feld Literatur. es 1455
Jean Lessenich: »Nun bin ich die niemals müde junge Hirschfrau oder der Ajilie-Mann«. es 1308
Gertrud Leutenegger: Das verlorene Monument. es 1315
Uwe Maeffert: Bruchstellen. Eine Prozeßgeschichte. es 1387
Gert Mattenklott: Blindgänger. Physiognomische Essays. es 1343
Frank-Wolf Matthies: Tagebuch Fortunes. es 1311
Friederike Mayröcker: Magische Blätter. es 1202
– Magische Blätter II. es 1421
Bodo Morshäuser: Revolver. Vier Erzählungen. es 1465
Hans Erich Nossack: Pseudoautobiographische Glossen. es 445
Erika Runge: Frauen. Versuche zur Emanzipation. es 359
Einar Schleef: Die Bande. Erzählungen. es 1127
Peter Schwacke: Carte blanche. Erzählungen. es 1164
Split: Apfelsinen im Hals. Geschichten. es 1558
Karin Struck: Kindheits Ende. Journal einer Krise. es 1123

300/2/4.89

Deutschsprachige Literatur in der edition suhrkamp: Prosa

Karin Struck: Klassenliebe. Roman. es 629

Thank You Good Night. Herausgegeben von Bodo Morshäuser. Alle Fotos: Michael Strauss. es 1227

Joachim Veil: Die Wiederkehr des Bumerangs. es 1137

Walter Vogl: Hassler. Frequenzritte eines Straßenkehrers. es 1182

Von nun an. Neue deutsche Erzähler. Herausgegeben von Hans-Ulrich Müller-Schwefe. es 1003

Martin Walser: Eiche und Angora. Eine deutsche Chronik. es 16

– Geständnis auf Raten. es 1374

– Lügengeschichten. es 81

Peter Weiss: Abschied von den Eltern. Erzählung. es 85

– Die Ästhetik des Widerstands. Roman. es 1501

– Fluchtpunkt. Roman. es 125

– Das Gespräch der drei Gehenden. es 7

– Notizbücher 1960-1971. 2 Bde. es 1135

– Notizbücher 1971-1980. 2 Bde. es 1067

– Der Schatten des Körpers des Kutschers. es 53

Sinclair (P. Weiss): Der Fremde. Erzählung. es 1007

Josef Winkler: Die Verschleppung. Njetotschka Iljaschenko erzählt ihre russische Kindheit. es 1177

300/3/4.89

Deutschsprachige Literatur
in der edition suhrkamp:
Drama

Thomas Bernhard: Der deutsche Mittagstisch. Dramolette. Mit zahlreichen Abbildungen. es 1480

Thomas Brasch: Drei Stücke. Lovely Rita. Rotter. Lieber Georg. es 1562

– Frauen – Krieg – Lustspiel. Ein Stück. es 1469

Volker Braun: Gesammelte Stücke. 2 Bde. es 1478

Bertolt Brecht: Der aufhaltsame Aufstieg des Arturo Ui. es 144

– Aufstieg und Fall der Stadt Mahagonny. Oper. es 21

– Baal. Drei Fassungen. Kritisch ediert und kommentiert von Dieter Schmidt. es 170

– Baal. Der böse Baal der asoziale. Texte, Varianten, Materialien. Kritisch ediert und kommentiert von Dieter Schmidt. es 248

– Das Badener Lehrstück vom Einverständnis. Die Rundköpfe und die Spitzköpfe. Die Ausnahme und die Regel. Drei Lehrstücke. es 817

– ›Biberpelz‹ und ›Roter Hahn‹. Zwei Stücke von Gerhart Hauptmann in der Bearbeitung des Berliner Ensembles. es 634

– Der Brotladen. Ein Stückfragment. Bühnenfassung und Texte aus dem Fragment. es 339

– Die Dreigroschenoper. es 229

– Einakter und Fragmente. es 449

– Furcht und Elend des Dritten Reiches. es 392

– Die Gesichte der Simone Machard. es 369

– Die Gewehre der Frau Carrar. es 219

– Der gute Mensch von Sezuan. Parabelstück. es 73

– Die heilige Johanna der Schlachthöfe. es 113

– Herr Puntila und sein Knecht Matti. Volksstück. es 105

– Im Dickicht der Städte. Erstfassung und Materialien. Ediert und kommentiert von Gisela E. Bahr. es 246

– Der Jasager und Der Neinsager. Vorlagen, Fassungen, Materialien. Herausgegeben und mit einem Nachwort versehen von Peter Szondi. es 171

– Der kaukasische Kreidekreis. es 31

– Leben des Galilei. Schauspiel. es 1

– Leben Eduards des Zweiten von England. Vorlage, Texte und Materialien. Ediert von Reinhold Grimm. es 245

– Mann ist Mann. Die Verwandlung des Packers Galy Gay in den Militärbaracken von Kilkoa im Jahre neunzehnhundertfünfundzwanzig. Lustspiel. es 259

– Die Maßnahme. Kritische Ausgabe mit einer Spielanleitung von Reiner Steinweg. es 415

301/1/4.89

Deutschsprachige Literatur in der edition suhrkamp: Drama

Bertolt Brecht: Die Mutter. es 200
– Mutter Courage und ihre Kinder. Eine Chronik aus dem Dreißigjährigen Krieg. Geschrieben 1938/39. Mitarbeit: Margarete Steffin. Musik: Paul Dessau. es 49
– Der Ozeanflug. Die Horatier und die Kuratier. Die Maßnahme. es 222
– ›Die Rundköpfe und die Spitzköpfe‹. Bühnenfassung, Einzelszenen, Varianten. Herausgegeben von Gisela E. Bahr. es 605
– Schweyk im zweiten Weltkrieg. es 132
– Stücke. Bearbeitungen. Bd. 1. es 788
– Stücke. Bearbeitungen. Bd. 2. es 789
– Die Tage der Commune. es 169
– Trommeln in der Nacht. Komödie. es 490
– Das Verhör des Lukullus. Hörspiel. es 740
Tankred Dorst: Toller. es 294
Max Frisch: Biedermann und die Brandstifter. Ein Lehrstück ohne Lehre. Mit einem Nachspiel. es 41
– Die Chinesische Mauer. Eine Farce. es 65
– Don Juan oder Die Liebe zur Geometrie. Komödie in fünf Akten. es 4
– Frühe Stücke. Santa Cruz. Nun singen sie wieder. es 154
– Graf Öderland. Eine Moritat in zwölf Bildern. es 32
Günter Grass: Hochwasser. Ein Stück in zwei Akten. es 40
Peter Handke: Kaspar. es 322
– Publikumsbeschimpfung und andere Sprechstücke. es 177
– Der Ritt über den Bodensee. es 509
– Wind und Meer. Vier Hörspiele. es 431
Heinar Kipphardt: In der Sache J. Robert Oppenheimer. Ein szenischer Bericht. es 64
Franz Xaver Kroetz: Bauern sterben. es 1388
– Frühe Prosa / Frühe Stücke. es 1172
– Furcht und Hoffnung der BRD. Das Stück, das Material, das Tagebuch. es 1291
– Heimarbeit. Hartnäckig. Männersache. Drei Stücke. es 473
– Mensch Meier. Der stramme Max. Wer durchs Laub geht … Drei neue Stücke. es 753
– Nicht Fisch nicht Fleisch. Verfassungsfeinde. Jumbo-Track. Drei Stücke. es 1094
– Oberösterreich. Dolomitenstadt Lienz. Maria Magdalena. Münchner Kindl. es 707
– Stallerhof. Geisterbahn. Lieber Fritz. Wunschkonzert. Vier Stücke. es 586

301/2/4.89

Deutschsprachige Literatur
in der edition suhrkamp:
Drama

Dieter Kühn: Goldberg-Variationen. Hörspieltexte mit Materialien. es 795

Gertrud Leutenegger: Lebewohl, Gute Reise. Ein dramatisches Poem. es 1001

Friederike Roth: Die einzige Geschichte. Theaterstück. es 1368

– Das Ganze ein Stück. Theaterstück. es 1399

– Krötenbrunnen. Ein Stück. es 1319

George Tabori: Unterammergau oder die guten Deutschen. es 1118

Martin Walser: Ein fliehendes Pferd. Theaterstück. Mitarbeit Ulrich Khuon. es 1383

– Ein Kinderspiel. Stück in zwei Akten. es 400

Peter Weiss: Die Ermittlung. Oratorium in 11 Gesängen. es 616

– Der neue Prozeß. Stück in drei Akten. es 1215

– Stücke I. Der Turm. Die Versicherung. Nacht mit Gästen. Mockinpott. Marat/Sade. Die Ermittlung. es 833

– Stücke II. 2 Bde. Gesang vom Lusitanischen Popanz. Viet Nam Diskurs. Hölderlin. Trotzki im Exil. Der Prozeß. es 910

– Die Verfolgung und Ermordung Jean Paul Marats, dargestellt durch die Schauspielgruppe des Hospizes zu Charenton unter Anleitung des Herrn de Sade. Drama in zwei Akten. es 68

301/3/4.89

Deutschsprachige Literatur in der edition suhrkamp: Lyrik

Jürgen Becker: Ränder. es 351

Bertolt Brecht: Ausgewählte Gedichte. Auswahl von Siegfried Unseld. Nachwort von Walter Jens. es 86

– Buckower Elegien. Mit Kommentaren von Jan Knopf. es 1397

– Gedichte und Lieder aus Stücken. es 9

– Gesammelte Gedichte. Bd. 1-4. 4 Bde. in Kassette. Herausgegeben vom Suhrkamp Verlag in Zusammenarbeit mit Elisabeth Hauptmann. es 835-838

Hans Georg Bulla: Weitergehen. Gedichte. es 1002

Michael Buselmeier: Radfahrt gegen Ende des Winters. Gedichte. es 1148

Paul Celan: Ausgewählte Gedichte. Zwei Reden. Nachwort von Beda Allemann. es 262

Günter Eich: Botschaften des Regens. Gedichte. es 48

Hans Magnus Enzensberger: Blindenschrift. es 217

– Die Furie des Verschwindens. Gedichte. es 1066

– Landessprache. Gedichte. es 304

Walter Gröner: Ein rasend hingehauchtes Herbsteslicht. Bergeller Gedichte – Puisiá. es 1371

Durs Grünbein: Grauzone morgens. Gedichte. es 1507

Peter Handke: Die Innenwelt der Außenwelt der Innenwelt. es 307

Lioba Happel: Grüne Nachmittage. Gedichte. es 1570

Thomas Kling: geschmacksverstärker. Gedichte. es 1523

Uwe Kolbe: Abschiede und andere Liebesgedichte. es 1178

– Bornholm II. Gedichte. es 1402

– Hineingeboren. Gedichte 1975-1979. Mit einer Nachbemerkung von Franz Fühmann. es 1110

Karl Krolow: Ausgewählte Gedichte. Nachwort von Hugo Friedrich. es 24

– Landschaften für mich. Neue Gedichte. es 146

– Schattengefecht. es 78

Dieter Leisegang: Lauter letzte Worte. Gedichte und Miniaturen. Herausgegeben von Karl Corino. es 1021

Meret Oppenheim: Husch, husch, der schönste Vokal entleert sich. Gedichte, Zeichnungen. Herausgegeben und mit einem Nachwort versehen von Christiane Meyer-Thoss. es 1232

Robert Schindel: Geier sind pünktliche Tiere. Gedichte. es 1429

– Im Herzen die Krätze. Gedichte. es 1511

– Ohneland. Gedichte vom Holz der Paradeiserträume 1979-1984. es 1372

302/1/4.89

Deutschsprachige Literatur
in der edition suhrkamp:
Lyrik

Werner Söllner: Kopfland. Passagen. Gedichte. es 1504
Sabine Techel: Es kündigt sich an. Gedichte. es 1370
Hans- Ulrich Treichel: Liebe Not. Gedichte. es 1373
Ernest Wichner: Steinsuppe. Gedichte. es 1493

302/2/4.89